中华传统文化经典系列丛书

中央文史研究馆
CHINA CENTRAL INSTITUTE FOR CULTURE AND HISTORY

中国古镇经典

国务院参事室　中央文史研究馆　编
主编　高　雨　袁行霈　　本卷主编　罗　杨

文化藝術出版社
Culture and Art Publishing House

图书在版编目（CIP）数据

中国古镇经典 / 罗杨主编． — 北京：文化艺术出版社，2022.4

ISBN 978-7-5039-7220-1

Ⅰ．①中… Ⅱ．①罗… Ⅲ．①乡镇－介绍－中国 Ⅳ．① K928.5

中国版本图书馆 CIP 数据核字（2022）第 044249 号

中国古镇经典

本 卷 主 编	罗　杨
本卷副主编	张海燕
责 任 编 辑	刘利健
责 任 校 对	董　斌
书 籍 设 计	赵　矗
出 版 发 行	文化藝術出版社
地　　　址	北京市东城区东四八条 52 号　（100700）
网　　　址	www.caaph.com
电 子 邮 箱	s@caaph.com
电　　　话	（010）84057666（总编室）84057667（办公室） 　　　　　84057696 — 84057699（发行部）
传　　　真	（010）84057660（总编室）84057670（办公室） 　　　　　84057690（发行部）
经　　　销	新华书店
印　　　刷	北京雅昌艺术印刷有限公司
版　　　次	2023 年 4 月第 1 版
印　　　次	2023 年 4 月第 1 次印刷
印　　　张	34.25
字　　　数	400 千字　图片约 300 幅
开　　　本	710 毫米 ×1000 毫米　1/16
书　　　号	ISBN 978-7-5039-7220-1
定　　　价	360.00 元

版权所有，侵权必究。如有印装错误，随时调换。

中华传统文化经典系列丛书

组委会

主　　任：高　雨　袁行霈

副 主 任：冯　远　王卫民　赵　冰　张彦通

委　　员：（以下按年龄排序）

　　　　　叶嘉莹　欧阳中石　孙　机　程毅中　沈　鹏　傅熹年

　　　　　李学勤　王　蒙　陈高华　樊锦诗　刘梦溪　薛永年

　　　　　赵仁珪　陈祖武　葛剑雄　仲呈祥　陶思炎　田　青

　　　　　苏士澍　陈　来　陈平原

办 公 室：耿识博

编委会

主　　任：袁行霈

副 主 任：冯　远

委　　员：（以下按年龄排序）

　　　　　仲呈祥　田　青　陈瑞林　姜　昆　冯双白　罗　杨

　　　　　陈洪武　马新林

办 公 室：耿识博　杨文军　郭小霞

秘　　书：郝　雨　李　璐　许　骁

《中国古镇经典》编委会

主　　编：罗　杨

副 主 编：张海燕

专 家 组：张　柏　付清远　方　明　刘　托

编　　委：谢桂华　王　吉　张　朔　张　凯　李竞生　冯京萍

中华传统文化经典系列丛书序言

习近平总书记指出，中华优秀传统文化是中华文明的智慧结晶和精华所在，是中华民族的根和魂。而经典则是这硕大根系中最茁壮的、生命力最强的部分。中华传统文化经典丛书通过选编中华优秀传统文化中经典文论、词赋、戏剧、音乐、书画、建筑等多领域的精华内容，面向广大文化艺术工作者和全社会全面推介、宣传、普及中华优秀传统文化，以期为提高广大人民群众的文化修养和鉴赏眼光、加深他们对中华文明的认知贡献一点力量。

2015年，国务院领导同志在国务院参事、中央文史研究馆馆员座谈会上，倡议编纂一部关于中国传统文化的文选，这个倡议得到馆员们热烈的响应。2016年，国务院参事室、中央文史研究馆组织馆内外专家学者编纂的《中华传统文化经典百篇》一书由中华书局正式出版发行。该书出版后立即获得了社会各界的持续关注与好评，并被评选为"2016年度中华书局双十佳图书"。

2017年，在《中华传统文化经典百篇》出版取得成功的基础上，为持续大力弘扬中华民族优秀传统文化，彰显传统文化在当代的意义，为实现中华民族伟大复兴的中国梦提供精神助力，国务院参事室、中央文史研究馆接续策划启动中华传统文化经典丛书编撰项目，延展编纂以"中华传统文化"为主题的文化艺术丛书。

一代人做一代人的事。中国优秀传统文化博大精深，它滋养着中华民族在新的历史条件下的新创造、新发展，给我们的文化自信打下了最深厚的历史根基；它宛如浩荡东流的江河，海纳百川，虽有涨落曲折，但百折不挠，滚滚向前。当代从事中华传统文化研究的学者，应当为实现中华民族的伟大复兴贡献力量，这是我们的社会责任和义务。在中华传统文化经典丛书的编纂过程中，我们力图用当代人的眼光重新审视传统文化，从丰富多彩的中华传统文化中精选具有代表意义的文化遗产和作品，以图文并茂、深入浅出、易于普及的形式汇编成书，希望能够既立足于现实的需要、追求专业质量与高水准，又坚守学术的规范、兼顾读者的需要。但限于我们的水平，书中难免有疏漏谬误之处，诚恳欢迎广大读者批评指正。

中央文史研究馆

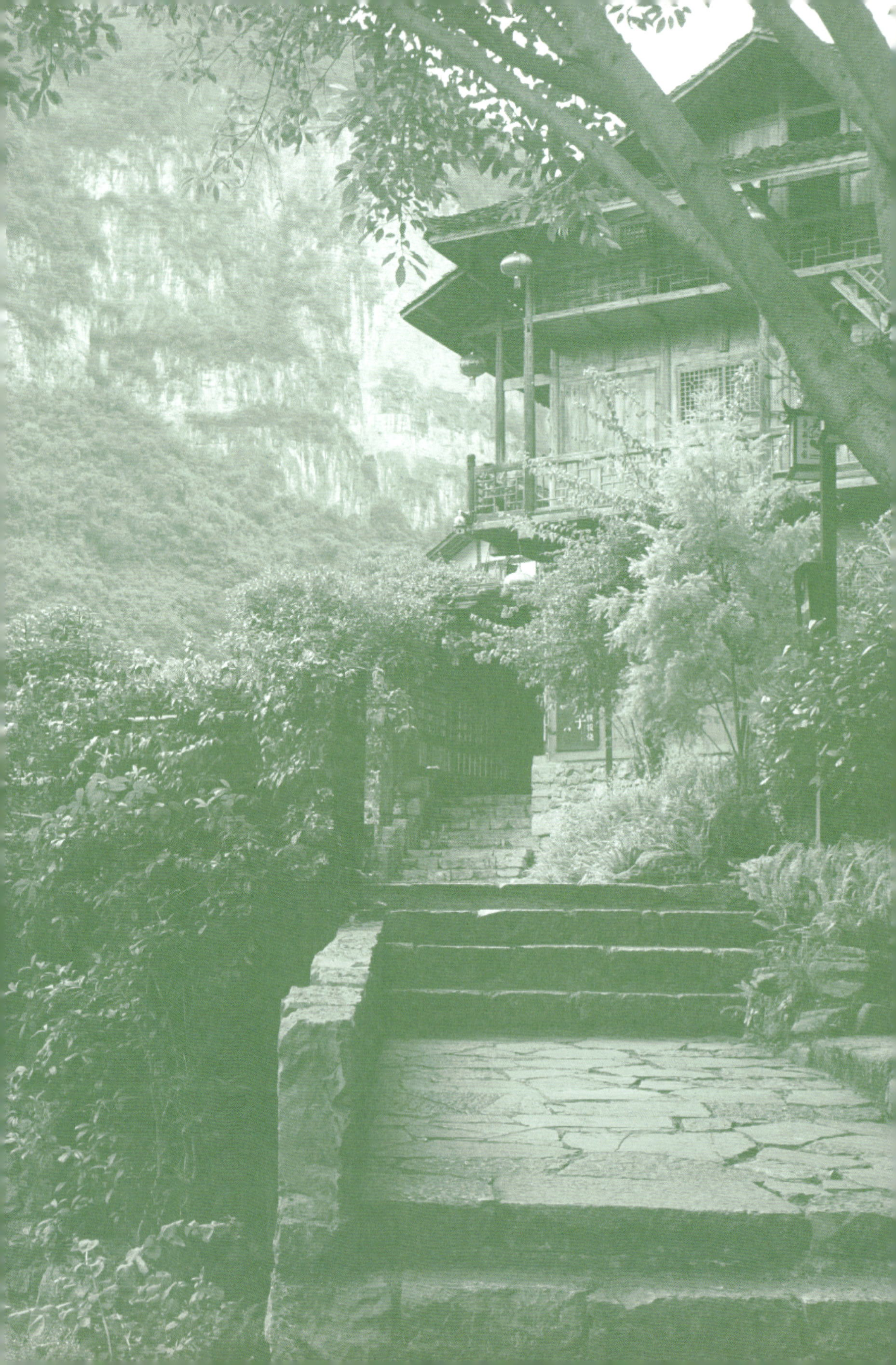

岁月不减好颜色

罗杨

"剡溪蕴秀异,欲罢不能忘。"这是杜甫作品《壮游》中的名句。诗中记述了给杜甫留下了深刻印象的美景,其中让他"欲罢不能忘"的剡溪美景,至今仍是崇仁古镇一道亮丽的风景。

"欲罢不能忘"的不止于剡溪,在960万余平方千米的土地上,还有遍布中国大地的诸多历史古镇。

古镇作为祖先留下来的文化遗产,有着丰厚的历史遗存,丰富的文化记忆,丰富的人文信息。作为先人生产生活和居住的特定形态与样式,古镇还蕴含着社会文化进步的意义,是社会经济发展的结果,也是历史变迁的见证。

我国历史古镇众多,且具有鲜明的地域特色。江南水乡的"小桥流水人家",皖南山区的"山深人不觉,同在画中居",湘、黔、桂边的"高耸的鼓楼,神奇的风雨桥",西北大地的"一片孤城万仞山",都反映出不同地域、不同民族、不同历史时期、不同社会经济发展阶段中各具特色的传统风貌和地域风情。在数千年的如歌岁月中，有人长檐叹雨、有人油伞赏雨、有人廊桥愁雨，自然也有人陇上祈雨、有人长街盼雨、有人长龙求雨。岁月不减好颜色，总有风雨堪画图。

镇在我国古代经济社会与政治生活中均具有重要和特殊的功能，所谓"村之头，城之尾"，属于连接城乡的重要枢纽，也是政权体系中凝聚广大村落、支撑政权的重要基点，且这一特定行政体系仍延续至今。

可以说，"中国营造一半的美都蕴涵在古镇里"。古镇无疑是我国传统建筑风貌和建筑艺术的精彩绽放。就文明纬度而言，古镇既是中华民族多民族文化遗产的综合呈现，也是人类文明多样性的生动展现。就文化经度而言，古镇里既承载着中华儿女数千年的传统文化的薪火，又体现着各个阶段的政治、经济、文化、科技等历史变迁以及民风民俗、生活习惯等，具有社会学、历史学、文化学、建筑学等多方面不可替代的价值。就时间向度而言，每一座古镇的形成都是在漫长的历史发展过程中完成的，在历史的兴衰中各有起伏的经历，在时间与空间上都具有唯一性。它既是历史的见证，又是今天的存在。

今天，当我国进入工业文明时代和城市化社会时，守护好祖先留下的遗产，"记住乡愁"已成为社会的共识。认识古镇、走进古镇、领略古镇之美也成为人们的向往。或许，本书介绍的百个名镇可以为您打开一扇浏览古镇的窗户。

每一座古镇都浸泡了时光的年岁，都积淀了缠绵的往事，都充满了传奇的故事。

它们在等您来听，来看。

目录

A
艾叶古镇 …… 003
安昌古镇 …… 007
安海古镇 …… 013
安仁古镇 …… 017
澳门历史城区 …… 023

C
茶阳古镇 …… 030
赤坎古镇 …… 036
崇仁古镇 …… 042

D
大溪古镇 …… 047
大阳古镇 …… 052
丹噶尔古城 …… 058

E
东浦古镇 …… 064
东溪古镇 …… 070
东沙古镇 …… 075
东山古镇 …… 081

F
丰盛古镇 …… 086
凤凰古镇 …… 093
富田古镇 …… 099

G
高家堡古镇 …… 103
古北口古镇 …… 109
龚滩古镇 …… 115

H

和平古镇 …… 122

和顺古镇 …… 128

贺街古镇 …… 134

黑井古镇 …… 138

横道河子古镇 …… 143

横江古镇 …… 146

黄龙溪古镇 …… 153

黄姚古镇 …… 160

黄桥古镇 …… 165

惠远古城 …… 172

J

嘉定古镇 …… 177

街子古镇 …… 182

锦溪古镇 …… 186

靖港古镇 …… 192

L

黎里古镇 …… 196

李庄古镇 …… 201

里耶古镇 …… 206

柳江古镇 …… 211

龙潭古镇 …… 216

鲁史古镇 …… 221

M

梅林古镇 …… 226

鸣鹤古镇 …… 233

木渎古镇 …… 238

N

娜允古镇 …… 244

南浔古镇 …… 249

廿八都古镇 …… 254

娘子关古镇 …… 260

P

平乐古镇 …… 264

屏山乡 …… 269

磻滩古镇 …… 273

Q

溱潼古镇 …… 278

青木川古镇 …… 284

清溪古镇 …… 288

R

润城古镇 …… 293

S

沙家浜古镇 …… 298

沙溪古镇 …… 305

上津古镇 …… 312

上里古镇 …… 318

石桥古镇 …… 323

邵伯古镇 …… 328

神垕古镇 …… 334

顺溪古镇 …… 339

嵩口古镇 …… 343

T

塘河古镇 …… 348

桃花潭古镇 …… 355

桃渚古镇 …… 360

天长古镇 …… 365

同里古镇 …… 371

W

万安古镇 …… 374

万灵古镇 …… 379

五夫古镇 …… 384

X

西屏古镇 …… 389

西塘古镇 …… 393

西沱古镇 …… 398

新安所古镇 …… 403

新场古镇（成都）…… 407

新场古镇（上海）…… 412

新市古镇 …… 417

兴城古城 …… 422

兴坪古镇 …… 428

许村古镇 …… 433

Y

崖州古城 …… 438

盐官古镇 …… 443

杨柳青古镇 …… 448

尧坝古镇 …… 454

瑶里古镇 …… 458

迎水桥古镇 …… 462

余东古镇 …… 467

元通古镇 …… 471

永和古镇 …… 476

云顶古镇 …… 480

Z

寨英古镇 …… 485

张堰古镇 …… 490

昭化古城 …… 494

赵化古镇 …… 499

中和古镇 …… 503

冢头古镇 …… 508

周庄古镇 …… 512

朱家角古镇 …… 516

濯水古镇 …… 523

参考文献 …… 528

后 记 …… 531

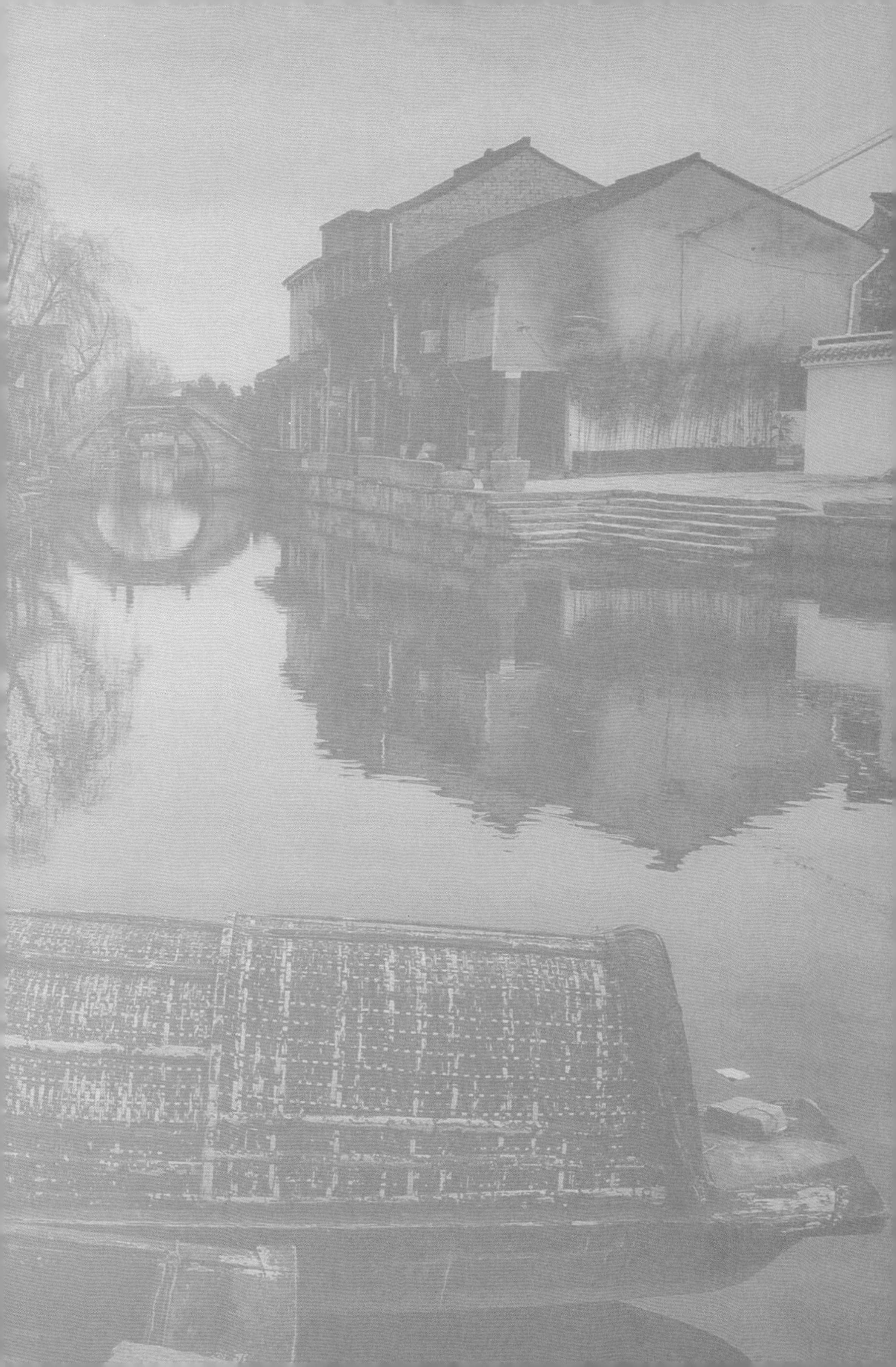

艾叶古镇
——咸泉汩汩雪飞花

绝胜詹家与宋家，
咸泉汩汩雪飞花。
江南十户中人产，
不及通宵响汲车。

清末，自流井人史次星这首《竹枝词》道尽了古代四川盐业的兴旺发达。盐业正是多数巴蜀之地古镇形成的首要因素。

艾叶古镇地处自贡市西大门西端，又名艾叶滩，它三面环水，自然、生态、人文景观独特，川盐东运的水路第一堰、巴盐西运陆路启运地的双重滋养使其一度成为茶肆比肩、酒店接邻的富庶之镇，延至清末民初，已经成为盐运商旅的集散地。由此向东是百里旭水河闻名的"八里秦淮"，并与贡井老街相连。近千年的盐业鼎盛积淀了艾叶深厚的历史文化和自然遗产，使其成为西场井盐古镇和盐运枢纽重镇。艾叶古镇可谓历史悠久，据史料记载，汉时便有土著人依艾叶石滩而居、傍水求生，遗迹考证可上溯到北周武帝时期（561—578）大公井开凿之后。北宋时期，这里的乡民就发明了草木煎熬的方法，并开始制盐谋生的历史。北宋庆历年间（1041—1048），随着顿钻技术的出

中国古镇经典

艾叶古镇街道

现，制盐取水更为便捷，流经艾叶的旭水河两岸井灶日增，工艺也从最初的烧柴草发展到夹杂用煤煮盐，大大提升了效率。宋元时期，襄汉流民遍凿私井，以盐鬻生，人口的流动带来了文化的交融，促进了古镇的发展。

艾叶滩被誉为"盐运古道第一滩"，是旭水河—釜溪河上第一大石滩，长200余米、宽50余米。据史料记载，南宋乾道末年（1173），艾叶滩码头已具雏形。当年，贡井地区卤源多，火井少，多数灶盐用煤煎制，荣州煤从水路运至艾叶滩码头，再转运到贡井各地制盐。到清代中晚期，艾叶地区先后开出40多口盐井，需要运进的燃煤和需要运出的井盐量巨大。因此艾叶滩在上千年的时光里，是旭水河上最大的煤盐集散转运基地。

清代以前的盐、煤等均靠人工卸载下船，挑抬转运过滩。清康熙三十五年（1696），官方沿旭水河石磋滩上开凿了船槽，以利行船，如今已成为四川省省级自然与文化遗产。清光绪三十年（1904），富荣场设堰工局于旭水河贡井段，建重滩、艾叶、平桥、中桥、五皇洞5座堰闸，并下延至雷公滩、自流井老新桥处共7座堰闸，层层截流，提高水位，"节节瑪流，水鸣如瀑"，呈梯级节节接力转运货物，形成梯级运盐水道。据悉，这一梯级盐运水利工程的建成比1914年竣工的巴拿马运河还早10年。

建于1802年的平康古桥和横街古道属川南特有的穿斗式建筑群落，连接古镇主街，使艾叶古镇成为典型的"T"字形川南古镇。域内4条千年古驿道，11座百年古桥，千百年来驮马铃声不绝、船只橹声不止；穿斗木结构的明清传统民居，水路与陆路盐运并举的石滩、船槽、堰闸、古转盐码头等，无不显示出当年盐业生产运输的盛况。周

艾叶古镇古桥

边保存完好的古盐运码头和旭水河沿岸千年盐业井灶遗址、盐工民宅分布甚多，其中艾叶滩码头由上、下两个码头构成，占地面积650平方米，是古贡井最大的码头，也是自贡地区现存最完整的盐业交通运输工程。

据史籍记载，早在唐宋时期，自贡地区已逐步形成新年燃灯、元宵节前后张灯结彩的习俗。新年和元宵放灯、燃灯之时，民间杂技、杂耍等表演活动亦夹杂其间，逐渐成为当地喜闻乐见的民俗活动。南宋淳熙二年（1175），著名诗人陆游曾在《沁园春》一词中写道："一别秦楼，转眼新春，又近放灯。"可见当时自贡地区新春张灯、放灯已为颇负盛名的民俗活动。中国彩灯博物馆即位于艾叶古镇。

安昌古镇
——彩虹跨河十七桥

> 碧水贯街千万居，
> 彩虹跨河十七桥。

"碧水贯街千万居，彩虹跨河十七桥。"创作这句形容安昌古镇水多、桥多名句的作者早已消失在尘世中，却把相思留给了未曾到过安昌古镇的游客。

安昌古镇位于浙江省绍兴市柯桥区境内西北端。《越绝书》载："涂山者，禹所娶妻之山地，去县五十里。"大禹"三过家门而不入"，他的家据说就位于现在的绍兴市安昌街道西扆村。

安昌最早叫长乐邨，后叫安沧。唐乾宁二年（895），钱镠奉唐王朝之命屯兵该地，因平董昌之乱有功，改名为安昌。后因战乱，该地多处被焚毁，又于明清时期重建，其建筑风格依水而居，古朴典雅，传承了典型的江南水乡特色。这里具有水乡风情的水上婚礼别具特色，还是绍兴师爷的故乡。

安昌古镇街景

安昌古镇

安昌古镇古桥

　　明弘治二年（1489）开市的老街依河而建，全长1747米，河之南为民居，河之北是商市，两岸之间以古桥相连。河之北有带着顶棚的长廊，遮阳挡雨；各具传统特色的店铺作坊，酒肆茶舍错落有致。河对岸则是青石板小路，连接古朴旧貌的民宅，形成了逼仄幽深的小弄。居民群落东起高桥，西至清墩桥，街依河生，河以街成，街河相依，块砖片瓦成为定格历史、传承文化的载体，依稀诉说着往日时光。当地土特产琳琅满目，尤其是百姓现场制作的传统食品，如香肠、扯白糖等风味独到，颇有地方特色。分散在街上的深宅大院，如婚俗馆、师爷馆、钱币馆等，足可使入内的游客沉浸在浓浓的水乡风情之中。

安昌的小桥"拱、梁、亭"各具特色、千姿百态、古朴典雅，堪当"碧水贯街千万居，彩虹跨河十七桥"的美誉。其中最著名的是名为福禄、万安、如意的三座桥，古镇人家嫁女儿时，都要走全三桥。

根据师爷故居等古民居整修而成的"绍兴师爷馆""安昌民俗风情馆"和"安昌文史馆"等景点，仿佛为人们展开了一幅幅充盈着浓郁气息的市井画卷，使古镇真正成为"水乡文化的长廊""市井习俗的长卷""特色商品的长街"。绍兴千百年来的民俗风情在古镇大都得到保存延续。隆冬腊月，漫步安昌老街，更能欣赏到一幅幅喜庆祥和、风格迥异的水乡地方风情画。

穗康钱庄位于安昌古镇的一条小巷里，从1850年至1949年经营近百年，而现在这里的接待人员正是开创此钱庄的於氏第三代传人。从於氏第三代传人得知，开创经营钱庄的於氏父子（接待人员的祖父和父亲）是商人，同时也是文人，能写会画。钱庄里不仅陈列了一些古钱币，更有父子两人的书画作品。崇文重商，凸显了绍兴人务实笃行的品格，成就了绍兴人在商业与文化之间的自由转换。

人说天下师爷出绍兴，但很少有人知道，绍兴师爷多出自安昌。明清时期，师爷是各级官员尤其是主官私聘的智囊、助手，按照幕僚惯例，称作"幕友""幕宾"。他们虽非官非吏，但因其参与机要、赞画庶务、经营交际、代理钱粮而身份特殊，主官对之敬若上宾，称为"老夫子""幕宾"。府内衙役、家中仆人称主官为"老爷"，敬称幕宾为"师老爷"，简称"师爷"。清代官场有"宁休夫人，不舍师爷"之说，可见其身份之特殊。师爷出现于明中晚期，历清一代，讫于民国初年（1912）。清代徐珂的《清稗类钞》记载，上至督抚，下至州县，凡官府皆有绍兴师爷，故有"无绍不成衙"之说。

绍兴多出师爷与其独特的人文和区域环境有关。一是绍兴素为文化之邦，读书人多但"公务员"名额有限，多数不能如愿，但其学识才具，尤其是财计足用，又是官场不可缺少的复合型人才，因此，学幕成为一大出路。二是绍兴人处世精明、治世审慎、工于心计、善于辞令。三是做师爷的专业手艺近于家传，有的一家十几个人从事师爷职业，动辄呼朋唤友、团结互助，往往有出乎意料之功效。200年间，由这里走出的师爷据说不下万人，今天的河道两侧还星罗棋布地分布着众多的师爷故居。

水上婚礼是安昌当地独有的传统习俗。按照惯例，结婚时新娘子不是坐车坐轿，而是乘船而来。男方的彩礼要在前一天下午用木船送到女方家中。第二天一早，新娘身穿一身喜气的红色婚服，脚穿平底绣花鞋，头戴凤冠，当然，红盖头是不可少的。迎亲的船队一到，新娘就在家人的护送下登上喜船，坐进船上的红轿子里，一路鞭炮声、锣鼓声响起，非常热闹。迎亲船队在狭窄的水巷中穿行，引得观者无数。

安海古镇
——温陵理学开安海

> 五孔泉中梵影动，
> 四斋堂上学声低。
> 温陵理学开安海，
> 泉郡黉宫铁券题。

清人柯敦圃的《石井书香》一诗，追怀南宋理学家朱松、朱熹父子在安海传播义理之学的往事，颇为家乡自豪。

安海古镇位于福建省晋江市西南部，与金门岛隔海相望，始建于南宋建炎四年（1130），迄今已有近900年的历史，是福建省四大文化古镇之一。安海因有着弯曲的海港而古称"湾海"，宋开宝年间易称"安海"，后又有安平、石井、鸿江澳、泉安之说，至清朝复称"安海"。

"九围十八埔二十四境三十六巷"是清朝对安海行政区域的地名划分，如今在安海这些地名仍然被沿用。"围"是指在一个范围内人们聚居而成相对独立的居民区，从而形成一个族群居住的格局。人们沿着大片空地聚居便形成了"埔"，"埔"现已成为安海新建街道的组成部分。所谓"境"则是因镇里每个角落"挡境"（类似小庙的建筑）而来，在"境"内由于民俗和信仰文

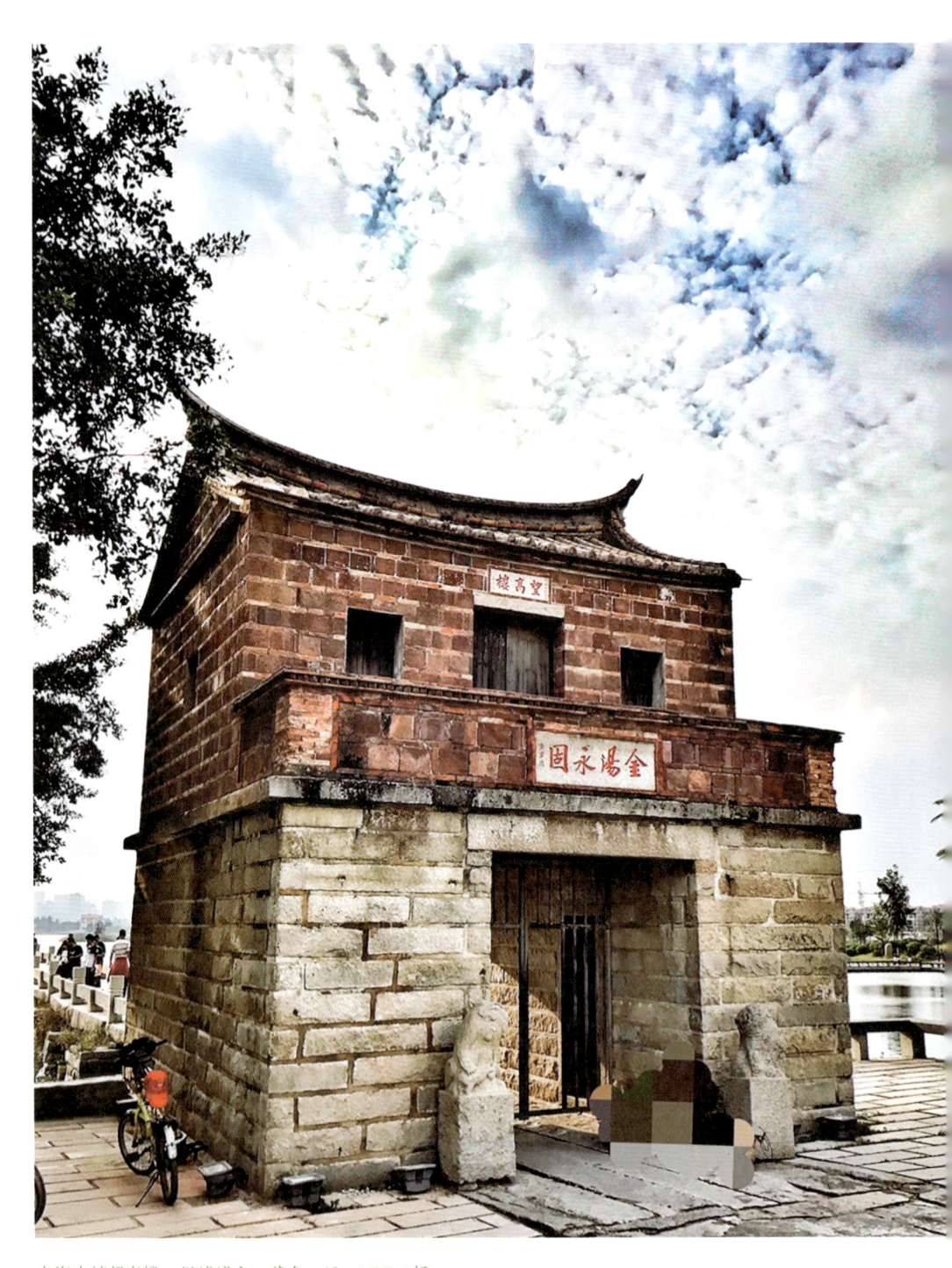

安海古镇望高楼　微博博主：蓝色心语 –LGZ／摄

化的影响，又架起沟通邻里的桥梁。"三十六巷"是个代表性的概数，其实安海有很多巷子，为了顺口，故有三十六巷之名。中国传统的街巷命名方法是融地理、文化、民俗、历史诸方面为一体的独特呈现，因此走进这"九围十八埔二十四境三十六巷"，就是走进安海古镇人们的现实生活。

安海文物古迹众多，文化积淀丰富，现有各级文物保护单位13处。其中国家级重点文物保护单位有安平桥和龙山寺，省级文物保护单位有石井书院、星塔和陈清机宅，市级文物保护单位有霁云殿、安海古庙、东洋桥、柯氏祖厝、后库陈氏家庙、鸿塔水心亭渡头、晋江市革命烈士纪念碑和中共泉州中心县委第一次干部会议会址等。

安平桥建于南宋绍兴八年（1138），桥梁长2491米，是世界上最长的梁式石桥，有"天下无桥长此桥"之誉。桥面上平铺8～11米、重达5吨的大石板，利用浮运架桥法构筑而成，这在当时是独步全球的建筑技艺。

与安平桥相连的白塔是当时佛教建筑的精品，始建于南宋绍兴二十二年（1152），通高20.55米，为五层六角楼阁式砖石仿木结构，内旋梯旋转而上，登高览胜，尽收眼底。白塔是安海古镇的标志，海外侨胞心目中故乡的象征。

有着800多年历史的石井书院位于安海古镇西鳌头境，前身为南宋绍兴年间（1131—1162），安海长者黄护为时任安海古镇官朱松（朱熹之父）捐建的讲学馆所——鳌头精舍（又称"石井书院"），与泉山书院、小山书院、欧阳书院并称泉州"四大书院"。数百年以来，有大批人才在石井书院里成长和涌现，为安海古镇的文明繁荣做出了重大贡献。

安海古镇历代名贤辈出，人文荟萃，积淀丰富，素有"海滨邹鲁""朱文郑武"之美誉。朱松、朱熹父子的讲学活动，促进

安海古镇安平桥

了安海文化教育的发展，史称"二朱过化"。宋朝兵部尚书高惠连，明代文坛巨擘王慎中、民族英雄郑成功等著名人物，都是安海培育出的英才，在这方水土留下深刻的足迹。

安海"嗦啰嗹"又称"采莲"，至今已有800多年的历史。每逢端午节，人们先向龙王爷焚香礼拜，接着将其抬出沿街巷游行，进行"采莲"。据称这是古越族人的遗风，歌唱中的"嗦啰嗹"就是古越族人辟邪去灾的咒语。

中国邮政于2022年5月19日发行《中国古镇（四）》特种邮票1套4枚，其中编号4-3为安海古镇。

安仁古镇
——须信诗情不可违

> 揭揭酒旗当岸立,
> 翩翩渔舟隔湾归。
> 此间好景皆新得,
> 须信诗情不可违。

宋代诗人文同在《安仁道中旱行》中,以空灵清新的诗句描绘安仁古镇的自然风光,充满了诗情画意,让人无限迷恋。可见自古以来,美丽富饶的安仁都是人们的理想之居。安仁古镇物华天宝,人杰地灵,是著名抗日将领刘湘、起义将领刘文辉等一批民国军政要人的故乡,不愧为川西平原上一颗璀璨的明珠。

安仁古镇地处成都平原西部大邑县,距成都41千米。它历史悠久,在秦汉时就已是蜀郡重镇。唐武德三年(620),置安仁县,隶属于剑南道邛州。《太平寰宇记》记载,安仁因"取仁者安仁之意"而得名,至元二十一年(1284),安仁撤县为镇,划归大邑县。由此,安仁古镇距今已有1400多年的历史。

走进安仁,公馆群、古街、古道、古巷等古建筑相映生辉,向人们展现旧时川西人民衣食住行、人事礼仪、婚丧嫁娶、家族观念、岁时节令、生产劳动在建筑中的体现。集购物、住

安仁古镇刘文辉公馆　金小勇／摄

宿、美食、娱乐、观光等于一体的民国风情体验街区则把游客带回了那个特殊的年代。

　　安仁古镇不仅拥有深厚的历史文化底蕴，还拥有丰厚的文博旅游资源。安仁古镇现存的川式街坊建筑多建于清末民

初，融川西传统民居风格与欧式建筑风格为一体，尤以民国年间刘氏家族鼎盛时期的建筑最多，中西建筑式样相结合，庄重、典雅、大方的各式院落造就了安仁古镇特殊的建筑风貌，号称"川西建筑文化精品"。

目前安仁保存比较完整的历史街区及庄园住宅古建筑群面积约0.3平方千米；有建于清代、民国时期的刘氏庄园群、刘湘公馆等古公馆27座，重点文物保护单位16处、国家一级文物136件；有红星街、树人街和裕民街三条古街，以及小洋楼、安仁中学、钟楼等历史建筑与文化遗产，不仅数量多，而且规模大、保护完好。

想要了解有着"中国博物馆小镇"（中国博物馆协会授予）之称的安仁古镇，自然要从建川博物馆聚落说起，它是目前国内民间资本投入最多、建设规模和展览面积最大、收藏内容最丰富的民间博物馆聚落。它以"为了和平，收藏战争；为了未来，收藏教训；为了安宁，收藏灾难；为了传承，收藏民俗"为主题，设立了抗战、民俗、红色年代、抗震救灾四大系列30余座分馆，目前已对外开放的陈列馆有抗战文物陈列中流砥柱馆、正面战场馆、飞虎奇兵馆、不屈战俘馆等20多座场馆。

安仁古镇完好地保存着总面积超过10万平方米的老公馆群落。全国重点文物保护单位——大邑刘氏庄园博物馆是中国非常有名的建筑，它由刘文彩及其兄弟陆续修建的5座公馆和刘氏家族的一处祖居构成，分布为南北相望的两大建筑群：老公馆和新公馆。南部"老公馆"由刘文彩及其大哥刘文渊、三哥刘文昭、四哥刘文臣的住宅和一处共同的祖居组成，北部"新公馆"即刘文辉公馆。刘氏庄园占地总面积7万余平方米，建筑面积有2万余平方米，房屋545间，是目前国内规模最大的近代地主庄园建筑群。大型泥塑群像《收租院》现也成了庄园的

冰糕
冻水
饮料

龙井古镇街景 金小勇/摄

组成部分，它是呈现典型民族风格的成功之作，是新中国雕塑艺术的一个里程碑。大邑刘氏庄园博物馆被国际旅游组织认定为四川旅游发展的"六朵金花"之一。

安仁公馆堪称民国时期四川灰塑艺术的集大成者。灰塑是中国建筑师工匠精神、科学精神、人文精神的集中体现，也是中国建筑注重细节、追求极致的体现。这些伟大的创意者们，用作品书写自传，用作品记录时代，用作品赢得了荣光。如果说安仁古镇的老公馆群落犹如皇冠，这些鲜活的灰塑就是点缀在皇冠上的一颗颗灿烂的珍珠，作为安仁老建筑装饰的独特标识，与这些建筑一起经历岁月的风风雨雨，为建筑平添了一缕灵光。

2008年，灰塑被列入第二批国家级非物质文化遗产名录。

正如世界旅游组织曾评价的："安仁古镇是旅游者了解近代中国人怎样生活的最佳去处。"只有走进它，才能体会文同在发出"须信诗情不可违"喟叹时那种无法抑制的激赏。

澳门历史城区
——尽头西海新生月

> 花面蛮姬十五强,
> 蔷薇露水拂朝妆。
> 尽头西海新生月,
> 口出东林倒挂香。

明万历十九年(1591),汤显祖被朝廷降职处理,到广东徐闻县任典史。到任后不久,汤显祖便到当时已经十分繁荣的贸易港香山澳(澳门)游玩,写下了《香岙逢贾胡》、《听香山译者》(二首)、《香山验香所采香口号》、《南海江》这五首关于澳门的诗。这些诗篇成了传世最早的以澳门为素材的中文古诗,被澳门学界尊为"澳门诗词史甚或文学史开卷之篇章"。汤显祖也因此被尊为澳门文学史上的第一位作家。

文前的这首诗为《听香山译者》(之二),汤显祖在诗中称赞葡萄牙少女,说她们的面容宛如西海边上刚升起来的月亮。其实在中国人眼中,澳门的奇妙风光同样如同海上新月,令人心驰神往。

澳门以前是个小渔村,它的本名为濠镜或濠镜澳,因为当时泊口可称为"澳",所以称"澳门"。澳门及其附近盛产蚝(牡

澳门历史城区鸟瞰　宋汉晓/摄

蛎），因此后人把这个名称改为较文雅的"濠镜"。澳门的英文名字源于妈祖，明嘉靖三十二年（1553），葡萄牙人从妈祖阁（妈阁庙）附近登陆，向当地人询问这里的地名，因在妈阁庙旁，当地人便回答"妈阁"，于是澳门便被命名为"Macau"（"妈阁"是葡萄牙语的译音），内地多拼写为"Macao"。

澳门历史城区由一片以澳门旧城区为核心的历史街区组成，其间以相邻的广场和街道连接，包括妈阁庙前地、亚婆井前地、岗顶前地、议事亭前地、大堂前地、板樟堂前地、耶稣会纪念广场、白鸽巢前地等多个广场空间，以及妈阁庙、港务局大楼、郑家大屋、圣老楞佐教堂、圣若瑟修院及圣堂、岗顶剧院、何东图书馆、圣奥斯定教堂、民政总署大楼、三街会馆（关帝庙）、仁慈堂大楼、大堂（主教座堂）、卢家大屋、玫瑰堂、大三巴牌坊、哪吒庙、旧城墙遗址、大炮台、圣安多尼教堂、东方基金会会址、基督教坟场、东望洋炮台（含东望洋灯塔及圣母雪地殿圣堂）等20多处历史建筑，于2005年成为中国第31处世界文化遗产。

澳门历史城区保存了澳门400多年中西文化交流的历史精髓。它是中国境内现存年代最远、规模最大、保存最完整和最集中的，以西式建筑为主、中西式建筑交相辉映的历史城区，是西方宗教文化在中国和远东地区传播历史重要的见证，更是400多年来中西文化交流互补、多元共存的实证。

按照功能区分，澳门历史城区的古代建筑大致分为以下几类。

博物馆及展览厅：澳门博物馆、澳门海事博物馆、澳门葡萄酒博物馆、澳门艺术博物馆、澳门回归贺礼陈列馆、澳门科学馆、玫瑰堂生物宝库、圣若瑟院珍藏馆、天主教艺术博物馆、澳门中山纪念馆、澳门林则徐纪念馆、澳门消防博物馆等。

教堂：大三巴牌坊、大堂（主教座堂）、圣母雪地殿圣堂、主教山小堂、路环圣方济各圣堂、圣弥额尔小堂、嘉模圣母堂、花地玛圣母堂、九澳七苦圣母小堂、马礼逊教堂、圣安多尼教堂、圣奥斯定教堂、玫瑰堂、望厦圣方济各小堂、圣若瑟修院及圣堂、圣老楞佐教堂、望德圣母堂。

庙宇：妈阁庙、观音堂、莲峰庙、莲溪庙、菩提禅院、谭公庙、关帝庙（三街会馆）、哪吒庙。

公园：白鸽巢公园（贾梅士花园）、何贤公园（香山公园）、宋玉生公园、艺园、二龙喉公园、螺丝山公园、卢廉若公园、南湾花园（加思栏花园）、纪念孙中山市政公园、得胜花园、华士古达嘉马公园、望厦山公园、氹仔市政公园（嘉模公园）、花城公园、石排湾郊野公园、路环山顶公园和妈祖像、黑沙水库郊野公园。

炮台：大炮台、望厦炮台、加思栏炮台、东望洋炮台（包括圣母雪地殿圣堂及灯塔)。

其他景点：澳门大熊猫馆、澳门旅游塔会展娱乐中心、澳门渔人码头、妈祖文化村、关闸、金莲花广场、观音莲花苑、华士古达嘉玛纪念像、冼星海纪念铜像、澳门档案馆、清真寺及坟场。

妈阁庙是集中葡文化为一体的典型建筑，也是澳门著名的名胜古迹，至今已逾500年，是澳门三大禅院中历史最为悠久的。妈阁庙原称妈祖阁，俗称天后庙，建于明弘治元年（1488）。妈阁庙的沿崖建筑背山面海、古木参天。整座庙宇以大殿、弘仁殿、观音阁等为主要建筑，石狮镇门、飞檐凌空，是一座富有文化特色的古建筑。

大三巴牌坊是澳门最具代表性的名胜古迹，原为圣保罗大教堂的前壁。教堂于1835年遭大火焚毁，仅剩68级石阶及花岗石建成的前壁，因貌似中国牌坊而得名。大三巴牌坊糅合了欧洲文艺复兴时期与东方的建筑风格，体现出东西艺术的交融，雕刻精细，巍峨壮观。由三至五层构成三角金字塔形，无论是牌坊顶端高耸的十字架，还是铜鸽下面的圣婴雕像和被天使、鲜花环绕的圣母塑像，都充满着浓郁的宗教气氛，给人以美的享受。牌坊上各种雕像栩栩如生，堪称"立体的圣经"。

议事亭前地面积3700平方米，是澳门四大广场之一。议事亭前地北连板樟堂前地，南临新马路，南阔北窄，呈狭长的三角形，为热闹的商业及文化活动区。议事亭前地周围一带的建筑物富有欧洲特色，不少已被评为纪念物及具建筑艺术价值的建筑物。这些已被列入文物保护单位的建筑物其门面都不能再改动，只可以改动室内架构。20世纪五六十年代曾有香港电影以此地取景。

卢家大屋是澳门著名商人卢华绍家族的旧居。屋内左次间

天井檐口的题诗年份显示，卢家大屋约于1889年落成。大屋以青砖建造，仿广州西关大屋布局，高两层，为澳门所余不多的较完整的中式大宅建筑。与其他西关大屋一样，卢家大屋装饰讲究，屋内融合中西方装饰材料和手法，既有粤中地区常见的砖雕、灰塑、横披、挂落、蚝壳窗，又有西式的假天花、满洲窗及铸铁栏杆等，两种特色装饰共冶一炉，饶有趣味，反映了澳门中西合璧的民居特点。

大三巴哪吒庙为澳门现存的两座哪吒庙之一，始建于1888

澳门历史街区民居　宋汉晓／摄

年，改建于1901年。建庙前，澳门瘟疫流行，死人无数，该区坊众认为本区无神庙压邪，乃与柿山坊众商议，拟请柿山之哪吒神来大三巴，并建庙奉祀，但遭到反对，屡洽不果，于是自行建庙。

　　港务局大楼曾是澳门印度籍警察的营地，是一座受阿拉伯建筑风格影响的砖石建筑。建筑外环绕伊斯兰式尖拱券柱窗回廊，上面加上三叶草装饰，与粗糙的花岗石墙基形成强烈的对比。

　　始建于1860年的岗顶剧院是中国第一所西式剧院。岗顶剧院外观呈新古典希腊复兴风格，整体粉刷以绿色，衬托墨绿色门窗及红色屋顶，在以黄色为主调的周围环境映衬下，既独立鲜明，又不失和谐。岗顶剧院曾是西方艺术在中国表演的主要场所之一，普契尼的歌剧《蝴蝶夫人》就是在这里举行了亚洲首演。

　　大炮台创建于1617年，至1626年建成，名为圣保罗炮台，澳门居民多称为"大炮台"。炮台共占地约1万平方米，呈不规则四边形，构成了一个覆盖东西海岸的、宽大的炮火防卫网，是当时澳门防御系统的核心。

　　历经400多年，中国人与葡萄牙人在澳门历史城区内合力营造了不同的生活社区。这些生活社区除了展示澳门的中、西式建筑艺术特色外，更展现了中葡两国人民不同宗教、不同文化以至不同生活习惯的交融与尊重。这种中葡人民共同酝酿出来的温情、淳朴、包容的社区气息，使澳门成为最具特色、最有价值的地方。

　　澳门郑家大屋是近代著名思想家郑观应的祖屋，占地面积4400平方米。当年的郑家大屋高墙四筑，院内房宇错落有致，庭院曲径通幽，今虽已荒废，但仍可依稀一窥它的宏伟与堂皇。郑家大屋的建筑特色是古雅的19世纪中式院落式大宅，同时又受十七八世纪葡式住宅及西方古典风格的影响，是近代澳门岭南派宅院的代表，是澳门保存完好的一座中国传统大型民居建筑。

鱼行醉龙节源自数百年前的广东省香山县（今中山市、珠海市、澳门特别行政区等部分地区），时至今日已成为澳门鲜鱼行独有的一项民间传统节庆活动，又称"澳门鱼行醉龙醒狮大会"，每年农历四月初八举行。吃龙船头长寿饭、舞醉龙巡游、免费派送龙船头饭，是主要的节庆活动内容。

茶阳古镇

——草色青青涨早潮

霏微春雨暗河桥,
草色青青涨早潮。
方咏飞鸿安泽国,
忽瞻彩鹢拨归桡。

这是明代茶阳乡绅饶与龄送别地方官的诗。饶与龄46岁中式,除去出任的两年以及补父荫的两个月,他的一生都生活在家乡,无怪乎在诗中对家乡的不吝赞美了。

茶阳古镇位于广东省梅州市大埔县，是粤闽两省三县12个乡镇的重要贸易集散地、区域交通枢纽，以及广东省首批中心镇之一。据史料记载，从东晋义熙九年（413）茶阳古镇设为义招县，明嘉靖五年（1526）设置为大埔县，距今已有1600多年的历史。

《大埔县志》记载："因地取舍，依山筑城。"茶阳古镇因背靠茶山，处于茶山之南而得名。1526—1961年，长达435年里，茶阳古镇一直是大埔县的老县城驻地。

茶阳古镇历史悠久，自然胜景丰富，文化底蕴深厚，文物古迹颇多。据初步统计，古镇共有古建筑985座，其中被列入文物保护单位的就有27座，如"父子进士"牌坊、古城墙、关岳庙等。现存较为完好的骑楼老街中有始建于明清时期的粤东最大的骑楼群，散布在中山路、高福路、太平路、太华路、万川路、新马路、建设路七条街道，其中立于大埔中学前的"父子进士"牌坊是茶阳古镇的代表，也是全国重点文物保护单位。

茶阳古镇的骑楼老街是粤东地区最大也是最完整的骑楼群，建于明清时期，风格独特，全长1000多米，共有700多间

茶阳古镇骑楼群

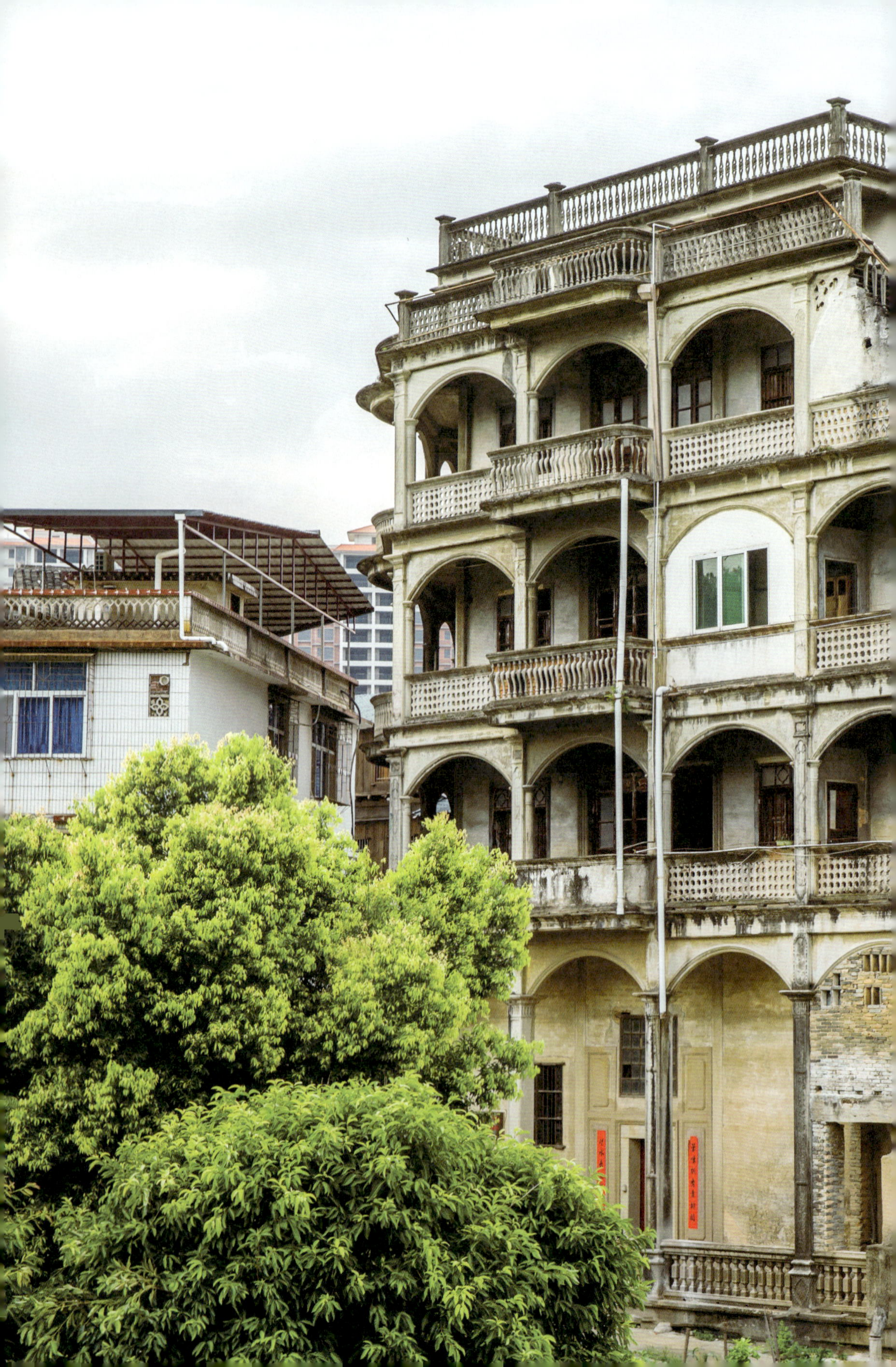

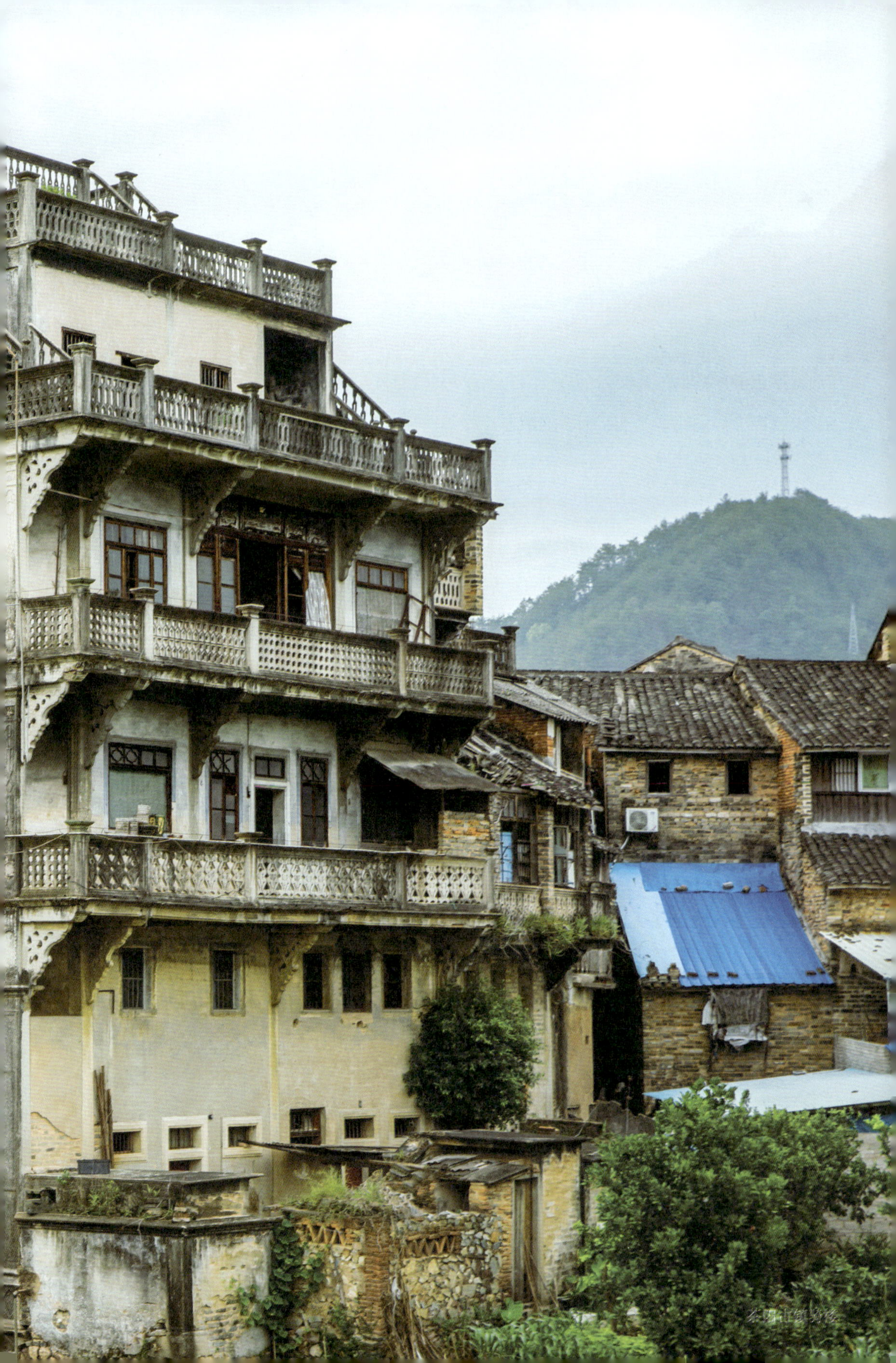

店铺。漫步在骑楼群中,雄伟的建筑间间相连、排排相对、高耸挺拔,如同行走在建筑丛林。绵绵不断的骑楼,古色古香的老街,无不显露出明清建筑的布局和风格。为避洪水,茶阳骑楼的第一层一般较高,基本在4米以上,一排排高大的欧式柱形成走廊,进深空间感强;二、三层多有突出的半圆形阳台,精致的木棂窗、半弧形的阳台门、花瓶形的栏杆以及雕纹装饰的斑驳墙面构成了一道别致的美景;楼顶的青瓦坡度屋顶,层层叠叠,煞是好看。

在高高矮矮的瓦房民居中,有一座名叫"旋庐"的四层半建筑,气派非凡,门口有联:"旋归田里,庐结河滨。"主人是中国同盟会早期会员、马来西亚华侨富商何阳生。该建筑外墙及装饰采用当时流行的西洋骑楼风格,里面的屏风和木质门窗采用了中国传统的雕花工艺,中西合璧、美轮美奂;楼上设计精巧的拱形门窗、门廊、柱廊,每层楼上漂亮、凸出的半圆形阳台,以及门楼外壁的装饰,线条简练雅致,韵味十足,代表了茶阳骑楼建筑的最高成就。

茶阳的石雕牌匾不计其数,最有名的当数文前提到的"父子进士"牌坊,它建于明万历三十八年(1610),是"恩荣"牌坊,即由明代朝廷出钱制立的牌坊。"父子进士"牌坊高12.5米,宽4.65米,共三层檐顶,结构严谨精致、造型美观大方、雕刻工艺精湛,是难得的石雕艺术精品。

古时的牌坊由高到低分为御制、恩荣、圣旨和敕建四个等级,"父子进士"牌坊位属的"恩荣"牌坊,在当时具有很高的地位。在今天看来,这座牌坊仍有种坚韧不摧的气势,在茶阳人心中是一座文化的丰碑。

诒谷堂建于1538年,占地1200平方米,三进院落二横一围院式,房屋背靠金山,是少见的客家殿堂式传统古民居。诒谷堂上厅正梁上罕见的"金龙绕梁"是由皇帝下旨赐刻的，记录着茶阳饶氏十六世祖饶峻与清乾隆皇帝的一段故事。茶阳的古建筑很多，除了上述之外，还有围龙屋、走马楼、双堂屋、锁头屋、关岳庙等。

古时的岭南是文化荒漠，1300多年的科举史上，只出过9位状元，考取功名的比率比中原地区低得多，但唯独茶阳古镇屡有父子以及同门兄弟一同上榜，确实可谓光宗耀祖。据记载，茶阳饶氏在明清两朝均出现过父子进士，先后共有进士8人，举人20人，贡生至庠生300余人。这个不足300万平方米的古镇可谓是人才辈出。

国家级非物质文化遗产广东汉乐是广东省的三大乐种之一，它主要流行在粤东、闽西、赣南以及海外客家人聚居的地方，茶阳古镇的汉乐爱好者每天都聚在一起练习演奏，其乐融融。此外，花环龙在茶阳古镇具有悠久的流传历史，亦是茶阳古镇优秀的民间艺术，知名的文化品牌之一。

20世纪90年代末，茶阳古镇被广东省文化厅和文化部社会文化图书馆司双双命名为"民间艺术之乡"和"花环龙之乡"。

赤坎古镇
——桥畔红棉烟雨篷

埠头暗石松针岸，
桥畔红棉烟雨篷。
合璧华洋名内外，
岭南古镇美欧风。

今人的诗作虽略乏古韵，却也道尽了赤坎古镇的独特风貌。

赤坎古镇位于广东省开平市中部的潭江之滨，历史上曾是开平县城所在地。它处于开平市的正中，四通八达，上接恩平市、阳江市，下通江门市、广州市，北连鹤山市、佛山市、新兴

市，南往台山市，地理位置非常优越。古镇四周被潭江支流水系包围，其中米岗冲、滘口冲、镇海水是主要支流，与干流四江构成了赤坎古镇一带的河网。南来北往的水陆运输使赤坎古镇由渡口码头成长为工商市镇，同时商贸经济的繁荣又促进了古镇交通的发达。

赤坎沿潭江而建，南岸是乡村，北岸则是城市，清一色的骑楼。赤坎的各种旧建筑中有古典民族风格、欧陆风格、南洋风格、民国风格，甚至还有苏联风格，简直就是建筑艺术的博物馆。

历史上的赤坎古镇被清晰地划分为两大家族的地盘，河东是司徒族人，河西则是关族人，虽其聚居区内也有外姓人居住，但他们互相之间绝不混住。据传司徒族人来自河北邯郸，关族人则来自福建省，随着时间的推移，两家也在各方面开始竞争。最初在赤坎设圩的是司徒氏，选定的赶集日期是逢农历初三和初八。后来关族人也将原设于他处的市圩迁至赤坎。两圩开始便一东一西，直至如今赤坎古镇仍分上埠、下埠。

赤坎古镇洋楼群

中国古镇经典

赤坎古镇

赤坎古镇建筑概览

赤坎古镇建筑（局部）

　　坐落在赤坎古镇三门里村的迎龙楼，东距开平市6000米，是开平市现存最早的碉楼，为关氏家族于明嘉靖年间所建。它坐西北朝东南，占地面积152平方米，砖木结构，楼高11.4米，为全村制高点。楼顶的建筑形体没有受到外来因素的影响，非常传统，是开平碉楼最原始的样式，代表了开平碉楼的早期形态，至今保存完好。

　　骑楼建筑是赤坎古镇的一大特色，骑楼连绵成片，在小镇林立。堤西路、堤东路、中华路、牛圩路等几个路段的建筑几乎都由骑楼组成。镇内的骑楼通常有四五十米长、三层楼高，近600座，尤以堤西路一带的骑楼最为壮观，构造也极讲究，几乎是一楼一顶，各式的西洋屋顶壁面后是传统中式的"金"字形瓦顶，巴洛克风格的屋顶装饰，镶嵌的彩玻璃木窗，石雕精美的小台，淡黄、暗红的外墙。沿堤西路向内，中华路等路段的骑楼楼顶装饰逐渐简单,而到了内街牛圩路,骑楼几乎都降为两层,楼顶的装饰也是颇为简单。在骑楼街的精华区堤边街道,偶尔有防守的堡垒——碉楼和西式风格的钟楼夹杂于骑楼群间,漫步于骑楼之中,可深切感受到中西文化在这里的交融。

赤坎古镇在海外的华侨华人众多,自古这里就形成了村村有华侨,绝大部分家庭为侨眷的状况。今天,旅居美国、加拿大和东南亚的赤坎籍华侨有4.7万余人,还有约2.6万人的港澳同胞,大陆以外的乡亲超过了家乡人口的数量,所以历来民间有"内外两个赤坎"之说。远在他乡的华侨就像湖畔的红棉,在故乡的水影中摇曳生姿。

崇仁古镇
—— 欲罢不能忘

剡溪蕴秀异，
欲罢不能忘。
归帆拂天姥，
中岁贡旧乡。

　　《壮游》是杜甫作品中非常有特色的一篇叙事诗，诗中记述的使杜甫"欲罢不能忘"的剡溪美景至今仍是崇仁古镇的一道亮丽风景。

　　崇仁古镇位于浙江省嵊州市西北部，原名杏花村，距今已有近千年的历史。北宋熙宁年间（1068—1077），受皇帝敕封的义门裘氏从婺州分迁此地，因裘氏以崇尚仁义为本，故此地名为崇仁。

　　崇仁古镇人杰地灵，名人辈出。自宋代至清代，仅裘氏一族就有敕命、敕书、诰命等30余道，仕官132人，其中宋代乡员2人、明清两代进士4人、文武举人37人、秀才476人。

　　崇仁古镇规模宏大，总面积达30万平方米，其中精华区域面积3万平方米。崇仁古建筑数量众多，从明代、清代至民国序列完整，类型丰富。保存基本完整的民居、宗祠等建筑154处，茶亭、路亭等14处，赌场、邮局等近代建筑50余处。古

崇仁古镇俯瞰

镇中众多的建筑类型，特别是大型的老台门、宗庙建筑具有代表性。建筑工艺之精美、规模之宏大、用材之考究，代表了清中后期地方民居建筑设计和施工的高超工艺水平，在建筑历史及传统民居建筑等领域有较高的研究价值，尤其是其建筑装饰精工细作，石雕、砖雕、木雕、灰塑、题刻、书法、彩绘技艺熟练、工艺水平高超，具有较高的艺术价值和观赏价值。

崇仁的明清建筑多为封闭式的三合院或四合院，其屋脊、出檐、马头墙均有砖雕装饰，气势雄伟、典雅庄重。敬承书屋照壁的砖雕堆塑数量之多、工艺之精、构思之巧妙，堪称一绝。

崇仁古建筑的石材多取于村北2500米处的石宕，一座台门

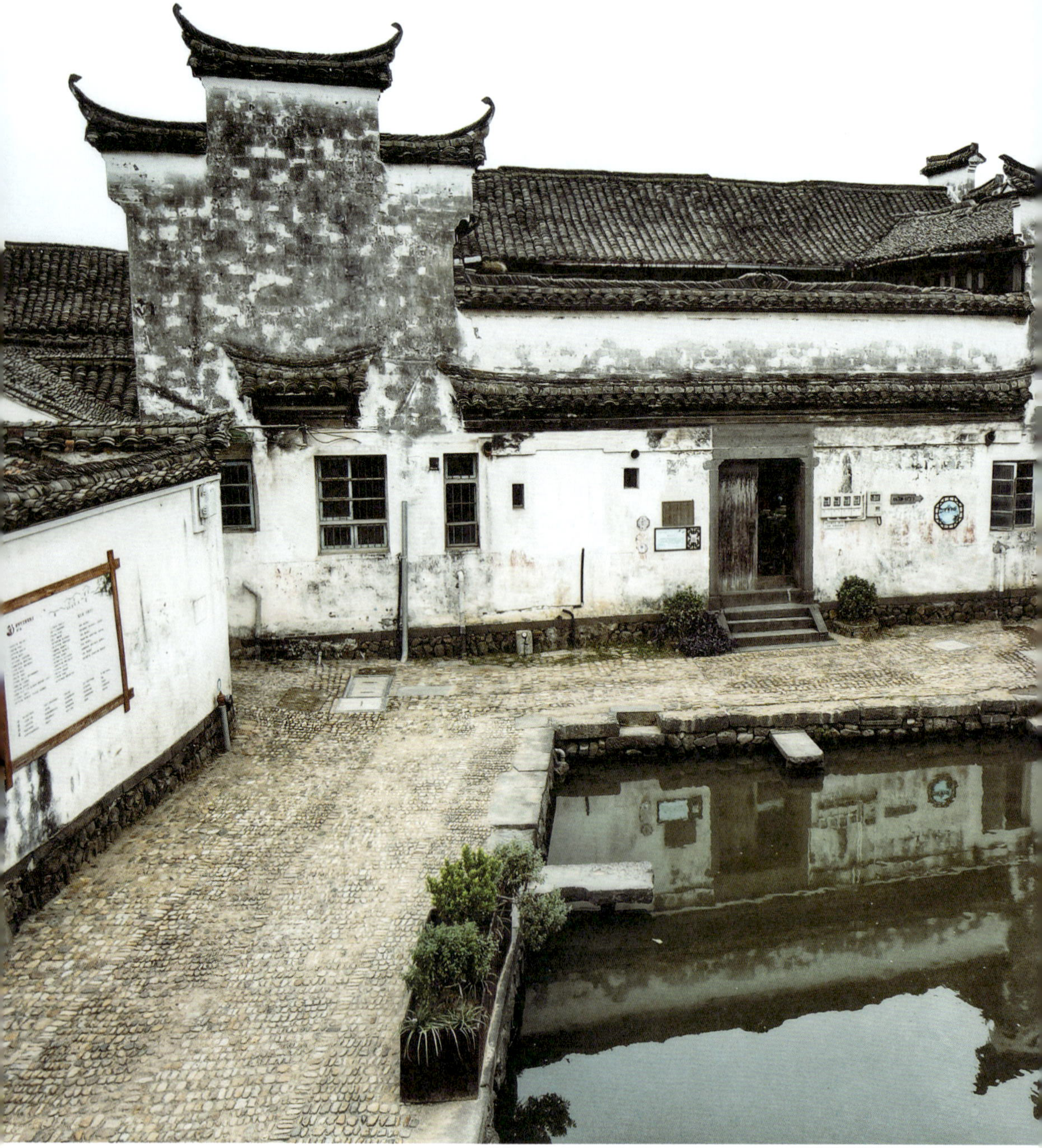

建筑需使用上百吨石材，其门框、门槛、台阶、沿阶石、柱础等用的都是石材。值得一提的是翰平台门的石雕，石门楣上刻着"佳气纲灵"四个阳文大字，隽秀清晰；两旁浮雕上，凤凰舒展着美丽的长尾；门框的上框底面正中镂刻的半球形龙头玲珑剔透，凸显了石匠精湛的雕刻手艺。

如同其他古镇民居，在崇仁古镇，木雕是每家每户不可缺少的，几乎遍布每家台门室内的窗、门、屋檐下的牛腿等，而且做工都很精巧。雕刻题材丰富，有人物传奇、花卉鸟兽等，如朝北台门的道地四周全部是雕花门窗，众多人物仪态万方、细腻逼真、呼之欲出。百鹿台门的檩雕有99只姿态不同的鹿，加上道地中央石子嵌成的一只鹿，上下呼应，总共有100只鹿。

崇仁核心保护区的传统村落风貌保存相对完整，类型多样，自三国至中华人民共和国成立时期的历代遗迹均有保存或记载。崇仁有"上裘"和"下裘"之分，民谚有"打架验伤井头房、穿靴戴顶后门塘、挑脚捐树上二房"的说法，其大意就是井头房（现石井台门周围）的住户都是当官有权势的、后门塘周围的住户都是有钱的富户，而上裘二房的住户就是底层出卖劳动力的，因此其建筑特征具有明显的不同。

崇仁古镇城镇建筑结构体系完整，堪

称浙江传统村落建设的典范。崇仁的传统村落从选址到建设，从建筑到街道格局，从功能结构到空间结构，从基础设施到防御体系，布局合理，结构完备。根据当地人的回忆和家谱记载，在古镇东西南北4个入口处原来各有一个"栅门"，分别悬挂着"古杏花村""吾道南行""义门理路"和"北道管钥"4块匾额，晚间栅门落锁后外人无法进入镇内。在镇内又设有若干个小栅门，将全镇划分为若干个街坊。这种里坊式的管理贯穿整个中国封建时代，由此产生的城市规划也深深影响了中国古代建筑的发展。崇仁古镇内还有古井51口，加上几处布局均衡的池塘，形成了完备、合理的消防系统。

裘氏家庙、玉山公祠、五联台门、静轩台门、云和台门等古建筑群被列为全国重点文物保护单位。

玉山公祠，因崇仁古镇望族裘氏为纪念其先祖玉山公而建造，建于清乾隆五十六年（1791），也有说法称建于清乾隆五十五年（1790），有待继续考证。玉山公祠坐北朝南，建筑面积1000平方米左右，主体建筑分布在纵轴线上，自南至北依次为屏风墙、门厅、戏台、正大殿、后厅。门厅和正大殿之间两侧均建有厢房，东西北三面筑有围墙，整座建筑形似封闭的四合院。

崇仁现存最有特色的台门建筑群——五联台门就是崇仁义门"分户合族、聚只一家"的治家准则的体现。五联台门从明晚期开始建造，至清中期全部完工，以敬承书屋为中心，大夫第台门、樵溪台门、老屋台门、翰平台门环列四周，总面积达6600平方米，各建筑既相对独立，又彼此相连互通，是中国古代"分家不分宗"的家族式院落。每家人虽分居分炊，却往来方便密切，仍如一家，因此称为"五联台门"，反映了和家睦族的义门精神，是崇仁义门裘氏宗族血缘关系的物化呈现。

大溪古镇
——一叶轻飘到海天

扬帆解缆语争喧,
一叶轻飘到海天。
层浪有山随日涌,
积流无地与云连。

卢观源是福建人,从清乾隆二十六年(1761)开始任诸罗县（今中国台湾嘉义市）教谕,熟谙台湾风物。他的这首《渡台湾放洋》,很容易让人联想到台湾大溪古镇的美丽景色。

大溪古镇位于台湾桃园县东南方,最早称为大姑陷,因境内有大汉溪而得名。清康熙元年(1662)属承天府天兴县。明清时期,政府规定从中国台北淡水、大稻埕、艋舺来的船只可以停泊大溪,成就了当年的繁华。后因河运停止,大溪的黄金岁月也随之结束。繁盛时期的大溪商家云集,有三四百家,集中在今和平路老街一带。

大溪老街贯穿和平路、中山路、中央路三条历史街区,是由店面形成的商街,建筑布局与台湾早期的传统商家"前店后宅"的形式并无二致,都是面宽窄、纵深长的长条形。这种建筑布局不仅限于"前店后宅"的手工作坊,也能满足其他商业

大溪古镇大溪桥

形态的物流、存储需要。因此同样的建筑布局在东南亚地区非常普遍，细微之处虽略有调整，但总体布局大同小异。大溪老街上的普通住宅更能体现舶来文化对台湾民居的影响，主要以红砖牌楼立面搭配红砖屋；商家则以石材精雕欧洲风格的拱门梁柱和繁复华丽的浮雕图案，突出以巴洛克风情为主的立面牌楼。大溪老街牌楼的立面虽为巴洛克风情，造型上却采用了大

量弧线。牌楼中央的"山墙"有山尖形、半圆形、圆弧形等变化,顶端的"收头"雕刻有动物、植物、几何图形等样式,则是中国传统建筑的程式。

和平路老街紧邻大溪旧码头,自清代开始便是大溪繁华街市的所在。这条老街长400多米,分布着各式各样的店铺,其装修都非常具有年代感,古色古香。走在老街上让人感觉仿佛置身于百年前,而且还能听到木质师傅雕刻的声音、铁行师傅敲打的声音。

中山路包含抚垦总署、郡役所、邮便局、小学校、公会堂、武德殿等重要官方设施及部分名人故居,目前为"大溪中山艺文特区"。

"慈湖纪念雕塑公园"陈列着2000年后陆续从台湾各地移送过来的蒋介石塑像,现有175座,其中也有少量孙中山与蒋经国的塑像。由于多为政治需要而产生的格式化作品,这些雕像从雕塑艺术角度来看,精品并不多见。

斋明寺创建于清道光年间(1821—1850),以传统农家三合院的形式展现禅林道场的质朴风格,寺中绿草如茵、花木扶疏,静谧而清雅。1929年,寺后增建"萃灵塔",由于斋明寺与萃灵塔兴建的时间不同,前者结构不脱中国传统样式,后者则已是现代水泥建筑,由此可以看出不同时期的建筑材料对建筑风格的影响。

大溪古镇的特点之一是依然完整地保持了旧有的空间格局。和平路以店商为主,下店上住;中山路以大商号、银行为主;东部临溪的中正公园、中央路上的街心花园保留完整。遍布各处的清代寺庙、道观、古厝、日式殿舍、基督教堂等一应俱在,这大概与大溪离台北、桃园市区较远,经济业态变化不大有关。中国各地古镇的变迁大致如此,在潜移默化地吸收外

大溪老街的建筑（局部）

来建筑文化的同时，又在很大程度上保留了地域文化、儒字文化的影响。

大溪古镇的特点之二是传统的业态依然存在而且生机勃勃，看不出衰颓的态势。如大溪特产豆干店，星罗棋布的咖啡馆、百年油饭、赖妈妈豆花、金字塔三角汤圆、源古本铺的糕饼、振馨轩饼铺、万里香干店等老字号商铺依然在经营。物权数易其主，政权几经更替，商品更新换代，但隐藏在建筑中的文化追求和精神释放却穿越历史，活灵活现地呈现在我们面前。

大溪古镇的特点之三是以居民生活为主，兼顾游客与居民的需要，形成主客共享的空间，可以用"起居室＋会客厅"来形容。虽然大溪古镇也开展了旅游业，但却没有大张旗鼓地进行推销，不设大门、不收门票，博物馆、寺庙和古迹都不收费，所有的商业、文化、休闲、宗教设施主要为居民服务，同时也对游客开放。这种不以文化谋利的文化观，是台湾文化得以传承有绪、张弛有度的奥妙所在，值得学习借鉴。

众所周知，豆干是大溪特产，其中黑豆干尤具代表性，其源于四代相传、迄今已逾70年的老店黄日香。黄日香的开业始祖黄屋鉴于豆干易馊坏，遂发明以焦糖染色的黑豆干，以延长其保存期限。黑豆干好吃的秘诀在于研磨豆浆时即混入香料，使豆干内外皆香气十足，尤其卤后放凉再食用滋味更佳。

大阳古镇
——阳阿奏奇舞

> 秦筝何慷慨,
> 齐瑟和且柔。
> 阳阿奏奇舞,
> 京洛出名讴。

建安"三曹"之一的曹植在其乐府诗《箜篌引》中,有上述四句描写乐舞的名句。据说"阳阿奏奇舞"一句是指汉孝成皇后赵飞燕的舞蹈。而"阳阿"是赵飞燕的家乡,也就是今天的大阳古镇。大阳除了赵飞燕,还有名扬天下的冶炼技术。早在战国时期大阳古镇的冶炼技术就声名鹊起,到了明代,产品更是远销中亚。

大阳古镇位于山西省泽州县境西北部,从阳人在此定居,建立阳阿城,距今已有2600余年的历史。秦皇在此置县,汉主封侯于此,西燕设此为郡,到了明清时期,镇内人口不断增加,村镇规模不断扩大,形成户分五里、人罗万家的大集镇。大阳古镇先后为县、侯国、郡的治所超过800年,后又历经(乡)镇、邑、里、村等,宛如一条完整的行政区划链条,堪称地方行政建置的历史标本。

大阳古镇民居

"东西两大阳，南北四寨上，九十三个阁，七十二条巷，九市八圪垱，老街五里长"的民谣，形象地描绘出了大阳古镇昔日的荣光与繁华。如今的大阳古镇拥有北方最大的明清古建筑群，被专家誉为"中国古城镇的活化石"，依然傲视一方。

大阳古镇以一条老街串联东西，其中街巷纵横，深宅大院、楼阁津梁、寺庙祠庵众多，一砖一石都在记录岁月的斗转星移，散发出沧桑韵味。

在这个具有千年辉煌的历史古镇中，最引人注目的是大量自明清以来保存下来的民居。这些建筑以四合院为主，与北方平原地区的四合院落迥然不同，房连房，楼接楼，空隙非常小。因受战争影响，民居在防卫功能上有比较突出的建筑要求。而且受到风水观念的影响，古镇中还出现了一些三合院和九宫八卦式格局的院落。

古镇宅院中建筑规模最大的是明万历朝户部右侍郎张养蒙的宅第。张府以牌楼为界，北起关帝庙，南至小塔后，占地逾百亩，有院落40余座，房屋2000余间，横跨建兴和财神两街的大部分地段，规模宏大，气势雄伟。

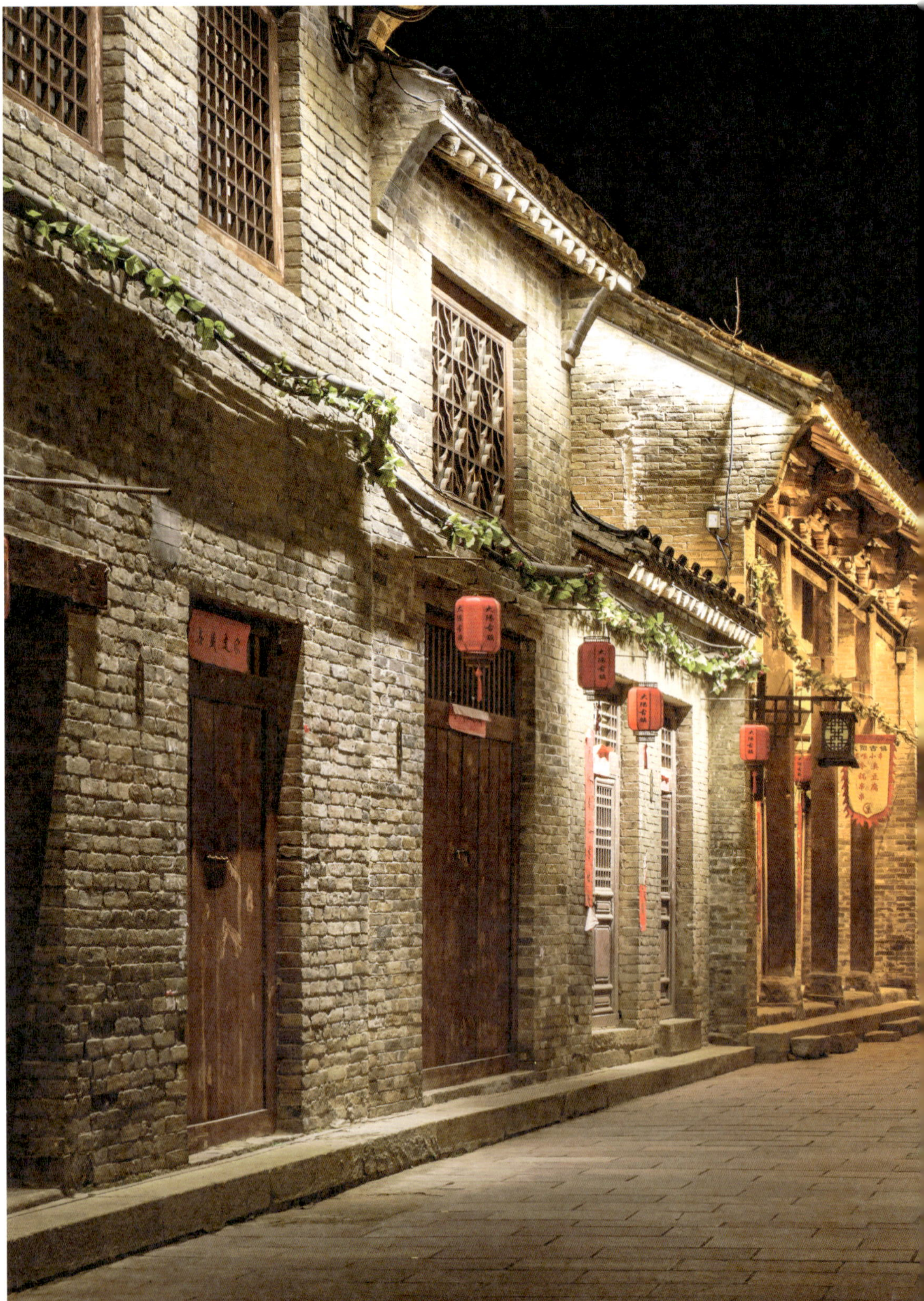

大阳古镇街景

古镇宅院中保存最为完好的是段家院，为元朝泽州长官段直的府邸，整体承袭元代风格，对研究元代北方民居具有重要的文献价值和实证意义。

古镇的寺庙有30余座，连同那些观、阁、庵、堂和16座戏台散落在古老的街巷中。临街而立的资圣寺、残垣断壁的南河庵、元风依旧的汤帝庙、独一无二的针公庙等，无一不是经典建筑。

"古有阳阿之剑，可陆断牛马，水截鸿雁"，丰富的矿藏资源使大阳成为我国冶铁业的重要发源地之一。早在战国时期，大阳已成为北方各诸侯国制造兵器所需生铁的重要产地。明清时期，手工制针业开始出现。大阳手工制针工艺有72道工序，并形成了以街巷为线，以个体院落为点的规模操作场面，所制造的铁针由于工艺精细，质量上乘，不仅供应了中国市场，还远销伊朗、伊拉克等国，大阳逐渐成为全国制针业的中心。德国的李希霍芬在其所著的《中国——亲身旅行和据此所作的研究成果》一书中记述："大阳的针，供应着这个大国的每一个家庭，并且远销中亚一带。"手工制针业高度发达，滚滚而来的巨额财富创造了骇世惊人的经济奇迹，大阳古镇也因此获得"九州针都"的盛誉。

明清时期，大阳的经济发展水平达到鼎盛，文化事业也突飞猛进，很多学子通过考试进入官场。富庶的经济是古代读书、科场的重要保障，明清时期从大阳古镇走出的状元、进士、举人人数众多，在当时山西省92个县的乡镇中为冠，入仕为官者就有150余人，甚至和江南名镇相比也毫不逊色。

从春秋战国到两汉魏晋，阳阿逐渐成为蜚声于世的歌舞之乡。"阳阿奇舞""阳阿薤露"成就了大阳文化艺术的辉煌，从宋代音乐大师孔三传，到延续多年的"一日高升"民间杂耍、

"骂骚龙"狂欢节和秧歌、戏剧、八音会等,异彩纷呈。如今的大阳古镇,人们在乔迁新居、婚嫁吉日、添丁进口、节日庆典时,女眷们仍会献上大阳剪纸技艺和面点以示庆祝。大阳剪纸和大阳面塑亦成为当地最具特色的非物质文化遗产。

另外,大阳有一种"上品"美食值得一提,那就是流传已久的馔面。据说它原本是宫廷美食,后流传到民间,如今远近闻名,成为当地百姓办喜事、招待客人必不可少的一种美食。制作好的馔面色泽金黄,味道清香,煮熟滤水后加上高汤,配以红绿菜梗间杂的或荤或素的"臊子",其色、香、味俱佳,俨然有宫廷御膳之风韵。

丹噶尔古城
——风高青海静，云锁雪山春

圣王怀远略，
使者涉湟津。
鹿塞毡裘萃，
龙庭俎豆陈。
风高青海静，
云锁雪山春。
归觐宸衷悦，
恩敷万里臣。

清道光四年（1824），41岁的瓜尔佳·斌良奉命去青海，在到达丹噶尔时写下了这首《九月七日行抵丹噶尔前诣札木巴拉多尔济贝勒弩克图大藏寺祭毕敬成》。诗中的"风高青海静，云锁雪山春"，堪称描写丹噶尔古城的神来之笔。

丹噶尔古城位于西宁市城西约40千米处的湟源县城，始建于明洪武年间（1368—1398），距今已有600多年的历史。"丹噶尔"得名于著名的藏传佛教寺院东科尔，为藏文"东科尔"的蒙语音译，意为"白海螺"。

湟源县历史悠久，古为羌地，自西汉以来，丹噶尔便成为商贸要地。唐王朝与吐蕃在今日月山下设立了青藏高原上的第一个"茶马互市"的商衢之地，唐蕃古道（丝绸南路）从这里穿越。至1924年，这里的商业贸易达到高峰，城内商贾云集，贸易兴盛。

丹噶尔古城还是宗教圣地。随着商业贸易的发展和各民族之间的文化交流,古城内修建了城隍庙、金佛寺、火祖阁、玉皇庙、关帝庙、财神庙、北极山群庙、清真寺等,这些寺院庙宇内的建筑宏伟,壁画精美,同时也把以儒、道为核心的汉文化,以藏传佛教为核心的藏文化和以伊斯兰教为核心的回族文化展现得淋漓尽致。

古城内长不足千米的主街上,分布着城隍庙、文庙、丹噶尔厅等建筑,经纬交织的幽幽街巷,结构独特的民居院落,气势恢宏的寺院庙宇,保存完整的"歇家"商号,风格迥异的湟源排灯,都承载着厚重的多元文化信息。

丹噶尔的西城门——拱海门的名称源于当时羌地祭海的风俗,祭海的官员从此门西去青海湖拜见西海神。拱是"作揖",海是"祭海",都表示恭敬之意。城楼上设置有大型的展板以及一些具有特色的老照片资料等。

丹噶尔厅建于清道光九年(1829),民国二年(1913)改为湟源县署,现在这里可以看到衙门审案的精彩表演。

火祖阁始建于清乾隆年间(1736—1795),是为纪念火神而修建的楼阁,距今有200多年的历史,主体建筑高14米,建筑

丹噶尔古城夜景

中国古镇经典

丹噶尔古城

面积为202平方米，1982年被列入省级文物保护单位，被称为"湟水上游第一阁"，已成为丹噶尔古城的标志性建筑。

丰盛街位于丹噶尔古城外，是因当初古城内商铺林立，无法容纳更多的商家，便在城外修建的一条商业街，它也是古城商贸兴盛的见证。《丹噶尔厅志》记载："丹地古时沦于塞外……海藏恃为咽喉，湟中资为锁钥。辟邑至今，几二百年，巩固雄峻，甲于陇右……迄今商业发达，几成巨埠。彼欧西各邦，若英，若俄，若德，皆遣其华伙，梯航远来，群集丹地，岁输白金数十万，盛矣！"

如文前所述，丹噶尔的商业贸易起源于唐代的边关互市。唐开元十九年（731），皇帝李隆基采纳宰相裴光庭的建议，批准在赤岭（今日月山）脚下哈拉库图城交换马匹，进行互市。在清嘉庆、道光、咸丰三朝（1796—1861）的60余年时间里，丹噶尔商业贸易的发展达到鼎盛时期，年交易额达到白银250万两，超过西宁府6～7倍。丹噶尔也借此声名远播，成为西部重要的商贸集散地。到民国十三年（1924），丹噶尔的商业贸易达到高峰，城内拥有大小商户及手工业者1000余户，包括"48歇家"、"70余家藏客"、"30多家刁郎子"、10多家山陕商号、10多家丹噶尔商行、11家洋行；从业人员超5000人，年贸易总额达到500万两白银以上。歇家是集货栈店主、商业经纪人、牙侩、翻译为一体并领有"官照"的特殊居间商人阶层，由此可窥丹噶尔古城商贾云集，贸易兴盛，且形成了富有特色的贸易模式，不愧为西部地区的贸易重镇和畜产品的集散地。

仁记商行是丹噶尔古城现存的一所洋行。这座英国人开设的洋行是旧中国外商在湟源经商的历史见证。

走进仁记商行的一楼，首先映入眼帘的是一道古色古香的屏风，其后是整齐地摆放的一些昔时买卖和办公的老物件。一楼右侧则是两个站立的塑像，其中一人身着藏式斜肩皮袄，代表藏民；另一人身着唐装、戴着墨镜，代表老一辈湟源人所称的"歇家"。沿着旧时式样的楼梯来到二楼，橱窗内陈列的留声机、美国打印机，悬挂在墙壁上的欧式画框、各种印花税票、外国银行汇票、救国公债以及泛黄的账本等老物件，都见证了丹噶尔这座茶马商都曾经的辉煌与繁荣。

迎春门是丹噶尔古城的东城门。"迎春"恰如其分地表达了高寒地区的人们期盼万物复苏、迎接四方来客之意。

西门拱海，东门迎春，当真是"风高青海静，云锁雪山春"。

东浦古镇
——湖山奇丽说不尽

千金不须买画图,
听我长歌歌镜湖。
湖山奇丽说不尽,
且复为子陈吾庐。

陆游的长诗《思故山》,对故乡东浦古镇极尽赞美之词。

东浦古镇隶属于浙江省绍兴市越城区,位于长江三角洲南翼。东浦原为杭州湾边的滩涂,东汉永和五年(140),会稽太守马臻主持围筑鉴湖后,这里逐渐被填成陆地。东浦境域内的青甸湖也是古鉴湖的部分残留。东浦古镇现有的集镇格局在南宋时已经形成。清乾隆时期编撰的《绍兴府志·水利志》记载,积水之区,小者为浦(浦,意为河川湖沼),又因在原山阴县之东部,故名东浦。东浦古镇有"水乡""酒乡""桥乡""名士之乡"的美称。

船声、橹声、水声、叫卖声,青山、碧波、绿树、乌篷船,共同筑就了声色俱佳的江南风景。这自然秀丽的风光,曾让历代许多著名文人学者流连忘返,并留下了大量千古传唱的名句,如王羲之的"山阴道上行,如在镜中游";王十朋的"人在镜中,舟行画里";李白的"我欲因之梦吴越,一夜飞度镜湖月";杜甫的"越女天下白,鉴湖五月凉"。陆游晚年定居故里三山,在饱览鉴湖风光之余,发出了"千金不须买画图,听我长歌歌镜湖"的赞美之词。

东浦具有典型的江南水乡特征,境内江河纵横,湖泊密布,村庄、田野被大小江河分割成块,以桥相连,形成了水在院中、院在水中,水与人浑然一体的奇妙景象。清代文人李慈铭曾作词:"鉴湖秋净碧于罗,树里渔舟不断歌。行到夕阳中堰埭,村庄渐少好景多。"

东浦以溇(溇,意为河溪尽头处)多而著称,如今镇内尚存的河道有30余条。"溇"的形成与绍虞平原的成陆有关。当河

东浦古镇古纤道

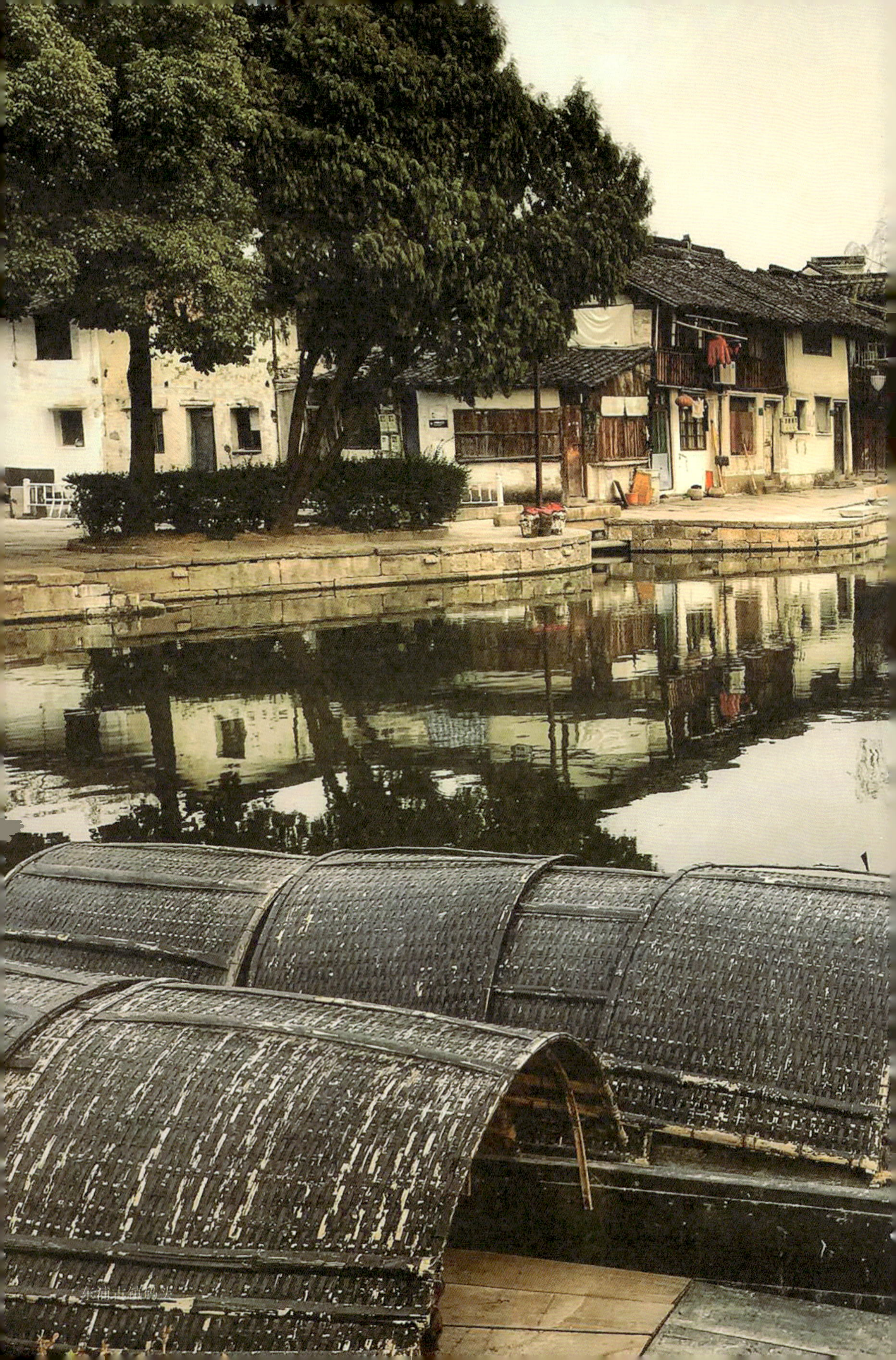

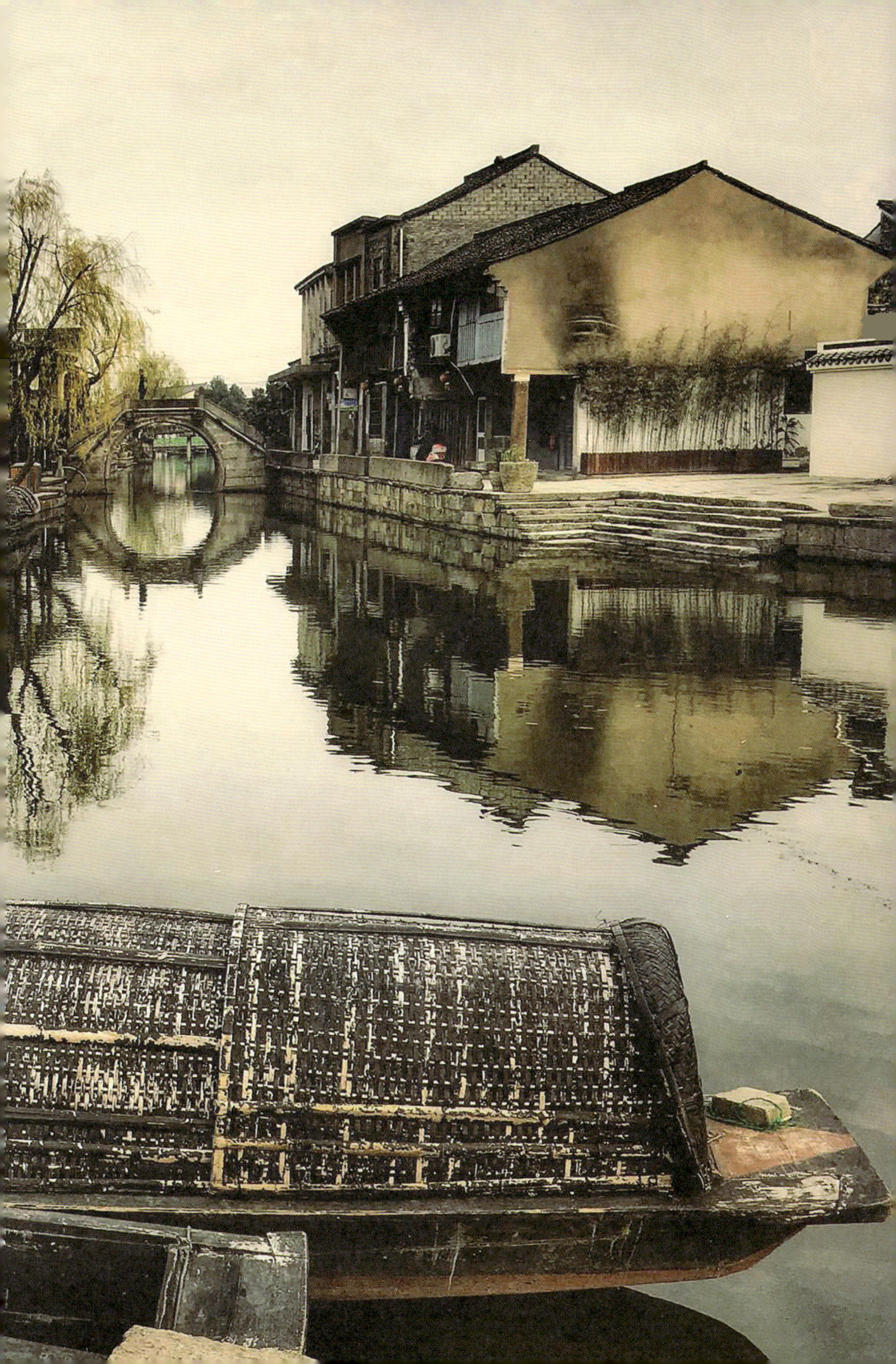

道基本固定下来后，先民们逐水而居，会选择一些断头河流的尽头处安家。要是没有现成的溇，人们就得选择能避风浪的小河边住下来，一般是有一定弯度和狭窄的河道，这既有利于挡风浪，又有利于河两岸居民的往来。再后来，为了船只不被风浪吹走，人们索性把狭窄处垒土填埋，生产、生活都方便，这就形成了人工"溇"。

步入古镇老街，只见江河溇滨纵横交叉，村民沿河而居，错落有致，粉墙、黛瓦、沿廊、马头墙、骑马楼等，可谓别具一格、别有风味，构筑了一道水乡独特的风景线，显示出一派"小桥流水人家"的景象。

在北方，桥不仅是交通设施的一部分，还是建筑的一部分，与人们的生活息息相关。它是镶嵌在水乡房屋田陌间的锦缎，也是氤氲在水乡湖光山色间的云霞。东浦古镇桥梁遍布，全镇共有桥梁328座，仅集镇内就有37座。特别是泗龙桥，由于桥下江面开阔，设计独特，造型壮观，被列为全国重点文物保护单位，并作为绍兴水乡、桥乡的代表成为东浦古镇桥梁的标志之一。

酒是东浦的特色，作为绍兴老酒的发祥地，东浦素有"酒乡"之美称。早在宋代，东浦已是绍兴酿酒业的中心。从晋朝江统所作的《酒诰》到梅里尖山上出土的陶罐、陶鼎、陶壶等，从壶觞地名由来到东晋末南朝初王城寺的建成，见证了东浦酿酒业2000多年的悠久历史。东浦酒坊林立，酒旗重重，在250余家店（铺）中就有酒楼45家，这里是酒的世界，反映了东浦镇的酿酒业在绍兴所占的重要地位。早在1915年，云集信记酒坊的"周清酒"就作为绍兴黄酒的代表参加了在美国旧金山举办的巴拿马太平洋万国博览会，荣膺金奖。东浦历史上出现过很多名人，如唐贺知章，南宋陆游，近现代的徐锡麟、陈仪、许钦文等。

东浦老街头朝东，尾朝西，形成于南宋，繁华于清代。沿河岸南北店铺林立，酒旗招展，佳酿飘香。清代李慈铭在《夜沿官读诸水村至东浦得两绝》中写道："夜市趋东浦，红灯酒户新。隔村闻犬吠，知有醉归人。"诗歌形象地写出了东浦酒店夜市的盛况。老街虽在20世纪六七十年代惨遭破坏，失去了旧时的繁华景观，但老街的结构未变，80%的老店铺被保留下来，还有很大一部分居民喜欢来老街采购日常用品。电视剧《九斤姑娘》《狂生徐文长》《阿Q正传》，电影《风雨故园》《彷徨》等都在此拍摄，因此东浦老街被称为"活动摄影棚"。

旧时东浦每年农历七月初六至初八举办酒神会，其主题是迎接"酒仙菩萨"。"酒仙菩萨"是女性形象，说明绍兴酒原为农家自酿自饮，而酿酒是当地妇女家务劳动中的一项主要内容。

东溪古镇
——黄桷森森绿相围

丹溪一拱气霏霏，
黄桷森森绿相围。
接地川黔通百货，
泊船渔火敞千扉。
杏花雨润太平渡，
杨柳风披客子衣。
遥指夕阳人影散，
谁家官舫又来归。

相传诗仙李白被流放夜郎国（今贵州省桐梓县一带），途经东溪古镇时，被它优美的风景吸引，留下了动人诗篇。

东溪古镇位于重庆市綦江区南部，与贵州省习水县接壤。于公元前202年建场，名万寿场。唐武德二年（619）在此设丹溪县。东溪古镇自古是綦江的首场，东面的綦河直达长江，上溯黔境，是川、云、桂、黔的重要通道之一。当时川黔古道水码头商客云集，太平桥是中华人民共和国成立前綦河上游川黔货物集散的最大码头，其繁华程度甚至远胜綦江县城。

东溪古镇拥有西南地区最大、最古老的黄桷树生态群。据不完全统计，这里有着5000余棵姿态各异、盘根错节的大小黄桷树，其中树龄达500年以上的就有100余棵，它们以极其顽强的生命力生长在峭壁上、岩缝中、房屋旁、水河边……常年翠绿，根深叶茂。黄桷树如此集中，实属罕见。根据当地资料记载，王爷庙门前的左右两棵黄桷树树龄已达千年，枯槁苍劲，高耸云霄。一棵棵黄桷树枝条纷披、冠盖宽广，树根如盘龙缠绕树干，古态盎然，镶嵌在山水之间，组成一幅幅鲜活、生动、典雅的山水画，诉说着古老的故事，为古镇增添了浓墨重彩的一笔。

当然，正如诗中所说："接地川黔通百货，泊船渔火敞千扉。"物阜民丰，自然留存了大量富有特色的地方建筑。

东溪古镇明清街区呈现出了较为典型的川南腹地建筑风格。古镇书院街、朝阳街、背街所构成的民俗风情街区，其建筑特点与街巷环境相吻合，因地制宜、布局灵活，形成富于变化而整体协调的空间格局。古镇的祠庙会馆各具特色，其中的镂空木刻浮雕群栩栩如生，呼之欲出。而传统民居则传承了巴渝特色，充分利用当地的建筑材料，墙身广泛采用"穿斗夹壁墙"的竹木构造体系，屋顶则采用小青瓦铺盖，将传统建筑与自然环境有机地融为一体。

东溪古镇老戏台

东溪古镇民居 谭语谅/摄

"麻乡约"是一种古老的民间送信组织，它起源于明末清初。当时经湖北麻城市中转的大批移民被迁徙到巴蜀垦荒（湖广填四川），由于移民思乡心切，每年约集同乡推选公正、严谨、守信的人员代为回乡探望，同时带去信件和物产，携回家乡消息，人们便称其为"麻乡约"。而后固定组织出现，并在西南各省自成体系。清道光、咸丰、同治年间移民，迁民数量剧增，也因此成为民信局发展的鼎盛时期。重庆商营活跃，民间对通信的需求日益增加，以传递信件和客货运输为业的信行、信货行、信轿行等，以重庆为中心在西南设立和发展起来。东溪麻乡约民信局位于书院街丁字路口处，建筑面积220多平方米。麻乡约民信局创建于清同治六年（1867），结束于民国二十四年（1935），为綦江近代史上大名鼎鼎的运输巨子陈洪义所创建。麻乡约民信局石质的门框两侧均由2.5米高的整条石构成，且上方左右凿成三齿形装饰，古朴沧桑，其寓意是面临川黔古道，传递信件方便快捷。

太平桥始建于明洪武三年（1370），因修桥者为咏叹"太平

东溪古镇永久太平桥电站建筑

盛世"，便将该桥取名"太平桥"，距今已650多年。桥身全长30米，宽5米，拱形桥孔。一说此桥由湖北省麻城太平乡移民修建，故曰"太平桥"。太平桥曾经是通往贵州的必经之路，在这座有些逼仄的石桥上曾经承载了无数人的梦想，方便了无数的过客。

2012年5月15日，95岁的泰国史学家巴塞率领30余人的团队专程考察了东溪古镇的4块南平僚碑，确认有泰国先人曾经在东溪生活，重庆的地方史志也有相关记载。

东溪是綦江农民版画的发源地。綦江农民版画源于明清年间的木版年画，作品构图明快，色彩艳丽，大都取材于广大农民群众的生产生活实践，具有浓郁的民族民间风情和生活气息。

东沙古镇
——无数渔船一港收

> 无数渔船一港收，
> 渔灯点点漾中流。
> 九天星斗三更落，
> 照遍珊瑚海上洲。

清代贡生刘梦兰的这首诗作，虽然算不上精彩，但的确道出了东沙古镇昔日的繁华胜景。

东沙古镇位于浙江省舟山市岱山岛西北端，四面环山，一面临海，形成一个半圆形的海湾，是历史悠久的天然渔港。由于东沙古镇位于海湾沙滩的东角，故名东沙。据考证，早在三四千年前东沙已有居民生息，古镇建制可追溯到唐朝，兴盛于清代。作为中国唯一的海岛古渔镇，其北邻大黄鱼原产区岱衢洋，曾经是舟山最繁华的渔业集镇，渔盐之利带动了渔镇的商贸发展，形成了著名的"横街鱼市"。因为明清两代曾在此地先后实行两次海禁，致使海岛一度荒芜，直至清康熙二十七年（1688）后弛禁，各地渔民先后进入岱衢洋捕鱼，才渐使东沙渔船云集。随着渔业的兴起，招来了四方居民和百作工匠，人口聚居，日久成市。《中国渔业史》记载，东沙渔港形成于清康熙

中国古镇经典

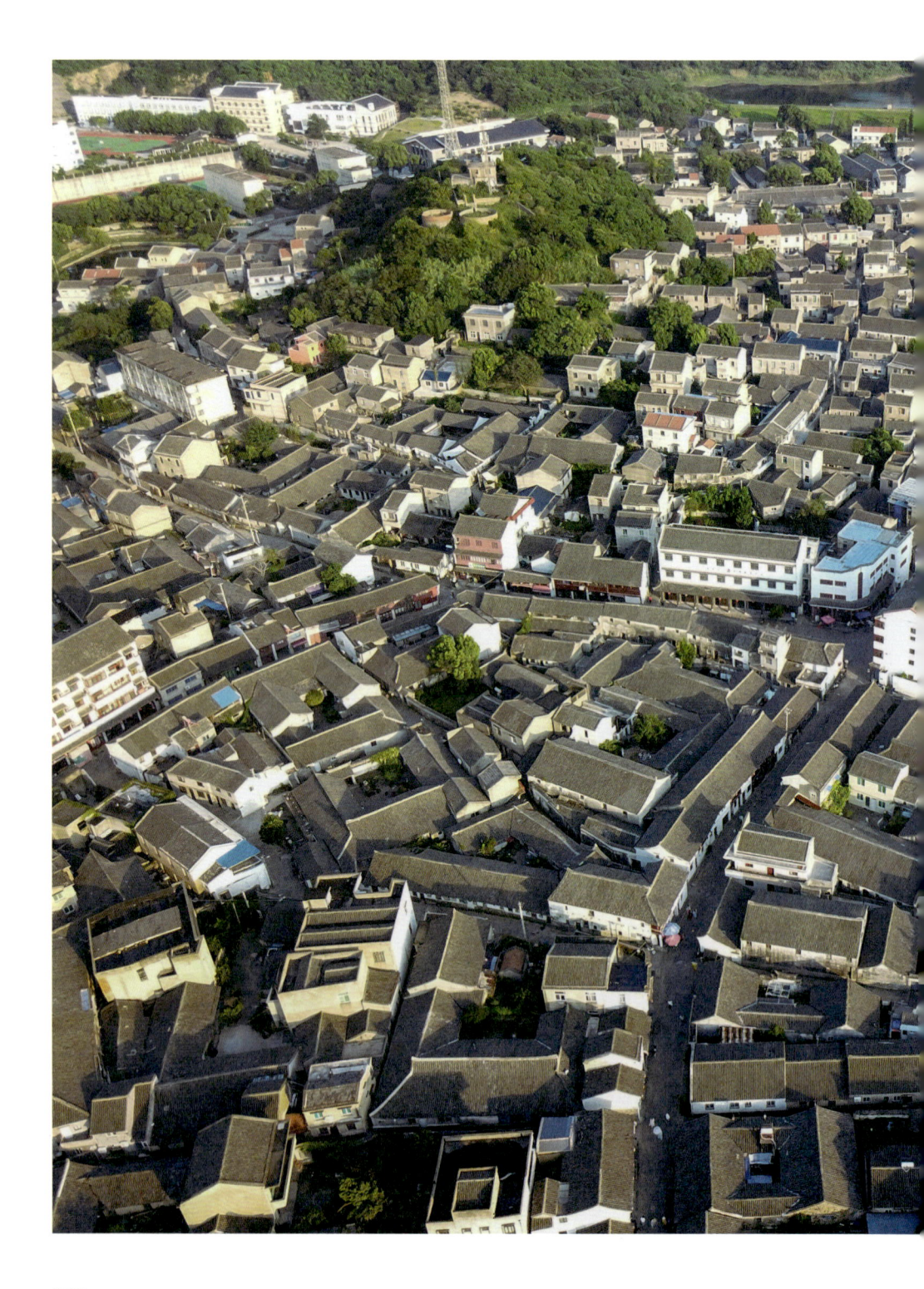

东沙古镇

东沙古镇俯瞰

年间，每逢鱼汛期间，江苏、浙江、福建沿海诸省渔船集聚东沙，船以千计，人以万数。遂以渔兴市，以市兴镇，成为中国东部沿海著名的渔业商埠。

东沙现有上百年的古宅100多处，大多是清末民初的建筑风格。这些古宅，有的是四合大院，灰砖高墙之中，庭院深深；有的虽檐低院小，但建筑结构紧凑，不失古朴之气。有人把东沙传统建筑概括成六大特点：一是房屋错落有致，所处地势开阔，南高北低，有一定的层次感。二是不少房屋建在海边，带有浓浓的"海味"。三是建筑种类多样，集各地之大成而独具特色，既有四合院式的民居建筑，宏伟气派的宗祠建筑，古朴典雅的庙宇建筑，又有功能各异的商号建筑，还有近代欧式建筑。四是建筑用料特别讲究，不少殷实人家之厅院立柱大多是专程从福建北部山区运来的樟树、柏树、杉树等。庭院用平直石板铺设，屋墙石料也多用大理石、花岗石等上等石材。五是东沙建筑具有古典风范，飞檐画廊，精雕细琢，其建筑艺术极富明、清两代特色。六是东沙建筑历史悠久，现存的古建筑中，最早的已有200多年的历史。

近几年来，东沙相继成为《地下秘密战》《苦瓜弄》《徐福东渡传奇》《东方欲晓》等多部影视剧的内外景拍摄地，被一些影视界行家称为"原汁原味的海上影视城"。

舟山渔民号子的产生与当地渔业密切相关。木帆船是旧时岱山及舟山诸岛捕鱼和海上交通的主要工具，船上一切工序全靠手工操作，集体劳动异常繁重，每道工序都要以喊号子来统一行动，调节情绪，于是形成了丰

东沙古镇

东沙古镇街景

富的号子。舟山渔民号子（岱山号子）按渔业劳动的程序分为"起锚号子""拔篷号子""摇橹号子""起网号子"等20多种，粗犷豪放，已形成系列曲调，在风格上有着鲜明的海洋文化特色。2008年，舟山渔民号子被列入第二批国家级非物质文化遗产名录。

2008年，"渔民开洋谢洋节"被列入第二批国家级非物质文化遗产名录。开洋节、谢洋节是我国沿海地区一种特殊的民俗活动，主要流传于浙江省的象山县、岱山县和山东省的荣成市、日照市、青岛市即墨区等地。

浙江象山、岱山的渔民开洋节是当地渔民在渔船出海时举行的一种祈求平安、丰收的民俗活动。他们称其为"谢龙水酒"或"行文书"。历史上岱山祭海分为官祭与民祭两种，其礼仪定式讲究，程序完整，目前岱山部分渔村仍沿袭着这一传统的民间习俗。作为舟山民俗的代表，开洋节、谢洋节反映了东海渔民对海龙王及海上诸神的信仰和崇拜心理，显示出我国东部沿海民众与自然和谐相处的智慧。

东山古镇
——名山更倚湖增胜

城中遥指一螺苍,
到此依然自一乡。
晓鼓隔溪渔作市,
秋风吹枳橘连墙。
名山更倚湖增胜,
清赏刚临月有光。
正尔会心空又去,
不如僧住竹间房。

明代以来,描写东洞庭山的诗词无数,但最得其神的是文徵明的这首《游洞庭将归再赋》,将东洞庭山与太湖相映生辉的关系写得轻灵自然。

东洞庭山,又称洞庭东山,俗称东山,位于苏州市吴中区,是中国十大名茶之一——洞庭碧螺春的原产地。《十道志》记载,隋时东山岛与陆地相隔15千米。明洪武五年(1372),东山复归吴县。明成化十八年(1482),东山设巡检司。清雍正十三年(1735),东山属苏州府太湖厅。清道光十年(1830),东山与陆地(今临湖镇)相隔缩至50米距离。100多年前,东山北面的连岛沙嘴和陆地相接而成半岛。此后属治更迭,但东山始终与太湖密切相关。

东山古镇大街的东西两端现存近千米的石板古街,石板下面就是下水道,大雨后雨水会沿石板缝隙迅速渗入地下,故有

东山古镇建筑（局部）

"东山石板街，雨后好穿绣花鞋"的俗语。镇上有保存完好的仿古雕花楼、依山傍水的席家花园、明代住宅建筑楠木厅等。古镇四周，处处有观光游览景点，其中春在楼、紫金庵罗汉塑像、轩辕宫正殿和东山古民居等6处被列为全国重点文物保护单位。

雨花胜境是东山历史最悠久、风光最秀丽、面积最大的游览胜地，是一座集东山古代建筑艺术、雕刻艺术、书法艺术的历史博物馆。景区占地300多万平方米，游径7500米，可直达莫厘峰顶。景区内有100多株树龄百年以上的名贵古木，故又称东山森林公园，并保存有20多处唐宋元明清时期的遗迹。

启园，俗称席家花园，是当地望族席氏为纪念其祖上在此迎候康熙皇帝而兴建，为江南少有的山麓湖滨园林。东山席家发迹于清末，席正甫是汇丰银行买办，负责银行与清政府的对接，很受李鸿章赏识。在他做了30年买办后，他的儿子继承了他的事业。席正甫的孙子也是旧上海金融界的顶尖人物。席家还出现了一位名媛——"六小姐"席与时。有钱自然用心营造，民国时即邀请名家参照明王鏊所建的静观楼进行设计，经于造成"临三万六千顷河波涛，历七十二峰之苍翠"的瑰丽景观，柳毅井、康熙皇帝御码头、古杨梅树为园内三宝。园内厅堂轩榭、廊亭斋馆、花径曲桥散落其间，与天然山水浑然一体、风光旖旎，令人心旷神怡，是江南少有的居山临湖园林。

轩辕宫坐落于杨湾古街，景色秀丽，环境幽雅，湖光山色尽收眼底。轩辕宫始建于元代，轩辕宫中有三件宝贝极为珍贵，皆为明代之物：一为文徵明的《东西两山图》，二为明代名臣、文学家王鏊的《洞庭两山赋》，三为阴亭，极为罕见，既是稀有的古石刻，又是一种罕见的墓葬形式。轩辕宫大殿的建筑为典型的元代建筑风格，外观飞檐翘角、百龙商瞻、琵琶撑；内殿的楠木柱为断梁结构，是东山古镇历史最早、保存最为完好的古建筑。殿内供奉轩辕黄帝石刻像。

裕德堂位于古镇中部的古街上，始建于清代中期，原系江淮盐商周氏所建。裕德堂主轴线上有门楼、花厅、住楼和书楼等建筑；其花厅用料讲究，装饰洗练，雕刻精致，有"江南第一花厅"之誉；宅内辟有"石雕百狮""石刻米芾帖""明式黄花梨古典家具"组成的古物展览馆。

雕花楼原名"春在楼"，典出清代苏州诗人俞樾的名句"花落春仍在"。该楼原为东山富商金锡之的私宅，建于民国十一年(1922)，历时3年而建成，花费17万两银圆。全楼建筑采用砖雕、木雕、金雕、石雕、彩绘、泥塑、铺地等工艺巧夺天工、精美绝伦，且"无处不雕，无处不刻"，享有"江南第一楼"之誉。藏宝阁、神秘暗道、孩儿莲是景区的神奇景观，"进门有宝"、"伸手有钱"（后改称"拉手有钱"）、"脚踏有福"、"抬头有寿"、"回头有官"、"出门有喜"是大楼雕刻的精华之作。

陆巷古村源于南宋，距今逾千年，为明正德朝文渊阁大学士王鏊故里。王鏊是明代名臣、经学大家，为正德元年(1506)入阁，后因刘瑾盈朝辞官，在故乡居住14年，被王阳明誉为"完人"。他在学术、经义等方面的影响一直持续到清末。因村中有6条直达太湖的巷弄而得名（一说王鏊母亲姓陆，其村因此得名）。现尚保留有明代所建的遂高堂、会老堂、晚三堂、熙春堂、双桂堂、明代古井等古迹30余处，另外还有3座明清古牌坊和200多米长的明代石板古街。规模如此庞大，保存如此完好的古村落在江南一带实属罕见。

古村中最好的去处王鏊故居惠和堂是一处明基清体大型群体厅堂建筑，其占地面积约为5000平方米，建筑面积2000多平方米，共有厅、堂、楼、库、房等104间。王鏊为官清正，有"天下穷阁老"的美誉，他的宅第是王家数代人的心血，他本人

东山古镇陆巷村

"不治生产,唯看书著作为娱"。

顺着王鏊故居往后山走是满山遍野的橘林,电视连续剧《画魂》《橘子红了》,电影《小城之春》都在这里取景拍摄。

碧螺春是中国传统名茶,产于东洞庭山及西洞庭山一带,所以又称"洞庭碧螺春"。唐代其已被列为贡品,距今已有1000多年的历史。

丰盛古镇
——雨碎光阴化清泉

如烟薄雾罩云山，
雨碎光阴化清泉。
古镇邮亭街边事，
粗茶淡饮可偷闲。

今人张克忠的这首《丰盛古镇有感》，道出了丰盛古镇山重林密、烟雨葱茏的西南特色风景。

丰盛古镇位于重庆市巴南区东部，东往涪陵、南出南川、西行木洞、北到洛碛。建场于宋代，兴于明清。宋元明时期，丰盛原名封门，清末置丰盛乡，民国初名丰盛场。1941年复称丰盛乡，1993年年底撤丰盛乡、马家乡，建丰盛镇。自明末时期，丰盛即是重庆通往贵州陆路交通的中转站，是涪陵、南川、洛碛、木洞等周边城镇物资交流的集散地，是"一脚踏三县"的要冲，素有"长江第一旱码头"之称。

丰盛古镇的老街呈"回"字分布，从空中俯瞰，其背靠数座山峰，暗含"九龟寻母"的风水学寓意。老街东、西、南、北四方均有通衢场口，场口设有昼开夜闭的栅子门，同样属旧时城市管理的特色。老街至今保存了较完好的明清时期巴渝古朴的青石板街，两侧均为全木质穿斗结构的店铺，上层住人，下层开店，清一色的木板门，便于开启，以利坐店经商。丰盛古镇的一天，是被烟火气唤醒的，被水汽滋润着的。湿漉漉的石板街，流连缥缈的炊烟，如同雀跃的音符，拨动了这座小镇的命运之弦。

　　一品殿在北向书院街的东面，传说这里曾是古代一品大员的宅院，它由3个四合院构成，拼成一个"品"字，建筑宏伟气派，是古镇核心保护区的精华部分。院内建有一座川渝式碉楼，是古镇的标志建筑。碉楼是中国民间建筑的创造，它集防卫、民住、仓储、瞭望为一体。除去少数类似开平碉楼的"围屋"，我国多数地区的碉楼是临时避难建筑，其根本因素是它无法体现传统礼仪中"长幼有序、尊卑有别、嫡庶有差"的等级观念。

丰盛古镇碉楼

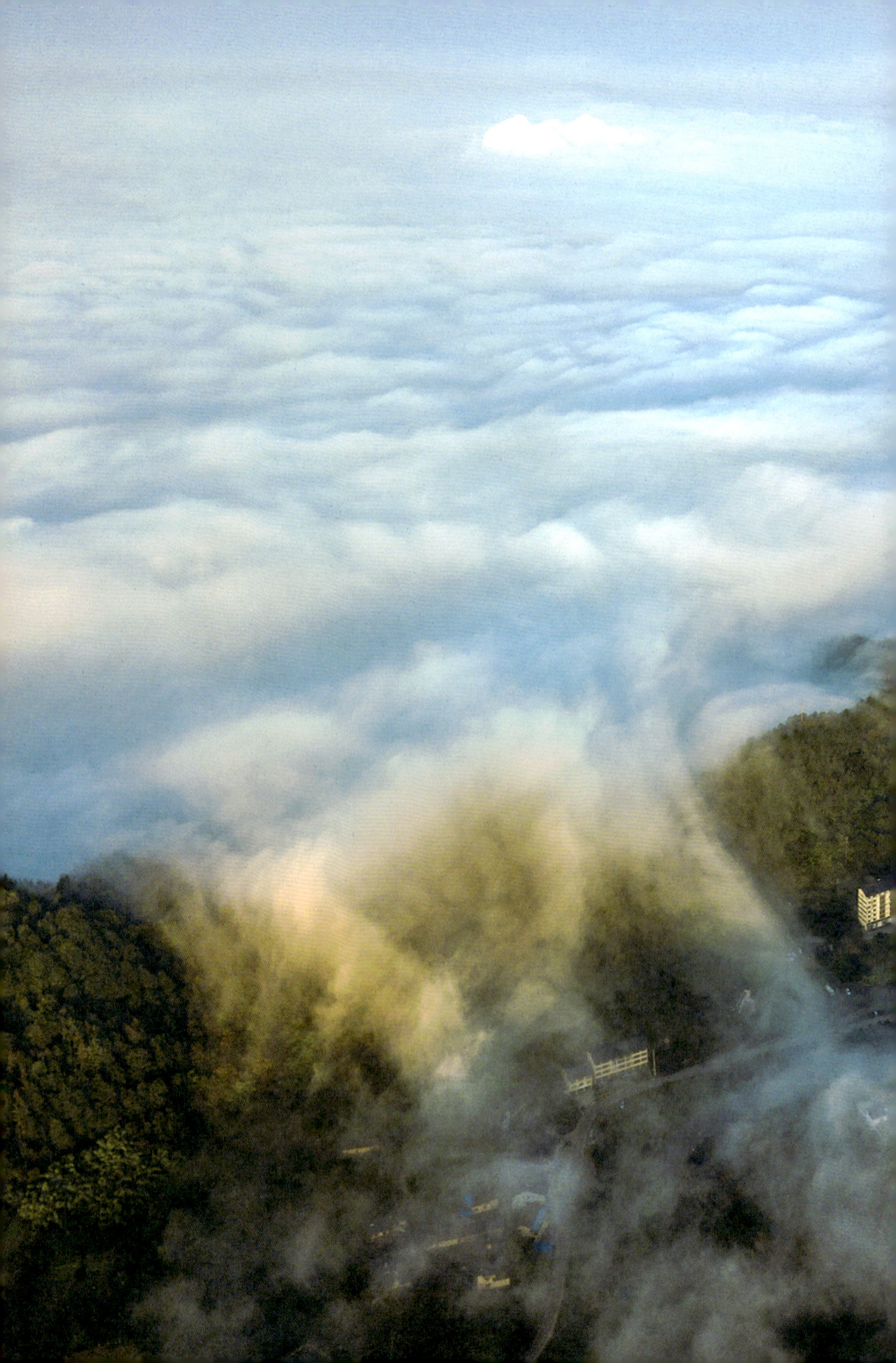

丰盛古镇俯瞰

中国古镇经典

丰盛古镇街景　雪峰/摄

该碉楼的第三层有一个巴人"吞口"图腾，当地人戏称其为"气吞山河"。"吞口"为云、贵、川、湖等地区民间信奉的驱邪神兽，多为木雕，置于门楣等显要处，用以驱邪镇宅。

仁寿茶馆过去是袍哥组织"仁"字号的堂口，每逢赶集日，巴、涪、南三地的袍哥们多聚于此喝茶聊天，谋划营生或调解民间纠纷等。建筑群采用四合院格局，二楼有连廊围绕形成相对封闭的空间，并设置私密性良好的雅间，是清代茶馆典型的建筑布局范式。由于受用地范围限制，建筑群呈小面、宽大进深格局。袍哥组织虽然广泛存在于巴蜀各地，有"十丁九袍"之说，但多数袍哥组织并不完全依照法律行事，而是按照内部帮规来处理纠纷。因此，袍哥的办公场所"堂口"很少公开设立，而是依托于当地遍布的茶馆，故有"不是袍哥不坐馆"的说法。"外小内大"也很好地衬托出了袍哥组织的特点。袍哥组织中，"仁"字辈多属官员、士绅等上层人士，他们的"俱乐部"自然要超过其他茶馆。因此，这座仅存的茶馆，是当之无愧的"天下第一"。

曾义堂原为高姓地主宅第，建造于清代。该宅院为四合院格局，大小房屋30间，为穿斗木结构，单檐悬山式屋顶，铺小青瓦，用8柱7掌，地面铺青石板，石阶梯踏道。院内的撑弓、枋、厅堂额等木构件上刻有浅浮雕，以动植物及当时的宫庙建筑、交通工具、社会生活、家用器具为主题，雕刻精美。该建筑是丰盛古镇典型的传统院落。

丰盛古镇山高林密，地处交通要道，历来是兵家必争之地，故当地富商地主多造碉楼堡寨以保一方安全。相传秦灭巴蜀后，张仪将碉楼引入巴蜀，在城墙上"造作工仓，上皆有屋，而置观楼，以射拦"。清吴焘《游蜀日记》称川渝"多碉楼围以雉堞，皆避乱者所居。清末战乱叠起，民不聊生，打家劫舍者众"，碉楼几乎成为川渝居民宅院的标配。明末清初极盛时期，数十座碉楼炮口耸立镇中，至今保存完整并尚有人居住的有清阳楼、十字口、书院街、文峰、兴隆湾等10余座，其中5座碉楼位于古镇的中轴线上，依次为上垭口碉楼、下垭口碉楼、二十二步坎碉楼、一品殿碉楼和书院碉楼。大房子碉楼是巴渝地区罕见的具有中世纪欧式风格的哥特式建筑，其底楼门呈拱形，顶楼正中大门两侧立柱为科林斯柱式。科林斯柱式是最华丽的西方三大柱式之一。

二十二步坎碉楼为两楼一底，单檐悬山顶，铺小青瓦，是一座典型的清代建筑。碉楼建筑面积约160平方米，楼层空间以木楼板间隔，设上下木梯。碉楼的夯土墙厚40厘米，墙体开有多个小窗，二三楼外设有木质楼廊。外墙上，当年匪患留下的弹孔仍然清晰可见。

古镇还有天平寨、共山寨、老鸦寨、铁瓦寨、关山寨、升平寨等13个古寨遗址，是曾用来防御匪患的半军事设施，其中冠山古寨保存较为完好，至今仍有3处古民居。

依仁西医馆为清代四合院建筑，采用穿斗木结构，建筑风格为巴蜀传统民居，楼高2层。沿街面建的女儿靠，旧时是大户人家女儿休憩和与外界交流之处。

"熏"是中国传统烹饪技法之一，有烟熏、术熏、糠熏三种。烟熏豆干既可作为主食，也可烹饪，还可以作为蘸食、零食，营养丰富，亦能保存较长时间，因此广泛流行于川、渝、贵、滇、湖等地。丰盛古镇烟熏豆干诞生于清朝末年，距今已有百余年的历史。"烟熏豆干吃法多，既可凉拌也回锅。家中偶来好朋友，直接拿来就酒喝。"这首歌谣在当地广为流传，唱的就是古镇上颇为有名的烟熏豆干。

丰盛禾籁，高亢、优美、风趣，劳动气息浓厚，是重庆市最具有民间特色的艺术形式之一，也是我国第一批国家级非物质文化遗产名录的木洞山歌的重要组成部分。

凤凰古镇

——峰峦犹学瑞禽翔

凤凰山色似晴光，
半入青云两翅张。
谁谓太平宁有象，
峰峦犹学瑞禽翔。

宋人韦骧的这首《凤凰山》可以用来描述天下所有因外形相似而得名的"凤凰山"。而类似柞水县凤凰古镇这样不仅山似凤凰、镇似凤凰，镇名亦为"凤凰"的，恐怕就不多见了。

凤凰古镇位于陕西省柞水县东南部。《柞水县志》记载，凤凰古镇始建于唐武德七年（624），至今已有1400多年的历史，唐宋时名"三岔河口"，元称"社川河乡都"，明成化十五年（1479）后称"社川里""上孟里"，清嘉庆年间因其西南有凤凰山而改名为"凤凰嘴"，民国三十年（1941）更名为"凤凰镇"。明景泰三年（1452）至1961年属陕西省镇安县所辖，同年9月划归柞水县。

凤凰古镇自清代以来就成为秦岭以南连接长江水系和黄河水系的重要商贸集镇，水路在此下码头，而后从旱路翻越秦岭送入关中。在最繁荣的时期，每天有200多家货物在码头中转。

凤凰古镇街景　常戚/摄

古镇形似凤凰，在夜晚的灯火中较为醒目，但从其逼仄的环境来分析，显然不具备刻意营造的条件，自然形成，更有妙趣。

徽商善营盐、典、茶、米、粱。在西北茶叶贸易中，徽商牢牢控制了京、津、冀、鲁、东北等茶叶市场，北京的张一元、吴裕泰，上海的汪裕泰，都是徽商创立的茶叶品牌。他们得柞水之便，南茶北运、南盐北输，积累了大量财富，也影响了凤凰古镇的各个方面。

古镇的古建筑以四合院为主，大体沿袭徽派建筑风格，较具地方特点，是西北地区规模最大、保存最完整的具有徽派风格的江汉古建筑群，被历史学家誉为具有秦风楚韵的"江汉古镇活化石"。

凤凰古镇的主轴是凤凰老街，呈"S"形。老街弯曲的街道和两边遍布的明清老房是这里的最大特点，在这条东西2000多米长的古镇上至今仍完好保留着60多座明清时期的民居。沿主街有一条由石板覆盖的小溪，另有一条与之垂直的小溪穿镇而过，形成"十"字形水系。

凤凰古镇

凤凰古镇街景

凤凰古镇建筑　常威/摄

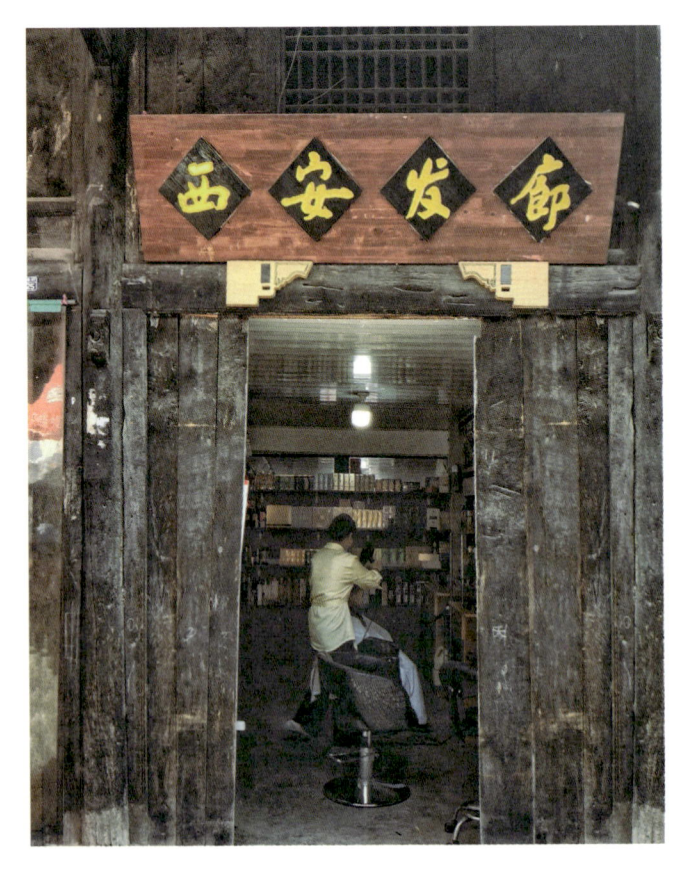

凤凰古镇建筑（局部）

老街两旁的街面全部是商铺，商铺后面是住宅。临街大门一般用结实耐磨的核桃木或漆木板做成，用土漆油染，明净光亮；门墩为石雕花卉。商铺铺面宽不盈丈，宅深却有三四十米，据说铺面的间数和房屋的纵深度都代表了当时主人的富裕程度。从外观上看，这些房屋更像徽州民居，粉墙青瓦，屋脊中央和两旁均有装饰，正中为莲花或梅花，两边有兽脊或龙头。房屋很多都是三进三开，三个院子逐层升高。陕南多雨，因此这里的建筑和南方的许多建筑一样需更多地考虑到排水功能。院落的格局基本为四面坡向中央的天井，天井中有暗管将雨水排出室外，被称为"四水归堂"，屋顶呈"人"字形，屋檐前采用滴水瓦，防止雨水散布。房屋山墙由下而上，筑有与屋脊齐平的防火墙，以防邻屋失火蔓延。

子房寨位于古镇街北，建于清嘉庆九年（1804）。当时，白莲匪患已历时9载，成为清中期规模最大的农民战争。陕西巡抚陆有仁奏言："商州、山阳、镇安、商南、洛南五处，责成潼商道，务必每邑在各有险可守之处，号召地方自行修筑寨子，堵御要隘，以杜窥伺而避战乱。"当时，凤凰嘴地方政府动员居民，不惜民力财力参与修筑石寨5处。这些巨石砌成的寨墙普遍建于地势陡险之处，易守难攻，在当时起到了保卫地方平安的作用。历经长时间的修建后，子房寨就成了大而坚的石头山寨，并成为护卫凤凰古镇街的堡垒。民国三年（1914），凤凰古镇被土匪洗劫，富户乡绅及商户街民60余户共同出资扩建子房寨，终有今日规模。

围墙顶面建有墙垛、炮台及射击孔，并沿北、南、东山脊石梁上修建石头卡房、警戒工事。寨房的北面设三层石头寨门，向北高山梁上又建造子寨，以断绝古佛山、小皂河沟来贼对主寨的侵扰。寨内安置有石碾、石磨并修有供水山路等保障系统。寨下的东面、北面、西面土层挖有一人深的战壕便于隐蔽藏身，以防不测。当时整个寨堡建筑宏伟壮观，布控严谨，是古街北方的军用防卫工事，有"一夫当道，万夫莫开"之势。

古镇周边还有12座石垒古寨和26座庙宇，除古街外，还有百神洞地质景观、红豆杉自然保护区、营盘山、石步岭闯王遗址等旅游景点。

"北有安塞腰鼓，南有柞水渔鼓。"柞水渔鼓是流传于柞水县民间的渔鼓戏，既有秦文化的粗犷豪迈，又有楚文化的细腻柔情，自宋代形成以来已经有千年历史。柞水渔鼓一般采用直径7～10厘米、长65～100厘米的竹节为鼓筒，一端蒙上蛇皮等制作而成。过去的渔鼓艺人多为走村串户求得施舍而唱。他们怀抱渔鼓、手持竹板击节而歌，悠扬的曲调淋漓尽致地描绘出各种人物的音容笑貌、喜怒哀乐，让观众仿佛身临其境。柞水渔鼓演艺形式多样，不拘时间地点，演唱内容与百姓生活息息相关，有着浓郁的生活气息。柞水渔鼓是终南山道教文化的产物，已被列入陕西省非物质文化遗产名录。

富田古镇
——故乡秋色老梧桐

万里飘零两鬓蓬，
故乡秋色老梧桐。
雁栖新月江湖满，
燕别斜阳巷陌空。

《重阳》这首诗是文天祥被囚禁期间所作。"故乡"在此时被赋予家国天下的悲壮色彩，以至于今天游人到了富田古镇，依然惦念着诗人笔下的梧桐。

富田古镇位于江西省吉安市东南，是一座拥有1800多年历史的古镇，这里还是文天祥的故乡。

镇内有宋、元、明、清时期的各式建筑，以祠堂、庙宇最为显著，仅古祠堂就有200多座，其中最为著名的是王家祠堂。

北宋端拱年间（988—989），王家村开基祖王经信（字诚敬）由庐陵迁入富田，渐渐发展成为当地的大家族之一，繁衍至今已有1200余户、近8000人。后人为纪念王经信，也称王家祠堂为诚敬堂。祠堂建成于明嘉靖六年（1527），历时12年完工，占地面积6500余平方米，长82.3米，宽44.3米，至今已有近500年的历史，是江西省目前发现的最大的古祠堂，有"江南第一祠"的美誉。

祠堂的建筑构思奇特，坐东朝西，俯瞰呈"丁"字形，与对面呈"人"字形的照壁相对应，暗寓王姓"人丁兴旺"；其门楼全靠两根立柱支撑；整个布局犹如一座城堡，平面设计呈纵阶梯形，寓意步步高升；后厅的门是一个完整的圆形，且圆形的下方刚好与中厅墙壁的缺口底端相交，就像是太阳初升，寓意"日"，恰好与祠堂后面的"月光台"交相辉映。很多祠堂照壁写"福"字，而王家祠堂的照壁上却写了个"魁"字，其立意不详，有人认为王家是受了"别人家的孩子"文天祥的影响，也要让后人科举夺魁，光宗耀祖；有人说"魁"代表北斗星，大概是希望王家成为行业翘楚；还有人认为是源于北斗星的另一种

富田古镇民居

富田古镇王家祠堂

说法"槐",而王家以贩木为生,把木字旁去掉,表示自己不缺木头。整座祠堂共有五口天井,后厅两口,中间的院子有一口大的天井,两边的耳房也各有一口,无论从哪个方向看都形成一个品字,这也表示王家先人希望子孙后代做人有品行,读书有品位,做官有品阶。

整栋祠堂的木料构件数以千计,共用立柱99根,其中两根立木是从湖北神农架得来的古木加工而成,有两人合抱粗。所有木料衔接部位都用木榫,没有使用一颗铁钉,特别是正厅的穹顶和门楼的雀阁。这样高难度的建筑不用一颗铁钉,王家的确把木头工艺发挥到了极致。2006年,王家祠堂被江西省人民政府批准为重点文物保护单位,2009年被定为国家级文物保护单位。

陂下古村坐落于富水河畔富田古镇西南,占地面积约为350万平方米,素有"古樟村""祠堂村""红军村""长寿村""双胞胎村""古井村"之美誉。陂下古名潭溪,由唐代罗姓开基。

101

南宋初年，参军孙胡晃徙居陂下，渐为胡姓聚居村落，至今已有1000多年历史，如今村落中仍以胡姓人居多。

坡下古村有个特点，全村巷道只有四个门可以进出，这同样是古代村落的防御手段之一。陂下古村具有光荣的红色革命历史，革命旧居、旧址众多，以毛泽东、朱德、陈毅、邓小平、曾山为首的革命先烈曾在此战斗、生活过。1930年3月，中共赣西南第一次代表大会在该村敦仁堂召开。毛泽东、朱德曾在该村竹隐堂开办中国工农红军学校，并分别担任校长和政委。这里拥有公略县委旧址、中共赣西南第一次代表大会旧址、公略县委保卫局、裁判部、毛泽东旧居、红军模范营、红军学校、红军广场、列宁台等一大批红色遗址，现保存基本完好的红军标语有200多条。

陂下古村祠堂文化内涵丰富，有4座牌坊、28座祠堂，且每座祠堂构造迥异，各领风骚。每年正月，村里便举行隆重的"喊船"活动，这一独特的民俗在这里已经延续了1000多年的历史。通俗地说，"喊船"就是民间"求神祭神"或"接神送神"的祭祀活动，以祈求神灵保佑一方百姓平安、风调雨顺、五谷丰登。据说，"喊船"风俗与道教张天师有关，是江西特有的祭神活动，被列入国家级非物质文化遗产名录。

高家堡古镇
——试问单于近塞无

战气高张虎豹符，
汉坛敌忾卖夷俘。
只今震叠皇灵远，
试问单于近塞无。

明万历年间，延绥兵备副使刘余泽至高家堡巡防时，在观战阵操练后曾赋诗《高家堡阅武》盛赞，正所谓：一首战诗，一曲赞歌。时光穿梭，我们依稀能够感受到古时高家堡作为战略要地的盛况。据说由长篇小说《平凡的世界》改编的同名电视剧中原西县城的取景地正是此处。

"堡"是古代军事据点的称谓，"城""关""寨""堡""隘"等分别代表了不同的级别。古代军事据点通常以兵力、最高长官级别等来确定等级，也是军费开支的重要凭据。但由于建制反复调整，导致多数军事据点位置不变、名称不变，但是等级却千差万别。由于明代采取"军户"制度，军户世代为军，子孙不易，所以明代实行严格的随军制度。军户的全家均由国家供养，这是多数军事据点转为城市集镇的最大原因。

高家堡位于陕西省神木市西南50千米处的秃尾河东岸，地

高家堡古镇街景

处毛乌素沙漠深处，距离明代长城城墙有5000米的距离，因居住的高姓居民而得名。唐时这里属丰州地，旧称飞鸦川、弥川。据记载，明正统四年（1439），陕西巡抚陈镒奏请选择秃尾河与永利河交汇处的高家庄开阔地构筑堡城，以庄名堡，移民戍边。清乾隆年间，这里被划归神木市管辖至今。

高家堡为陕北四大名堡之一，兼具军事、经济、文化、交通诸功能。高家堡自古即为商贸集散重镇，北通河套，南接河东，物资畅阜，商事如流，人称"旱码头"，有"十六字盐行半座城"之说，是蒙古各族与汉族商贸往来的重要关卡。

高家堡古城原为夯筑土城，明万历三十六年（1608）用砖包砌。城内街道以中兴楼为中心，东西向为东西街，南北向为南街和北巷，规划井然。自明、清到民国初年，南街最为繁华，至今大部分铺面仍保存完好，东街、西街、南街各通有巷道。居民建筑群为典型的北方构筑风格，既有四合院，如北巷的李家大院，又有前庭大院，如东街的卢家大院、西街的韩家大院；

还有楼院，如十字巷的李家楼院、同心巷的刘家楼院等，其建筑格局有"丹凤亮翅""八卦扶鸾""太极两仪"等称谓。古城所用砖、瓦、木、石雕绘极尽工巧，遗韵至今不逊，是神木市以至整个陕北地区较为完整的一座城堡，独具特色，具有保护价值。

城内的中兴楼是一座十字重檐歇山顶式的楼台建筑，也是古城最重要的地标性建筑。中兴楼底层以十字洞分街，二层是重檐十字歇山顶回廊翘角楼阁，南伸两翼，石阶勾连。楼上建有玉皇阁、日月洞、观音殿、关公老爷殿。骑街四洞分别通向东西南北4个方向，并分别嵌有石额，东书"中兴楼"、南书"镇中央"、西书"幽陵瞻"、北书"半接天"。顶楼北壁砖雕明代法书"玉皇阁"三字，笔力遒劲。旧时楼上匾额楹联极多，四面匾额皆为集古法字精雕而成，有"紫气东来""夕阳西照""北极呈祥""南官毓秀"等，异彩纷呈。东西两壁分嵌二龙戏珠和双凤朝阳琉璃画。

高家堡的形成与繁荣，是明代重视边镇建设的一个侧影。明代奉行"以文驭武"的军事指挥体系，如果没有文人的指挥，领兵的武将则不能采取任何主动行动。文人领兵就能得到以文人集团为绝对势力的中央政府的支持，在组织、统筹、经费上都能得到保证。

今日的高家堡是全国少数未被大规模开发的古镇之一，石峁遗址位于高家堡古镇石峁村秃尾河北侧的山峁上，是中国已发现的从龙山晚期到夏早期规模最大的城址，距今约有4000年历史，面积约425万平方米。石峁遗址是探寻中华文明起源的窗口，据考证这里还有可能是夏早期中国北方的中心，显示出其在北方文化圈中的核心地位。据专家研究，这里甚至有可能曾是黄帝的都城昆仑城。该遗址先后被评为中国十大考古发现、世界十

中国古镇经典

高家堡古镇

高家堡古镇俯瞰

大考古发现等，被誉为华夏文明的早期摇篮。

高家堡自古即有尊文崇武之风，私塾公学遍布城乡，人才辈出，代不乏人。另外，高家堡医药之风昌盛，清末民初有大小药铺医馆10余家，其中的仁寿堂、万和堂、太和堂较有名气，不乏名医。

我国面条的制作始于汉代，挂面则最早出现于敦煌文献中。西北地区天干物燥，通风条件好，是我国小麦的主产地。西北面食能独步全国，陕西面食功不可没。20世纪50年代，高家堡挂面在西北地区小有名气，曾运销内蒙古自治区包头等地，最多曾有上百家挂面作坊。"借得天光和百味，千丝万缕玉屏风。"希望高家堡挂面能让人从舌尖上重新认识高家堡古镇。

古北口古镇
——云开南北望神京

乱山入戟拥孤城,
一线人争鸟道行。
地险东西分障塞,
云开南北望神京。

清代诗人纳兰性德的《古北口》,概括出了古北口古镇"燕京门户""京师锁钥"的突出地位。

京城之北崇山峻岭,拱卫京师,是护卫北京的天然屏障。大道为关,小道为口,古北口位于京城东北约120千米的燕山深处,不像居庸、山海一样称关,虽为小道,战略地位却尤为重要,扼守着由京城去往东北平原、北方草原的咽喉要道,历来为兵家必争之地。东周时期,燕国在古北口设防,以阻止东胡进犯,始称北口。之后,古北口始终具有重要的军事地位。明洪武年间,中央政府对西北防御极度重视。明洪武十一年(1378),古北口升级为关城,进行了整修扩建,将守卫力量升级到守御千户所。明洪武三十年(1397),古北古关城再次升级,成为密云后卫所,统衔5个千户所,成为重要的军事驻地。清代以后,古北口逐渐丧失军事功能,成为商贸集镇。清光绪

古北口古镇民居　于滢/摄

年间，一场洪水冲毁了大量建筑，古北口的商业繁华亦不复存在。民国三十五年（1946），河东与河西合并恢复密云区，设古北口镇。

作为历史的见证者，古镇留下了众多的名胜古迹，镇内有史可考的文物古建筑有130余座。古镇中"一纵四横"的古街是明清商贸交易的地方，如今这里有北京地区最古老的北齐长城和建于1860年的古御道，有建于辽太平五年（1025）的杨令公庙、金泰和五年（1205）的三眼井、明洪武十一年（1378）的药王庙，以及充满神奇传说色彩的七郎坟等大小景观30余处。

古北口长城位于北京市密云区古北口镇东南，是由5段明长城与北齐长城组成的长城环线，核心是卧虎山长城、蟠龙山长城、金山岭长城和司马台长城。到居庸关长城进行大规模改建时，古北口长城亦得到修建。望京楼为该段长城的最高点，海拔986米。1933年，古北口抗战在此进行，360余名阵亡将士的遗体合葬于古北口长城脚下的古北口战役阵亡将士公墓。全长40余千米的古北口长城现存敌台143座、烽火台14座、关口16个、水关长城3个、关城6个、瓮城3个，其间的蟠龙山长城以历史原貌保持完好而著称，至今已有2000多年历史。

司马台原名"死马台"，意思是骏马到此只有死路一条，可见其险峻。后来人们觉得"死马台"不吉利，更不利于驻军屯马，故改名"司马台"，从"死马"到"司马"，气势截然相反，充满正能量。司马台长城始建于明洪武初年（1368），是在北齐长城的基础上修筑的，属明代"九镇"中的蓟镇古北路所辖。明万历年间（1573—1619），戚继光和谭纶率兵对这里进行了重点整修。司马台长城东起望京楼，西至后川口，全长19千米，设敌楼135座（整修后），是万里长城中敌楼分布比较稠密的一段，其两敌楼距离最近的只有60米，最远的不过350米，一般都在100～200米之间。1987年，司马台长城被联合国教科文组织认定为"世界人类文化优秀遗产之一"。2001年，长城——司马台段（含古北口镇城和古北口瓮城）成为全国重点文物保护单位。2012年，英国路透社公布了一份"全球最不容错过的二十五处风景"榜单，司马台长城位居榜首。

司马台长城有"险、密、全、巧、奇"5个特点，是明代长城修筑技术的集中体现，也是长城军事功能体现最为全面的一段，堪称建筑工程上的奇迹。更难得的是由于清政府不重视修筑长城，从而使司马台长城没有修葺，只有维护，保持了万里长城的原汁原味。中国著名古建筑学家罗哲文曾评价"中国长城是世界之最，司马台长城堪称中国长城之最"。

古北口瓮城位于古北口村与河北省的交界处，是古北口关的主要防御设施之一，加强了关隘的防守，依附于长城古北口关，与长城连为一体。该瓮城建于明代，归蓟镇总督管辖，属于蓟镇西协古北口路，明代时戚继光曾在此督建。瓮城的平面呈三角形，周长238.2米，设在通往东北的重要关口"铁门关"上，也称"铁门关瓮城"。当来军进入瓮城时，将主城门与瓮城门关闭，守军即可形成合围之势。墙体用城砖和毛石混合建造，仍保存完好，共设有两门。

药王庙建筑群建于明代初期，是一组以药王庙为主的庙宇群，主要包括药王庙、关帝庙、观音阁、龙王庙、戏楼、抱厦牌楼等建筑，说是两步三座庙，实际是三庙加一阁，外加一明初的古戏楼。药王庙这种庙中套庙的建筑格局在建筑史上具有特殊的地位，堪称庙宇之首。

北方村落中的寺庙很多，名称各异，却少有瘟神庙。瘟神又称"五瘟使者"，是中国古代民间传说中的司瘟疫之神，是散播瘟疫的恶神，常比喻作恶多端、危害百姓的坏人。古北口古镇就有北京唯一的一座瘟神庙，位于潮河关城堡中，此处地形特殊，潮河泛滥成灾

古北口古镇

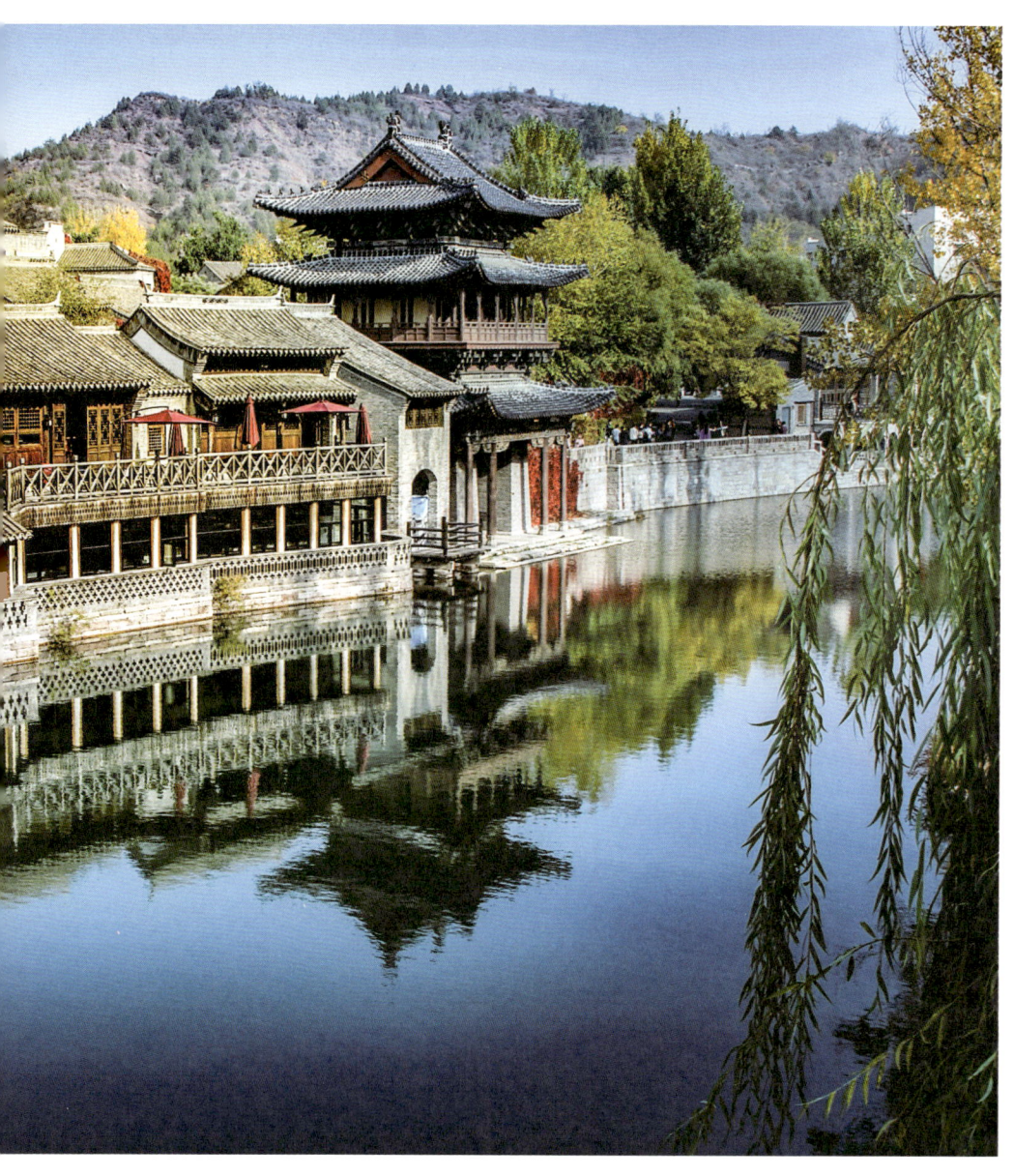

古北水镇一隅

时，从上游漂来的人畜尸首会在此处停留，夏秋之季，气味难当，容易引发瘟疫，所以人们才要供奉瘟神，以消灾免难。瘟神庙建于明代，位于城堡西北角，坐北朝南，正好利用城墙作为寺庙的两面院墙。庙内至今仍保留了明代的精美彩绘壁画。

如今的古北水古镇坐落在司马台长城脚下，拥有43万平方米精美的明清及民国风格的山地合院建筑，分别为老营区、民国街区、水街风情区、卧龙堡民俗文化区、汤河古寨区、民宿餐饮区与后川禅谷、伊甸谷、云峰翠谷。古北水古镇是集观光游览、休闲度假、商务会展、创意文化等旅游业态为一体，服务与设施一流、参与性和体验性极高的综合性国际旅游度假目的地。

龚滩古镇
——四围岩壁立，吊脚木楼危

四围岩壁立，
吊脚木楼危。
波影荡檐角，
峰腰斜酒旗。

清代诗人陈忠平的这首《龚滩古镇》，将龚滩古镇中悠闲的时光"荡"到了我们眼前。

龚滩古镇位于重庆酉阳县西部，据记载已有约1700年的历史。2007年4月，龚滩古镇整体搬迁到古镇两千米外，居民们把小心拆下来的一片一瓦全部运过来，依照修旧如旧的原则，复建了房子，保持了古镇的原有风貌、规模及完整性，就连古镇老街的青石板也被一块一块地搬过来，堪称三峡工程中易地保护的典范。

龚滩古镇兴于唐、明两代，这里终日舟楫列岸、商贾云集，渐渐成为渝川湘黔四地的物资集散地，故又有"钱龚滩"之誉。《酉阳州志》记载："大江之中，横排巨石，大者如宅，小者如牛，激水雷鸣，惊涛雪喷，舟楫不能上下。"其得以发展的因素，全凭龚滩之险阻，仗其上下行的货物均不得不在此换运所

龚滩古镇街景

致。乌江在此分为上下两段，上下船只均无法通行，货物、食盐和贵州境内的山货在此须经人力盘驳过滩，另行装载。1959年，乌江航道整治，将阻塞龚滩上下游的巨石炸毁，上下无阻，龚滩失去了作用，往日风光不再。2004年，乌江彭水电站立项，龚滩古镇在库区中。2005年，龚滩古镇搬迁复建工程启动，2008年4月完成原样复建。2009年5月，复建后的龚滩古镇正式开放。

龚滩古镇沿山与江的走向呈带状布局，具有显著的山地城镇依山就势、顺应自然的布局特点，是将人、建筑与自然山水环境充分结合，建筑组群的功能结构最大限度地与地形地貌、气候水文、生活工作相适应，达到城镇、建筑、地景三位一体。上下码头是古镇客货运水路与陆路交通的转折点，也是古镇的黄金地带，相当比重的仓储、堆场、客栈、商业等功能在码头附近的区域分布，使码头附近形成相对独立的商业生态。而凤凰山的走向在下码头，形成了古镇居住较为集中的片区，并且以祠堂或宫庙为中心，汇集了客栈、茶肆、商铺娱乐设施和居住院落等，形成了较为完备的生活和服务业生态。

古镇有着长达3000米的石板街，150多堵封火墙，200多座四合院，50多座吊脚楼，是保存较好的明清建筑群，间杂其中的古纤道、古梯道、古桥梁、古牌坊、古树、古井、古碑石折射出古镇悠久的历史文化和昔日繁荣的市井风光。布局规整的四合院与鳞次栉比的吊脚楼群临江而立，成为古镇一道独特的风景。

吊脚楼作为西南地区独有的传统民居形式，最早可追溯到东汉时期。吊脚楼由木料支撑，系穿斗而成的梁架结构，屋高三五丈许，二至三层。楼下堆货或饲养，楼上住人，四周铺设走廊，是典型的因地制宜。

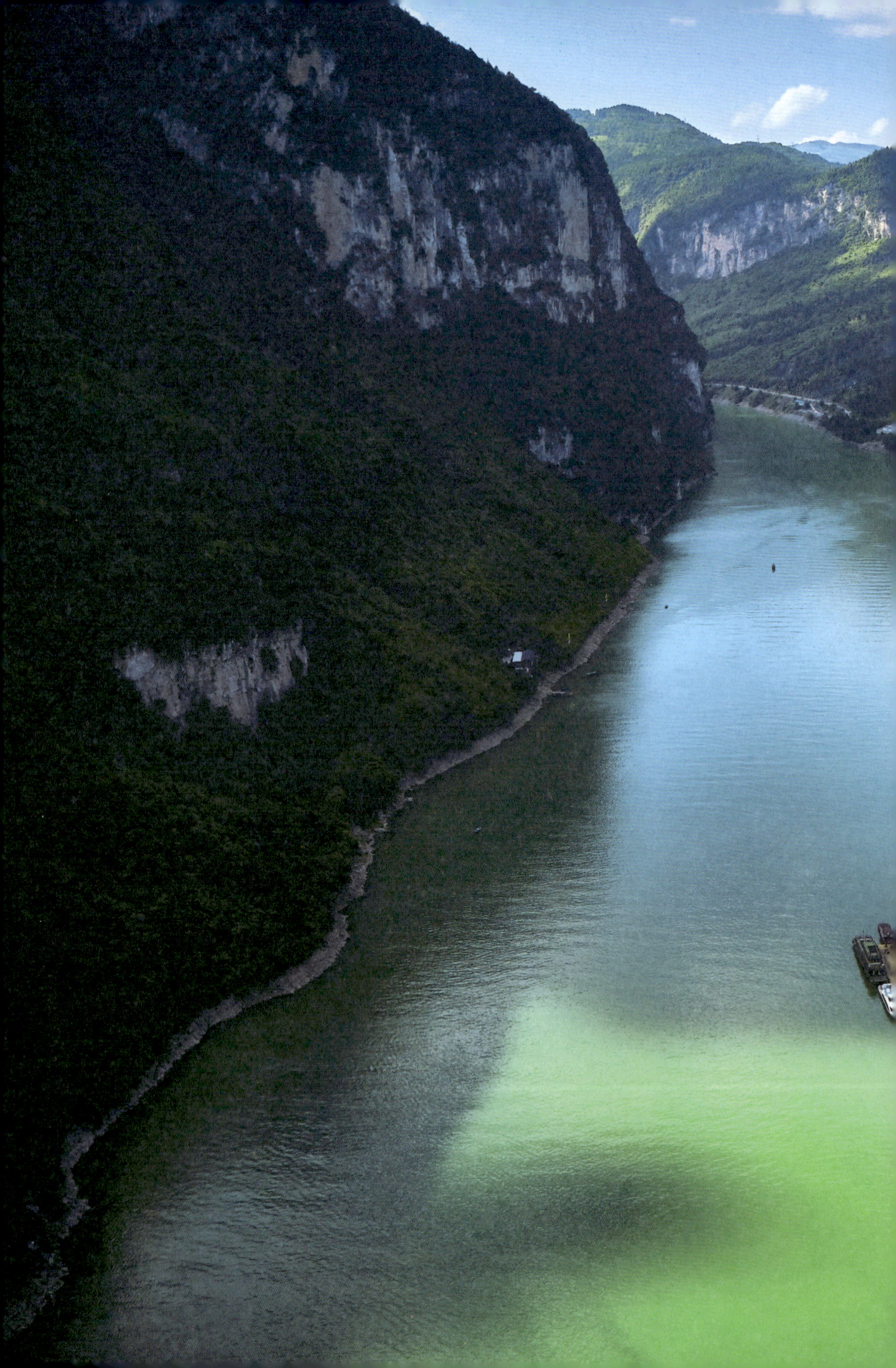

茅台古镇航拍图

《旧唐书·南蛮传》说："山有毒草，虱蝮蛇，人并楼居，登梯而上，是为干栏。"所谓"干栏"，就是以竹木为脚架，建于托架之上，不用一颗铁钉，全靠木楔子加固，是一种悬空式结构建筑。但吊脚楼跟其他干栏式建筑又有所不同，最大的差别在于吊脚楼是半悬空式的，所以吊脚楼也称为"半干栏式建筑"。

有学者认为，干栏式建筑是从树居到地面居住之间的过渡，《贵州通志·土民志一》说苗人"架木如鸟巢寝处"。《太平寰宇记》载："今渝之山谷有狼僮，乡俗构屋高树，谓之阁栏。"重庆《府志》也有类似记载。但就实际功用来看，吊脚楼之于西南，有天地造化之妙，是通过自然来改造自然的典范。有人认为苗族人参与了河姆渡文化和良渚文化，似乎不无道理。"天无三日晴，地无三里平"的特殊气候与地理，使得吊脚楼在今日依旧被人们广泛使用。

清光绪年间（1875—1908），陕西商人张朋九最先来到龚滩开设盐号，经营川盐生意，并亲自经手修建了西秦会馆，使其既作为同乡商人的聚会之所，也作为自己的大本营。张朋九的生意越做越大，其后继之人不仅经营盐业，而且经营起了供出口的桐油、生漆、茶叶、山货等，成为龚滩的一大巨商，名震川鄂湘黔边区。

西秦会馆曾经是龚滩最高大、最宏伟的建筑，其规模和气派在当地首屈一指，在周围的民居群落中颇有鹤立鸡群之势。同时，它也具有显著的外来建筑风格。石砌的大门，门柱石刻雕花，四周围以封火墙，与徽商的宗庙祠堂有诸多近似之处。只是需爬石梯坎而"升堂入室"，这也是龚滩所有较大型公共建筑的共同特征。

冉家院子至今已有400多年的历史，是当时老街的主要建筑之一。院落结构呈三合院形式，青瓦屋面，室内花窗雕饰精美，屋内摆设基本还原了土司生活的场景，是了解龚滩历史变迁最好的场所。院子的建筑材料主要是木材，左右两侧为砖墙砌筑的封火墙，它是徽派建筑风格和本土建筑风格融合的典范。此院一直由冉姓家族居住，冉氏作为武陵山区三大土司之一，从南宋建炎三年（1129）受封，历经元、明、清，直至1736年清政府施行"改土归流"，历时415年，土司世袭20代。雍正年间（1723—1735）实行"改土归流"，酉阳实行"流官"制，酉阳土司制方宣告结束，冉氏遂成为普通人家。这里曾是《武陵山剿匪记》《赵世炎》《国家行动》等影视剧外景地。

"歪屁股船"是龚滩先民的一大创作，也是中国内陆河湖中的三大独特船型之一。这种船头、尾高翘，头低尾高，船尾左侧向右歪曲，扩大艄公视野，便于其及时处理险情。船上无桨、无帆、无舵，完全由艄公来控制全船，逆流而上时，以人力纤行。据说此船在民国时期曾经参加日本东京国际展览会，被誉为"民族风物之兴"，还曾经是乌江上的主力船型，但现在已经难觅踪迹。

永定成规碑嵌于古墙中的石壁上，是为规范当时脚夫、力夫、夫头的力钱分配所立。没有规矩不成方圆，这块碑的出现，既保证了雇佣双方的交易，也体现了榷所的公平公正。

作为中国多民族融合的见证，作为乌江航运史上的重要一环，作为少数民族经济、文化发展的重要史实，龚滩古镇易地复建的价值无疑是巨大的。

和平古镇
——人影百姿映在街

> 江南冷雨北吹斜,
> 人影百姿映在街。
> 洁石镜明非打锉,
> 但凭千载万家鞋。

这首如同谜语的诗,其"谜底"是石板,如果再精确一些,是指和平古镇街上铺就的石板。街面的石板虽然奇特,但比起和平古镇的历史与建筑来,就稍显逊色了。

和平古镇位于福建省邵武市西南部,是古代邵武通往江西、泰宁、建宁、汀州的"咽喉"要道,早在4000年前便有人类生活于此,是福建省历史最为悠久的古镇之一。古镇建置始于唐,称昼锦里;宋属昼锦乡;元属昼锦下乡;明为昼锦下乡三十三都;清乾隆年间(1736—1795)设置和平分县,建县丞署,又有旧市街、旧圩街之称;民国时设禾坪区、禾凤乡;1950年设立和平镇。2022年6月,福建旅游集团托管和平古镇景区。

和平古镇是五代后唐工部侍郎黄峭的故里。到20世纪,其后代子孙已有4000多万,遍布全国各地和东南亚各国,故位于坎头村的"黄峭墓"和"黄氏峭公祠"每年都吸引着一批又一批

和平古镇街景

的海内外黄峭后裔前来寻根祭祖。

  和平古镇面积192平方千米,建筑格局为古城堡式,是中国迄今保留下来的最具特色的古民居建筑群之一。古镇现尚存东门、北门两座城门谯楼及部分城墙,内有两条分别连接东西城门和南北城门的街。街道两侧纵横交错的大小巷道都是中间铺青石板,两边铺鹅卵石,有的则是全部以鹅卵石铺设。

贯穿古镇南北的旧市街，被誉为"福建第一街"。古街全长600余米，宽6～8米，街中心全部以青石板铺筑，因北高南低的地形关系，街道随形就势形成"九曲十三弯"，宛如一条腾空欲飞的青龙。早在后唐天成元年（926），和平古镇就形成了五日一圩的固定集市，当日赶圩者超5000人。因此，清道光三年（1823），官方规定狭窄处禁止摆摊设点。另外，在古镇东门谯楼附近还保留有一块石碑，上写"禁止搬运，保固地方"，说明当时对市政市容的管理已经深入人心。

古街两旁分布着近百条纵横交错呈网状的古建卵石巷道，每隔100米就有一个用条石铺成，状似棋盘的图案，当地人称其为棋盘石。棋盘石有何作用呢？传统的说法是：和平历代都有大量的人士考中科举或在外做官，他们衣锦还乡，光宗耀祖，骑马或坐轿回来，进入城堡后，每到一块棋盘石都要停下，下马或下轿片刻，以显示自己的荣耀和光彩。尽管和平古镇历史上产生了2名宰相，6名尚书，137名进士，有中国"进士之乡"的美誉，但其时并不采用"米"为长度单位，所以也不可能按照每百米进行规格设置。现在棋盘石的另外一个作用是：有一定身份或地位的人家出殡，棺木每抬到一处棋盘石都要停下来，让孝子贤孙们在此跪下叩拜，叩拜完再抬起棺木往前走。

古民居鳞次栉比，既有中原古风，又具地方特色，堪称瑰宝。

和平古镇共有50年以上的建筑317栋，其中国家级文保单位24个，省级文保单位2个，109个文保点，4个传统古村落。

现存的和平书院位于古镇区西北隅，据清咸丰五年（1855）《邵武县志》记载，清乾隆三十四年（1769），应士民黄浩然等所请，于文昌阁辟地复建，并"以唐宋旧名名之"。

和平书院占地面积约700平方米，建筑面积约500平方米，

和平古镇

坐东朝西，为四合院或天井院建筑。天井两侧及门楼后建廊楼，天井正中筑十三级石阶达堂房大厅。堂房的地面高出天井和廊楼地面约1.6米。堂房后封火墙外为三坡水附属建筑（厨房）。书院正厅为授课之所，正上方悬一匾，上书"万世师表"四字，占地面积仅700平方米，在书院中显然属较小的。

和平县丞署是全国保留最为完好的县衙门，建于清乾隆三十四年（1769），现有存留面积500余平方米。整幢建筑保留了明代建筑风格，为两进厅、五开间，其构架以抬梁式与穿斗式结合，用材硕大，四根纵梁与横梁形成一个井字顶，使公堂显得更加威武壮观。衙门前面有一片平整的空地，为驻防官兵训练、演武场所，称为"校场"。

和平古镇游浆豆腐的制作工艺远近闻名，它是以老的豆浆作为酵母发酵而成，不添加任何的石膏与卤水，是纯绿色食品。和平的油炸豆腐也别具特色，乡间有诗赞道："温柔玉板满盘鲜，扑入油花唱又颠。金甲披身香四逸，千烹万煮总缠绵。"还

和平古镇航拍图　卢鸣浪/摄

有"泥鳅钻豆腐""熏烤鲤鱼干""和平包糍""和平田螺""和平米粉"等美食，闻名遐迩，享誉久远。

"摆果台"是邵武市和平古镇坎头村的传统习俗。和平古镇坎头村的惠安祠和坎下村的中乾庙均奉祀"福善王"欧阳佑，农历八月初五为其诞辰，当地村民称之为"圣诞"。南宋祝穆的《方舆胜览》记载，欧阳佑为隋官，船行至邵武，闻隋去，遂投

河自尽，后为邵武地方神。北宋时，祭祀成为官方行为。每年的这一天，和平古镇一带民众以中乾庙为中心跳傩舞，在惠安祠举行"摆果台"（俗称"摆果子"）祭祀活动。"摆果台"，即将一年四季干鲜蔬果共120种摆出，以祭祀神灵。他们采取井水加窖藏的方法保鲜，使得冬日的水果仍色泽鲜艳，令人称奇。当地曾经用米酒对春笋进行保鲜，10升米酒只能保鲜一根笋，这在当时已算高消费了。惠安祠内保存了一部《惠安祠簿·公议条规》，其对"摆果台"的仪式、规矩、职责分工和摆出的120种蔬果均有明确的记载。

2013年5月19日，中国邮政发行《中国古镇（一）》特种邮票1套8枚，其中编号8-3为和平古镇。

和顺古镇
——双杉亭岩摩穹苍

石头山中石磊硌,
绿茵稠处翳魁阁。
双杉亭岩摩穹苍,
下视万木尽从薄。

　　这两句诗选自《双杉行》,出自辛亥革命及护国战争元老、号称"滇南一支笔"的李曰垓之手,本诗是他为保护家乡和顺魁星阁的千年古杉而作。

　　和顺古镇位于云南省腾冲市西南4000米处,东与腾越镇相邻,南与清水乡接壤,西接荷花乡,北和中和乡毗连,交通便利。全镇面积17.4平方千米,四周被老龟坡、擂鼓顶、马鞍山、来凤山等群山环抱,地势西高东低,中间为马蹄形盆地,一马平川。全镇住宅环山而建,自东向西渐次递升,一座座古刹、祠堂、明清古建筑和现代民居错落有致,绵延两三千米。

　　和顺,始建于明代,古名"阳温墩",因有条清澈的小河绕村而过,故更名"河顺",后借"云涌吉祥,风吹和顺"的诗句,以及取"士和民顺"之意,雅称"和顺"。和顺曾是2000多年前南方丝绸之路的通道,连接中印两大文明古国,著名的中印

和顺古镇 邹坚生/摄

公路穿行而过。

和顺古镇最值得称赞的是对大量宗祠的保护，有建于明嘉靖年间的抵宗祠，建于清咸丰年间的刘氏宗祠，建于1920年的李氏宗祠等，跨越了几个世纪。时至今日，这些宗祠不仅成为和顺"侨乡"的见证，更是弘扬传统家风的生活题材。

史书记载，和顺有4000余年的人居历史，600余年的开发历史，虽历经沧桑，仍保存下来大量的古建筑和文物，特别是

中国古镇经典

和顺古镇

和顺古镇远眺 邹坚生/摄

完整地保留了中国明清文化的特色，被誉为中国古代建筑的"活化石"。据了解，和顺的传统民居有1000多座，其中清代民居就有100多座。

生长于和顺魁星阁的两棵秃杉，已被列入云南"名木古树"保护名录。民国时期，曾有豪绅欲将这两棵有着500余年树龄的杉树伐作棺木使用，激怒了乡民。当时任云南第一殖边督办的李曰垓率众护树，写下长诗《双杉行》，诗末的"有敢伐者头可斫"，表现了和顺先辈保护自然环境的强烈意识，而"双杉"也因《双杉行》而名闻天下。李曰垓是辛亥革命元老，曾任云南护国军秘书长，是哲学家艾思奇（李生萱）的父亲，讨伐袁世凯称帝的《讨袁檄文》就出自其笔下。

洗衣亭是和顺民居中最绚丽的点缀。旧时，和顺的每条巷口都有洗衣亭，木家湾、李家巷、尹家巷、张家坡、贾家坝……洗衣亭为浣洗衣物，冲洗果蔬的女子提供了遮风挡雨之所。

和顺有着全国最大的乡村图书馆——和顺图书馆。和顺图书馆始建于清末，由和顺同盟会员寸馥清组织的"咸新社"与"阅书报社"合并而成，后又经乡人及华侨多次捐资，于1928年建成图书馆。胡适、廖承志、李石曾等众多文化名家纷纷题词祝贺，馆内翰墨飘香，传承多年。和顺图书馆馆藏图书7万多册，其中珍贵古籍1万多册，已成为和顺人生命中的第二课堂。

腾冲皮影戏约于明洪武年间从江南、湖广、四川一带传入，已有600多年历史。腾冲皮影与四川皮影均以牛皮为原材料，硝制加工而成。腾冲皮影戏内容多为战争题材，如三国、水浒、说唐、说岳等；四川皮影擅长表演神话传说。

腾冲皮影戏分为"西腔""东腔"两大流派，"东腔"以造型高大著称，其他地方皮影戏的人物造型多数高约30厘米，唯独"东腔"皮影戏的人物造型高达50厘米。2011年，腾冲皮影戏被评为国家级非物质文化遗产。

2013年5月19日，中国邮政发行《中国古镇（一）》特种邮票1套8枚，其中编号8-5为和顺古镇。

贺街古镇
——临贺山泉清似政

临贺山泉清似政，
公厨酿酒色如泉。
因山相望虽千里，
岂是江头无便船。

南宋名臣郑刚中的这首《戏简文浩然诗成不往也》，表达了自己洁身自好、不向权贵阿谀奉承的浩然正气。诗中的"临贺"即今天的临贺故城，位于广西壮族自治区贺州市八步区贺街古镇内。

贺街古镇。始建于西汉元鼎六年（前111）。三国吴时（222—280）置临贺郡。《水经注疏》记载："贺水又西南流，至临贺郡东，右注临水。郡对二水之交会，故郡、县取名焉。"南朝宋泰始五年（469）改临贺郡为临庆国，南朝齐建元二年（480）改为临贺国，明洪武十年（1377）至1951年为贺县驻地，1952年后沿称贺街镇。在漫长的历史长河中，贺街古镇曾经是国都、省会、市府、县治、镇治，在历史上实属罕见，也说明其地位之重要。

2001年7月，临贺故城被列为全国重点文物保护单位，其

贺街古镇

位于古代海陆丝绸之路交通要道上，曾是古代南北交通的必经之路，桂、粤、湘三省区交界处最重要的商贸文化中心。临贺故城包括旧县肚城址、洲尾城址、河西古城、河东古城4个城址，20多处宗祠，6大古墓群，两座寺庙及1处宋代营盘，城内存有大量富于地方特色的古建筑，包括寺庙、祠堂、捕厅、衙门、义仓、会馆、文庙、石板街道、古井、民居、码头及水门等。

宗祠是宗族的精神归属，也是族人团结和谐的精神保障，更是家族繁衍的有力庇佑。以龙氏宗祠为例，其先祖龙正科为明洪武年间的千户，镇守岭南。他创办了义田、义学，其中义学一直办到1914年，古镇学子深受其惠。

在临江东岸，与主城隔江而望的是明代以来因集市贸易的发生及城市功能延伸而自发形成的一个次生城区，称东城区。东城区的文物古迹保存尤为完好，其中重要的有河东民国街道、粤东会馆、八圣庙、魁星楼、三大姓氏（李姓、钟姓、莫姓）自明以来的民居、炮楼、花园、长利街吊脚楼、杉行工会、明清古井、南岳寺、清代进士刘东标老屋等。电视剧《茶是故乡浓》《围屋里的女人》曾在此取景。

贺街古镇航拍图

中国古镇经典

贺街古镇航拍图

贺街古镇

黑井古镇
——一斤水煮半斤盐

使君不及郁林廉，
旧例逡巡新例添。
白井争如黑井好，
一斤水煮半斤盐。

竹枝词又叫"竹枝"，是乐府《近代曲》中的一种，其特点是咏风土、记时事，最初是流传在巴渝（今四川东部）一带的民歌。这首《煮盐词》正是清人施武对黑井古镇产盐的感叹，俗则俗矣，但一语中的。

黑井古镇地处云南省楚雄彝族自治州禄丰县城西北，自古以来是贡盐产地。《黑盐井志》记载"土人李阿召牧牛山间，一牛倍肥泽，后失牛，因迹之，至井处，牛舔地出盐"，遂名"黑牛盐井"，后逐渐简称为"黑井"。其盐业始于两汉，兴盛于明、清，历来由朝廷委派节运使直辖。唐贞元十一年（795），唐使袁滋在《云南记》中记载："黑井之盐，洁白味美，惟南诏一家所食。"明代设十三坊，清代设七坊，民国期间建盐兴县统辖。明清时期至清末民初，黑井盐税分别占云南盐税的67%、50%、46%，曾一度成为滇中繁华的经济重镇，是西南丝绸之路上著名的盐都。

滇盐的开采已有约2500年的历史，早在唐代，滇盐就是非

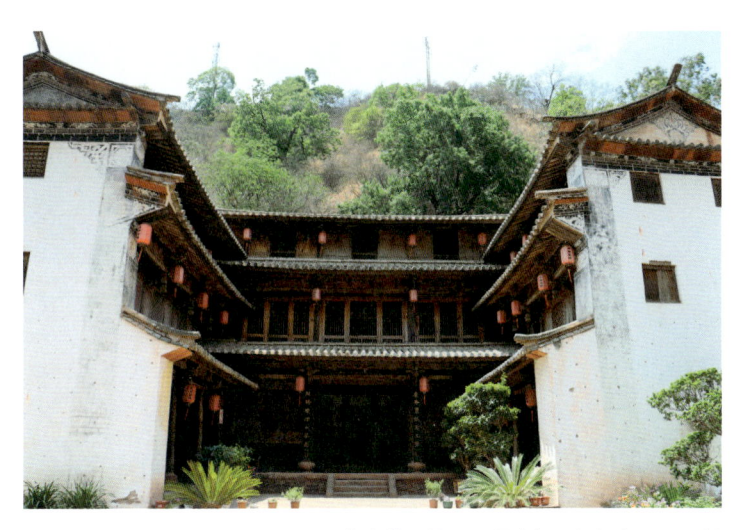

黑井古镇民居　微博博主：老九的 weibo/ 摄

常重要的战略物资。当时滇盐已经开始在西南偏远少数民族聚居区广泛使用，甚至曾经取代货币在云南广泛使用。唐玄宗时期，中央政府与南诏国就围绕盐业控制权而发生战争，这场战争实际持续了数百年，这也算是较早的能源战争了。

随着盐业的衰落，如今的黑井古镇已经失去了往日的辉煌，但曾经的繁华给黑井古镇留下了许多颇具明清风格的建筑景观。

黑井古镇的布局合理巧妙，沿龙川江东西两岸进行布置，五马桥将古镇的东西相连接。走在红沙石铺筑的街道上，隐约还可以看出当年运盐马帮留下的马蹄印迹，古朴的韵味油然而生。街道两旁是古香古色的坊巷，颇具明清风格的民居，虽然大多已重新修建过，但依旧是古韵浓厚。建筑门窗上雕镂着各式图案，木头的纹理中镶嵌着岁月的风尘，屋顶的层层瓦片如鱼鳞般排列，圆形门柱下的垫石被磨得光滑细腻。街道依傍着山势而建，弯曲而狭窄，但从院门和小巷望去又十分深远。

古镇的民居建筑主要表现为"合院"和"店宅"两种形式。

中国古镇经典

黑井古镇远眺

"合院"式民居多为撑拱结构，天井与庭院相连，并配以寓意美好和吉祥的装饰。"店宅"式民居大多分布在以商业为主的街道两旁，是一种商住混合的民居建筑。沿街"店宅"为前店后宅或下店上宅的形式，一般有两层，上下层之间以木板拼封。上层沿街一面多为四扇可开合的实窗板，底层沿街面一侧为木板门，另一侧设有宽而大的铺台。所谓"铺台"，就是当地在住家临街的门前，用青石板砌出的一个平台。店家将各种商品摆在铺台上出售，让买家能一目了然，方便来往行人购买物品。店家为吸引顾客，还在铺台上放一瓦罐的水和一把木瓢，供顾客和赶马人解渴。黑井现存的铺台有160多个，有的仍然在使用，但绝大部分已废弃。黑井"一楼一底一铺台"的"店宅"式民居建筑见证了这座古镇曾经的繁华与落寞，是古镇建筑景观的重要组成部分。

古镇内保存完整、规模较大的"合院"式民居建筑是武家大院。武家大院始建于清道光十七年（1837），于清咸丰八年（1858）扩建完工，历时20多年，是当年黑井古镇上有钱有势的大盐商武氏家族的宅第，完全是土木结构，规模宏大，占地2万余平方米。整个大院有99间房子，108扇门，建筑面积1万平方米。武家大院的总体布局呈"王"字形，形成"纵一横三"的独特结构。大院依山而建，房屋依地势修筑为3层，分上下两个四合院，由4个天井组成又相互关联。一层合院内设一个前庭院，前庭院的面积相对较大、空间开阔，其内设有水池、曲桥、六角古亭、花坛、休息石、桌凳等设施，并配有绿色植物。这不仅为人提供了休息、娱乐、赏景的场所，而且有效地丰富了整个院落的景观空间层次。

位于黑井古镇北的庄安堤是用来防治泥石流的特殊工程。由于井盐卤制过程需要砍伐树木作为燃料，破坏了当地原本脆弱的地质生态。从元至清，曾有17次重大泥石流淹没盐井。清康熙五十五年（1716），政府开始修筑庄安堤。使用近200年后，于清光绪二十七年（1901）重修上段。清光绪三十一年（1905）修毕。20世纪30年代重修下段。庄安堤问世300年，至今仍发挥着作用。庄安堤分南、北二堤，堤岸用大条石砌筑，衔接处凿槽浇筑铁水，冷却后形成卯榫关系，结构稳定。铁锭束腰又称"腰铁""锚铁"。"铁"是我国古代造桥工艺之一，赵州桥、北京银锭桥、邯郸弘济桥、泰山高老桥都采用该工艺。

黑井古镇独特的建筑遗存还有盐井，包括大井盐井、东井盐井、复隆古盐井等。大井盐井开凿于南诏初期，1951年停止煎盐。东井盐井开凿于明隆庆四年（1570）。复隆古盐井开凿于明嘉靖二十七年（1548），至1980年停用。

黑井是滇盐兴衰的见证者、亲历者。那些缔造辉煌的先民，给我们留下了无尽的精神财富。

横道河子古镇
—— 远笛深谷鸣

霏霏针雨绵如脚,
拾阶拨翠鸠声渺。
微曙上青山,
清凉天外天。

凭巅擎巨手,
睥睨流岚走。
何处祈清平,
远笛深谷鸣。

田心中的这首《菩萨蛮·登佛手山》描述了佛手山的景色,其中的"远笛深谷鸣"一句描述了响彻在白山黑水间的火车汽笛声,仿佛把人们引入了迷人的东北雪野。

横道河子古镇隶属黑龙江省海林市,是一座百年古镇,因横道河流经而得名,是往返牡丹江与哈尔滨的必经之路。沙俄和日伪时期,横道河子古镇一直是中国东北的军事要塞,有着悠久的历史与俄罗斯文化脉络。1903年,东清铁路开通后,自沙俄经营中东铁路起至日伪时期,古镇一直是重要军政机关所在地,一些外国人在此修建别墅和公寓,开设工厂和商行,当时商贾云集,高楼林立,有"花园城镇"之称,现留有许多历史遗迹,有着珍贵的历史价值。

镇内至今仍有256栋1901—1905年建成的俄式风格建筑,总建筑面积3.2万平方米,其中国家级保护建筑5处,市级保护

横道河子古镇俯瞰

建筑104栋，绝大多数造型独特，既有较纯正的俄罗斯风格建筑，也有折中主义建筑。它们是历史留给后人的宝贵文化遗产，是"近现代重要史迹和代表性建筑"，并荣获联合国教科文组织亚太地区"2018年度文化遗产保护荣誉奖"。

横道河子机车库曾登上过美国《国家地理》封面，是中东铁路建筑群中设计独特、具有典型意义的铁路设施代表性建筑，主要由机车库、锅炉房、铁路调度室、可调整机车头方向的圆形转盘及与之相连接的轨道组成，占地面积约5000平方米，总体建筑平面布局呈扇形。其中机车库位于扇面的位置，建筑面积2160平方米；整体为石基础、清水砖墙、壁柱加固；钢柱、钢梁支撑起15个混凝土拱壳顶；正立面门上15个砖砌相连的三角山花檐口，形成起伏有序的天际线；砖砌装饰线脚和垂饰凸显俄罗斯早期建筑风格。

机车库自1903年中东铁路通车后投入使用，至20世纪90年代蒸汽机车淘汰后整体闲置。在电影《萧红》《悬崖之上》，电视剧《智取威虎山》里均有它的身影，是难得的爱国主义教育基地。2006年5月25日，国务院公布其为全国重点文物保护单位。

佛手山山势挺拔、峰岩峭立、三面临涧、一线通天，春季山花烂漫，夏季凉爽，深秋层林尽染，冬季冰雪连天。佛手山也是电视剧《红楼梦》的取景地。

圣母进堂教堂又叫"约金斯克教堂"，当地人称为"喇嘛台"。它始建于1901年，总占地面积约400平方米，建筑面积约641平方米，平面呈十字形，造型结构、工艺装饰等全部为较纯正的俄罗斯早期建筑风格，是东北三省目前仅存的唯一一座全木质结构教堂。

横道河子古镇拥有世界上最大的猫科动物繁育中心、国家4A级旅游景区——东北虎林园，国家4A级旅游景区——威虎山影视城，SS级雪场——横道河子滑雪场，并逐步成为研究俄罗斯文化艺术、风俗人情的基地及旅游业发展的中心。

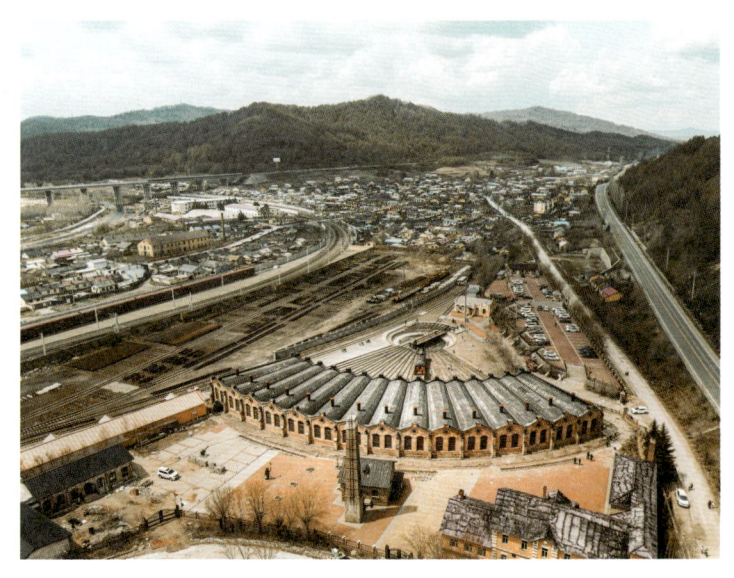

横道河子古镇机车库

横江古镇
——镇压西南天半壁

石城门峻谁开辟，
更鼓误闻风落石。
界天白岭胜金汤，
镇压西南天半壁。

这首《石城山》为唐朝剑南西川节度使兼戎州都督韦皋途经横江镇石城山时所作。韦皋出身名门，治蜀21年，最后在任上病逝，时年61岁。他用自己的薪俸完成了乐山大佛大部分的开凿工作，重启南丝绸之路，是四川历史上的一位重要人物。

石城山下的横江古镇是全国范围内保存较为完好的古镇之一，位于四川省宜宾市叙州区南部，关河（横江）江畔，与云南省水富县隔河相望，自古即为西南丝绸之路上的要塞之地，在清嘉庆时已成为川南重镇。横江古镇在东汉时已基本形成，"五尺道""僰道"等经此南下，成为"西南丝绸之路"的必经之地，从宋代直至民国时期，横江都是重要的军事、政治、商业枢纽。"日则白帆点点，号子声声；夜则泊舟纵横，船火烛天"，明末清初，横江呈现出舟来船往、络绎不绝的繁华场景。

古街区的占地面积50万平方米，有大街7条，小巷10条，

横江古镇

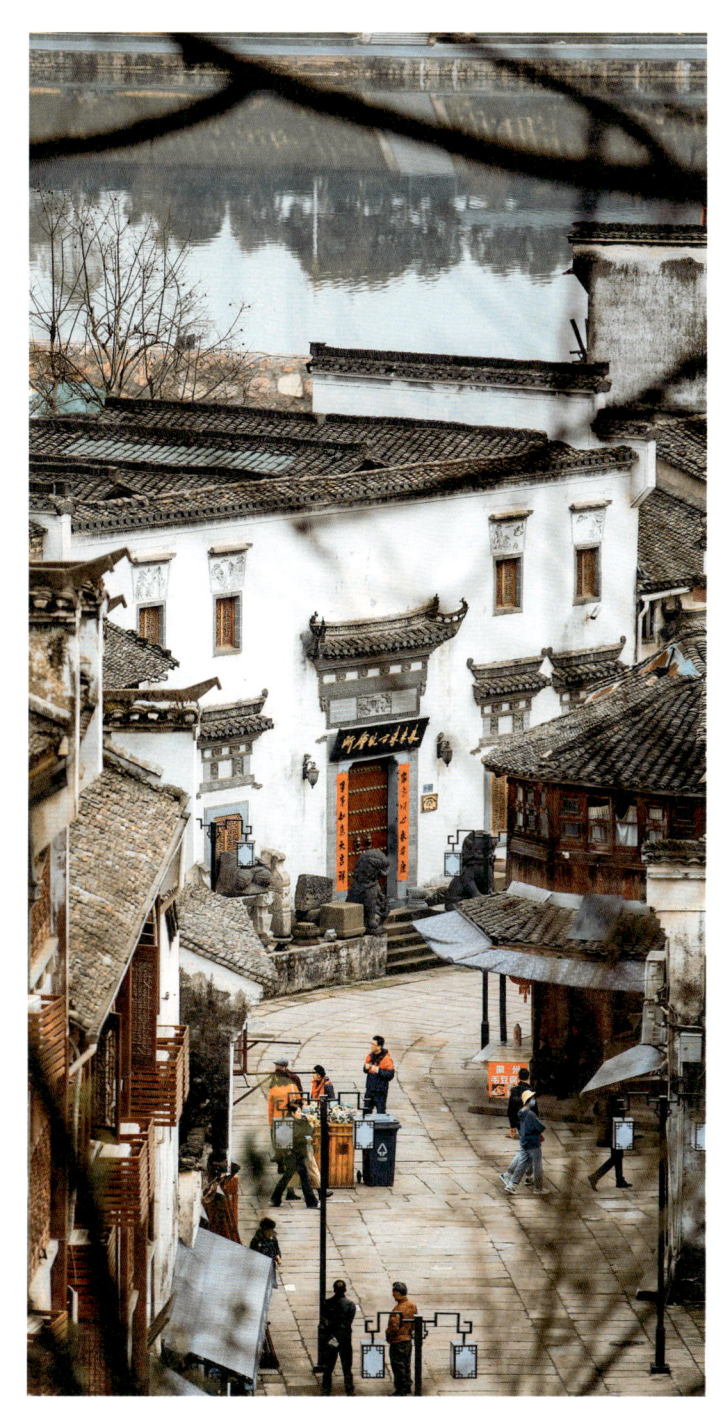

横江古镇街景

中国古镇经典

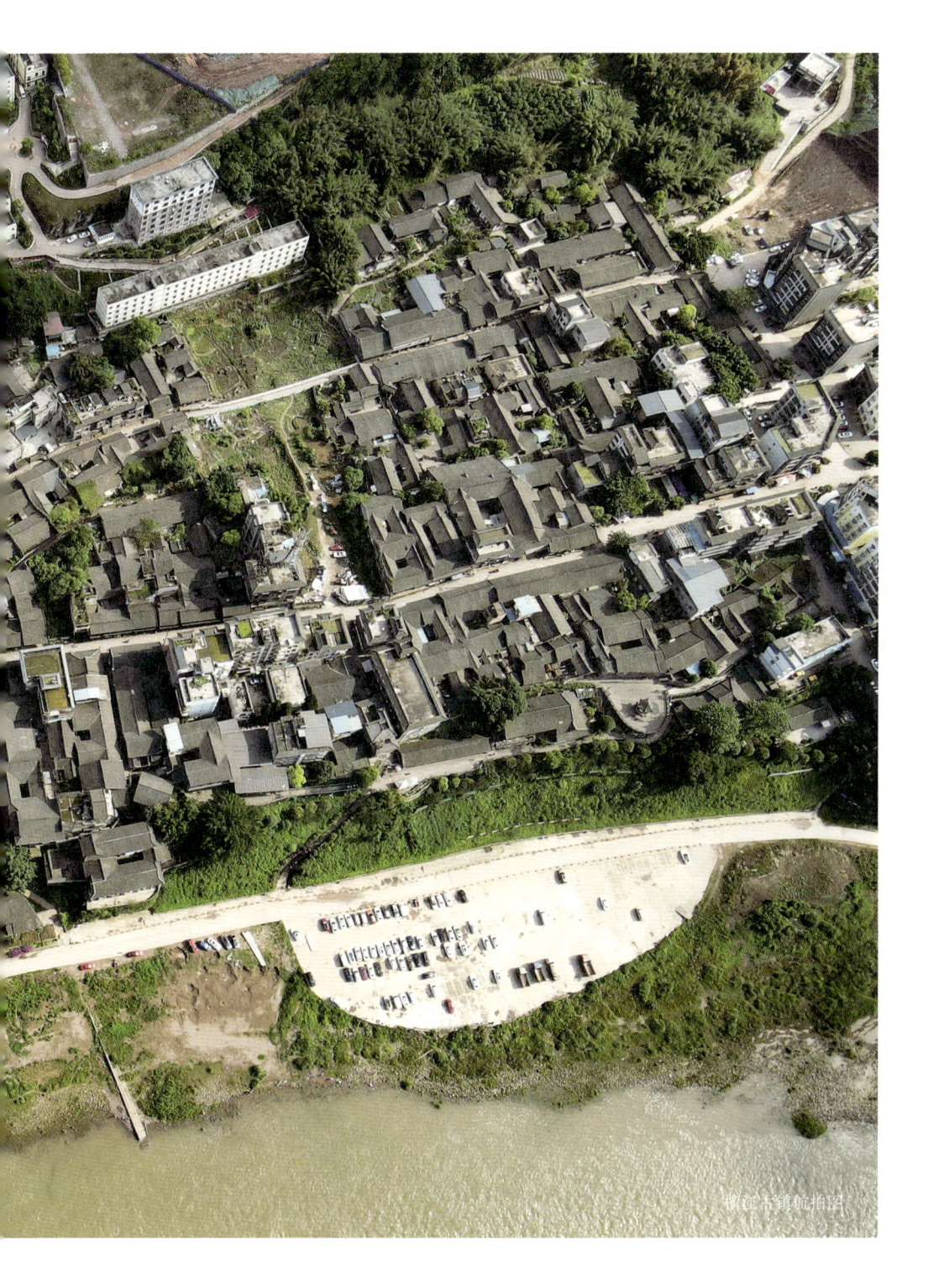

横江古镇

横江古镇航拍图

横江古镇街景

历史建筑面积1.35万平方米，完好率达90%。

杨家大院原名"老中盛"，建于清光绪十七年（1891），为穿斗式建筑，八字大门，门口有九步石梯。据统计，这样的院子在横江古镇上曾有34处之多，记载着古镇曾经的商贾传奇。古镇民居荟萃，精巧多姿，大都依地形构筑，或同一平面，或前高后低，或前低后高，或左高右低，或为与吊脚楼相结合的态势。

镇内保存较完整的朱家民居建于民国初年，系横江开明绅士朱大文的私宅，占地约2460平方米，依地势回环分布。主体建筑由1幢青灰色的砖木结构洋楼与1幢小碉楼构成，其南洋建筑风格与川南建筑相映成趣。

"五尺道"是古人留给我们的瑰宝。秦始皇统一中国后，开始修建四川通往云贵的道路，这条路北起宜宾，南终曲靖，宽1.2米左右，多修建在半山腰。五尺道是南方丝绸之路的组成部分，中国造纸术、印刷术由南方丝绸之路走向世界。

五尺道是中国古代的工程奇迹。人们利用"火烧水封"的办法将岩石粉碎，又将重达数吨的巨石运至半山

横江古镇朱家民居　*微博博主：黄莲花养生茶 / 摄*

腰，修砌堡坎，历经2000余年，至今横江古镇内仍有部分残存的五尺道约350米，当地农民上山时经常使用。

　　横江古镇还有一处颇具价值的历史遗迹——石城山崖墓群。这些崖墓的开凿时间横跨宋元明时期，共177座，为僰人的墓群。崖墓群除湖南常德、福建武夷山、贵州长顺、广东韶关、湖北随州等地，其余基本都分布在长江流域。

黄龙溪古镇
—— 不知宸翰在山中

> 黄龙溪上祥云覆，
> 紫帽山头瑞气蒙。
> 俗眼惊传佛光现，
> 不知宸翰在山中。

南宋乾道元年至三年（1165—1167），王十朋在任夔州（今重庆奉节县）知州时所作的这首诗，成为咏唱黄龙溪古镇的代表作。

黄龙溪古镇位于成都市双流区西南部边缘，建镇已有近2000年的历史，底蕴深厚，古名"赤水"，又名"永兴场"。古镇原址在府河东岸的回水境内，因明末清初时毁于一场大火，故又名"火烧场"，后有贺、乔、唐三姓人家迁到现址建场，这三家都是以酿酒为生，因此，今天的黄龙溪古镇是因酒而生的古镇。

虽历经近2000年的历史变迁，古镇至今仍保留完整，现有"七街九巷"，"七街"即明清时期街坊七条，为镇龙街、复兴街、黄龙新街、黄龙正街、仿清街、上河街和下河街；在街的两边纵横交错着的"九巷"分别为鱼鳅巷、烟市巷、扁担巷、龙爪巷、高竿巷、蓑衣巷、艄公巷、担水巷和打更巷。正街的北部、中部和南部分别坐落着三座古寺,即镇江寺、潮音寺、古龙寺,形成了黄龙溪一街三寺庙、街中有庙、庙中有街的布局。资料显示,这样的独特布局目前中国仅此一处。

位于黄龙古寺内的三县衙门,内有"揭事栏"记录了引锦江水惠泽三县4万亩良田的辉煌事迹。衙门负责当地重要的水利设施——古佛堰的协调与使用。而这个古堰至今还在发挥作用,灌溉着13115亩田地。

黄龙溪以正街为主线,其他街巷或斜交或垂直,形成了独特的鱼骨式排列,街巷蜿蜒曲折,步移景易。沿街分布着76套清代民居,多为木穿斗或木梁架结构,屋顶密布小青瓦,样式多为悬山式或硬山式,飞檐翘角,别具匠心。墙的上部为青砖封火墙,下部由黏土砖砌筑而成,墙面内泥壁以竹条编制的网架为支撑,外抹白灰,墙头做云状压顶装饰,以木板作为墙裙。临街一般做檐廊或出挑晒台,街角则做转角挑檐或走马转角,配以独特的封火云墙,高低错落、叠加起伏,韵律感极强。

古镇的街道布局与意大利的小镇十分相似,拉近了人与建筑的距离,给人以朴素亲切的感觉。两边的民居顺街一字排开,幽静深远,连绵不绝。民居多为两层建筑,下层开店,上层住人,有的房子是跨街而建,当下层的门开启时,两条街的路人可隔街相望,房屋内外动静结合,一明一暗,相互呼应。

位于黄龙溪古镇鱼鳅巷的唐家大院为"湖广填四川"时的客家移民所建,距今已有300多年的历史。整个建筑呈"前店后家"的传统格局,分前后两厅,故而又称"骑马庭"。院里有天井,两侧耳房的屋檐与第一排房的屋檐齐,略低于正房的

黄龙溪古镇

黄龙溪古镇廊桥

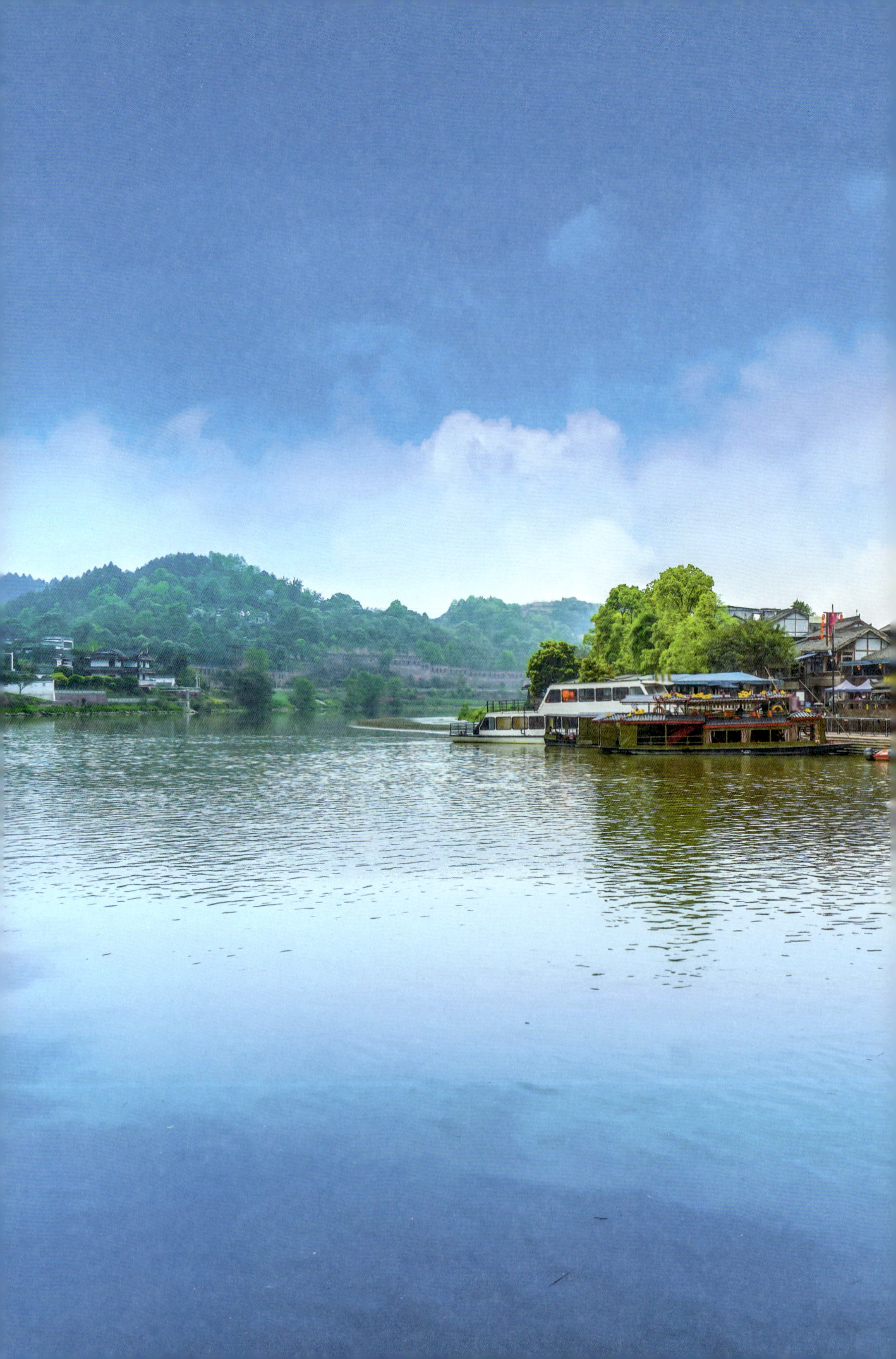

黄龙溪古镇游船码头

屋檐，这是川西四合院民居的典型做法，称为"天井三檐平"。宅院出檐深远且四面屋檐相连，除了天井外，均被相互连接的坡屋面覆盖，下雨天人不需要打伞也可以从檐下通往各个居室。

走过大院，便是唐家的酿酒坊。清初，唐家世代以酿酒为业，又是新坦的开创人，很自然地成为在黄龙溪很有实力和影响的家族。"唐家烧酒坊"是黄龙溪的老字号知名品牌。

干栏式构架主要用于我国南方潮湿地区，其主要特征是将房屋的底层用较短的柱子架空，柱端上铺木板，形成室内的地面，地板之上架设类似穿斗式结构的木构架。再在木结构上铺设椽子与挂瓦。这种设计既可以躲避湿热环境，又能远离虫兽侵袭，是人们在适应环境过程中的一种创造。

由于黄龙溪环抱府河、鹿溪河，所以黄龙溪的临江建筑多采用"吊脚楼"的建筑形式。虽然目前黄龙溪的吊脚楼所剩不多，但仍能从仅存的吊脚楼中品味到干栏文化特点。吊脚楼的布局应符合中国传统的风水观，尤以"左青龙，右白虎，前朱雀，后玄武"为最佳屋址。而黄龙溪恰好就处于这样的地利之中。所以吊脚楼的布局和朝向符合古人对风水的考究。

黄龙溪古镇附近树木丛生，而百年树龄以上的黄葛树更是随处可见，因而修筑吊脚楼的取材也尤为方便。从结构上来讲，黄龙溪的吊脚楼是用木构架来承重，而黏土和碎石构成的石垒墙或土坯墙，有效发挥了保温隔热的作用。

"一根面"是黄龙溪古镇最具特色的小吃。据说早在宋代时即已出现，清代失传，后在2011年再次"研发成功"。在网络直播和短视频兴起之后，黄龙溪一根面迅速走红全国。

黄龙溪火龙灯舞起源于南宋，最早是用来祭祀负责光明的"烛龙"和负责风雨的"应龙"，后来逐渐演化为节日民俗活动。2008年，黄龙溪火龙灯舞入选国家非物质文化遗产名录。黄龙溪火龙的形象为蛇身、鹿角、虎眼、牛耳、象腿、马鬃、鱼鳞、兽须，主要制作材料为竹、木、纸、布，全身共9节，长20余米，需要9个人共舞。表演时有人负责烟火，表演的上半部分为舞龙，展现龙的气势；下半部分为"烧火龙"，展示龙浴火新生的过程。

相传"烛龙""应龙"二龙相争，导致黄龙溪民不聊生，后来它们心生惭愧，各自离去。"烧火龙"用舞蹈程式再现神话传说，具有一定的教育意义，与汉族的龙图腾既一脉相承又各具特色，是一种有趣的文化现象。

黄姚古镇
——姚溪土产淡豉香

姚溪土产淡豉香,
羌丝豆豉作家尝。
从此便成千里别,
香飘楚粤永难忘。

清光绪年间(1875—1908),湖南举人邓寅亮游览黄姚,当地秀才林正甫以豆豉相赠,邓赋诗一首志之。豆豉能够用来送礼,足见黄姚豆豉的声名与地位。

黄姚古镇位于广西壮族自治区昭平县东北部,在漓江下游,古时属南越地,汉属苍梧郡。据记载其发祥于宋代,民国十五年(1926),设黄姚镇。

古镇中岭南风格的明清古建筑有300多幢,面积达7.9万平方米,多为2层小楼。古镇完整地保存了总长10余千米的石板街8条,还有亭台楼阁10多处,寺观庙祠20多座,特色桥梁11座,楹联匾额上百副,是广西壮族自治区保存较为完好的明清古建筑群之一。

古镇得名的由来,是因为其时住民以黄、姚两姓居多。

黄姚为交通要塞,水路由北而南从姚江、下马河入府江,

黄姚古镇远眺　陈红霞/摄

陆路可抵昭平县城。明嘉靖年间，官方为了打通盐道，决定武力收回府江的沿江治权，并在明万历初年完成。盐道的畅通带来了商业的繁荣，广东客商沿姚水逆流而上，部分人即在黄姚定居。从清乾隆年间开始，由八姓望族实际控制的宗族治理制度，一直沿用至20世纪50年代。因此，古镇当前保存最完好的建筑为八姓宗祠，也就在意料之中了。

古镇著名的建筑有黄姚古戏台、宝珠观、文明阁、天然亭、兴宁庙、吴家祠、郭家宅、佐龙祠等。人文景观还有韩愈、

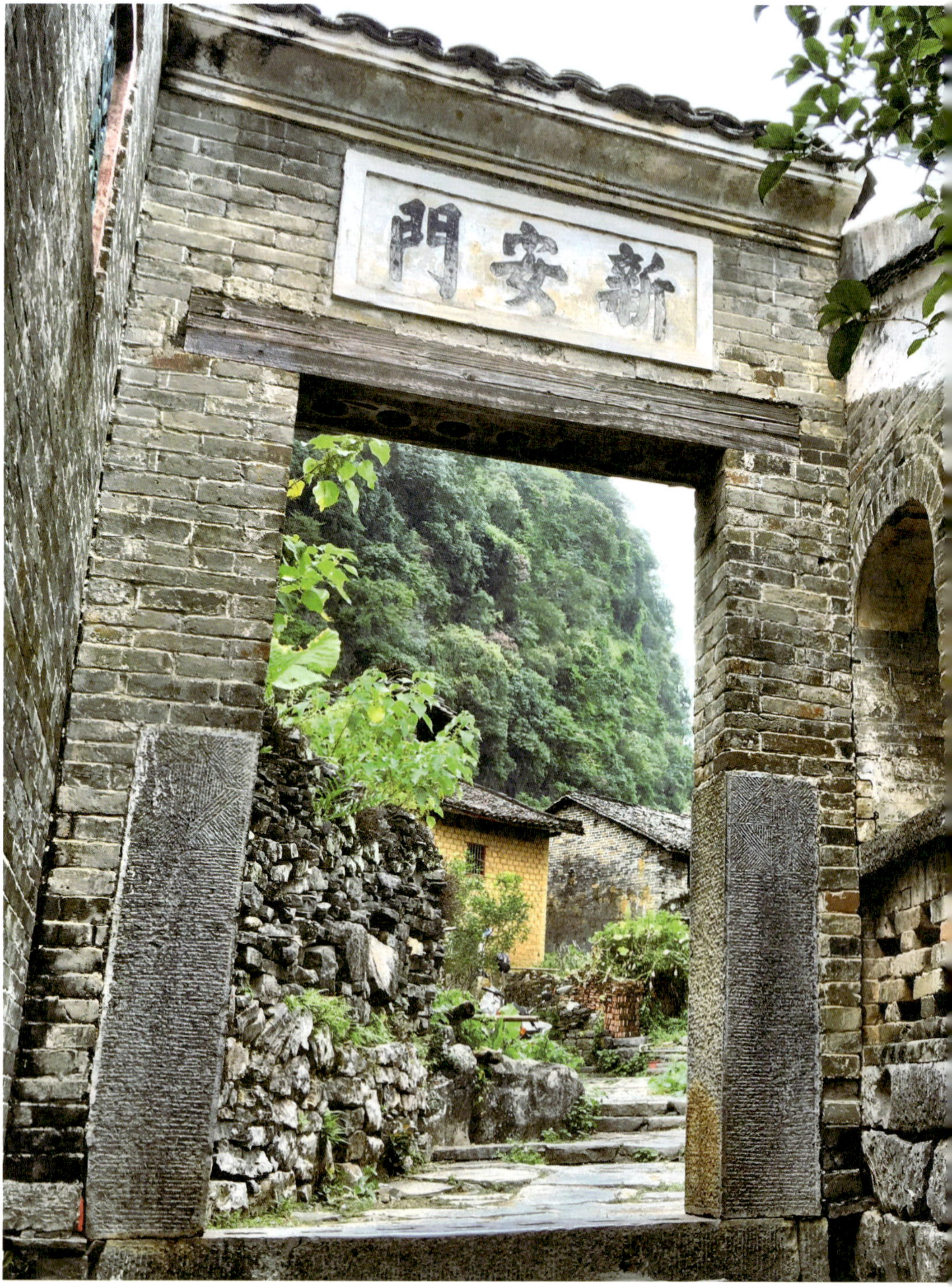
新安門

刘宗标墨迹和中共广西省工委旧址纪念馆、广西省立艺术馆旧址以及何香凝、欧阳予倩、张锡昌、千家驹等文化名人故居。欧阳予倩在此驻留期间，主持了《广西日报》(昭平版)的出版发行，创办了临江中学黄姚分校，还在古戏台上演出了《放下你的鞭子》等中国现代话剧。

广西地区古时统属混乱，民不聊生，匪患不止。在这种情形下，建筑上就不得不有更多的军事考虑，黄姚古镇的所有街道都弯弯曲曲，即为了延缓土匪纵马而行。石墙、石门等则是为了防止土匪纵火。门楼上的射击孔、瞭敌台，也在诉说着这段不平常的往昔岁月。

"石牙"是喀斯特地貌的独有形态，大者如昆明石林，小者则散布于黄姚古镇的街巷。当地人把石牙称为"生根石"，在建筑时尽量予以保留。在湖南新田谈文

黄姚古镇新安门 | 陈红敏 摄

溪村的街巷里，有用石牙雕刻的龟鳖，在广西富川福溪村，石牙在街巷中随处可见。黄姚古镇一处老宅根基处的石牙形似大蛇，人们称其为"南蛇出洞"，是黄姚古镇的独特景观，也是中国传统建筑思想的独特呈现。

黄姚古镇还有两个特点：其一是留存了大量的文学作品，其中诗歌有180余首，楹联近200副，这在我国的古镇中并不多见。其二是古桥多，并把姚江、珠江、兴宁河串联了起来。清代诗人李作霖形容："石抱山环水绕渠，翠回路转径通衢。"

黄姚豆豉的生产历史悠久，起源于明代初期，清康熙之前已颇有名气，乾隆时期最盛，一度成为朝廷贡品。清乾隆二十四年(1759)修纂的《昭平县志》记载"豆豉为黄姚特产，远近驰名，他处制者远不及"，曾经畅销菲律宾、马来西亚、新加坡等国家和地区。在鼎盛时期，黄姚几乎家家生产销售豆豉，主要商业街上的居民大门旁边都设有售卖窗口，当地称为"埠窗"。时至今日，豆豉仍是当地人钟爱的美食，"黄姚豆豉粉""豉汁水粉"在黄姚街头随处可见。

2016年5月19日，中国邮政发行《中国古镇(二)》特种邮票1套6枚，其中编号6-6为黄姚古镇。

黄桥古镇
——散分春色与邻家

一峰原上夕阳斜，
云掩闲门几树花。
见说西风吹不死，
散分春色与邻家。

明人陈献章的这首诗，除去题目与黄桥古镇略有关系外，其他似乎毫无瓜葛。不过，诗中歌颂的美好品质，却是黄桥古镇千年的道德传承与延续。

黄桥古镇隶属于江苏省泰兴市，早在2000多年前汉高祖时期，设海陵仓于今泰州市，黄桥因仓取名"永丰里"。北宋元丰年间（1078—1085）建镇，为黄桥建镇之始。明正德三年（1508），时任泰兴县主簿黄连因镇压农民军起义被杀，朝廷为表彰其功，设"黄公祠"、建"黄公桥"，同时将镇名改为黄桥。2010年4月，泰兴市溪桥镇、刘陈镇与黄桥镇合并设立新的黄桥镇。

黄桥古镇现存有东、南、西三片传统风貌古街区，共有24条古街巷，总面积达28万平方米，保留着明清风格建筑2000余间。境内有何氏、韩氏、王氏、钱氏、张氏、闾氏、沈氏7

中国古镇经典

黄桥古镇街景　金小勇/摄

个宗祠，有古桥文明桥、致富桥2座，有国家级文物保护单位4个：通如靖泰临时行政委员会旧址、新四军苏北指挥部旧址、新四军第三纵队司令部旧址、黄桥决战支前站旧址，有市级文物保护单位多处，如牛皋洗马池、宋顾孝子墓、丁文江纪念馆、丁西林故居等名人遗迹等。

黄桥最为珍贵的，不是建筑遗存，而是那些在历史上闪耀着光芒的传奇人物，他们都是黄桥的魂。

何御史府为明朝陕西道监察御史、太仆寺少卿何棐的府第，总占地面积为3150平方米，总建筑面积为2108平方米，现存房屋100多间，保存较好的有六进。第一进为大门堂，坐西朝东，3开间，门楼仿木砖雕可见。第二进为二门堂，坐西朝东，5开间。大门堂与二门堂之间是天井，二门堂向后（向西）又有一天井。再向后（向西）有四排房屋，分别是对厅、敞厅、堂屋和神主楼，均坐北朝南。南边的一排是对厅，5开间。对厅北是天井，该天井东西两面门楼的仿木砖雕可见。再向北是敞厅，5开间，敞厅北是天井。再向北是堂屋，5开间，可见堂屋地面原斜铺的罗制砖和原后门楼的痕迹，屋顶原屋脊和兽头已毁掉改建。最后第六进神主楼，原是神龛和佛堂。砖木结构，上下两层，最北上下10间，两侧耳楼各4间，俗称"18间楼"。楼上楼下均有走廊，楼板双层，木格门窗、栏杆古色古香，至今保存完好。

明清时代，黄桥何氏先后出了4名进士，10名举人，32名贡生，300名秀才，任职官员中多正直廉洁之士且著述颇丰，计有文学、历史、医学、音乐等各类著作35种140卷。就一座古镇、一个家族而言，有此成就较为鲜见。

何氏的事迹曾在中央纪委监察部网站作为典型推出。从网站披露的内容看，乐善好施一直是何氏的家风。黄姚当地有名的文明桥，为明代何氏族人所修，何家的良好家风是家族兴旺的基础，也是何氏宗祠500年屹立不倒的内因。

丁文江是位非常务实的科学家，是梁启超的得意弟子兼好友，是中国地质学会的创始人，被誉为中国地质事业的奠基人。黄桥米巷的丁家花园即为丁文江的故居。跨进花园大门，迎面是高大的敞厅，名为"多竹堂"，乍看其为3大间并列，细瞧乃9小间相连，这"明三暗九"的结构是清代苏北地区具有的特色。花园里有两棵见证历史的桂花树，一棵金桂和一棵银桂，后面还有后花园、西厢房、蝴蝶厅、西大厅等48间，假山、鱼池、修竹、乔木相映成趣。黄桥战役期间，陈毅、粟裕、陈丕显等新四军领导人曾在这里办公和住宿。中华人民共和国成立后，丁家花园成为黄桥镇政府办公地，现为新四军黄桥战役纪念馆。

中将府是民国初年陆军中将朱履先的故居，为清代中期所建，现存房屋28间。孙中山亲笔题写的匾额"中将府"悬挂于大门堂中央。朱履先一生经历了晚清王朝、北洋军阀、"中华民国"和中华人民共和国四个时期，分别接触过日本明治天皇、慈禧太后、孙中山、蒋介石、刘少奇等重要历史人物，充满了传奇色彩。更为难得的是，1940年，朱履先返乡，积极为抗日筹粮筹款，资助新四军5万银圆。1943年被毛泽东批准为中共特别党员。

朱宅的西侧是朱德泰钱庄，由朱履先的祖父朱光华创建，"主要为黄桥附近小微企业解决资金借贷问题"。钱庄的诚信经营使朱家资本日益雄厚，慢慢积累了几百亩良田，成为地方上有名的殷实之家。

宋顾孝子亭在黄桥古镇上老少皆知。据记载，黄桥人顾昕，10岁丧父，因孝顺母亲而著称。后人为纪念顾昕的孝行，

黄桥古镇

黄桥古镇街景　金小勇／摄

在其下葬之地黄桥西门桥外建造了一座宋顾孝子亭。为表彰其孝行，明成祖朱棣曾为他作诗两首并附序，亭内的碑文《御制孝子顾昕诗并序》就出自朱棣之手。

在黄桥，不仅有孝敬父母的私德，还有热心公益的公德。"散分春色与邻家"，正是黄桥人乐于分享、乐于助人的写照。

1924年年初，韩秋岩捐资800大洋与丁廷标、丁廷楣等人一起兴办了私立黄桥初级中学(现黄桥中学)，培养出了中国原驻尼日尔大使谢克西、原北京语言学院院长吕必松、中国原驻以色列大使陈永龙、原南京军区副参谋长王义斌少将、击落U-2型敌机的全国英雄王泽礼、首批"长江学者奖励计划"特聘教授管欣、作家黄蓓佳等人。

1989年，丁廷楣将珍藏多年的《资治通鉴》中的一套15本，宋、金、元、明、清史册63本赠给黄桥中学；1992年，以个人名义捐赠人民币50万元，在该校建起"廷楣书馆"。

韩秋岩早年留学法国、意大利，专攻航空机械。1999年5月，他将自己珍藏的5570册图书、71幅名贵字画以及94平方米的住宅、76平方米的大院捐献给家乡，创办起黄桥图书馆。当时他们一家三代六口还挤在一个两居室内。他还花费4000元为该图书馆购置了书架、阅览桌、折叠椅等设施。

今日，黄桥古镇成为中国小提琴之乡，古镇中有六分之一的人从事小提琴等乐器制作，年产小提琴70余万把，稳居中国第一。小提琴产量占中国小提琴总产量的70％，占世界小提琴产量的30％，被誉为"东方的克雷莫娜"。

得益于家庭的熏陶，当地许多孩子自幼喜欢小提琴演奏，小提琴教学也成为当地的艺术特色课。

黄桥烧饼之所以出名，与著名的黄桥战役是紧密相连的。

黄桥决战期间，黄桥人民发动镇内60多家烧饼店、18家磨坊日夜赶制黄桥烧饼，男女老幼，车推肩扛，支援前线将士。1949年，黄桥烧饼被选入开国大典国宴。黄桥烧饼品种丰富，还得益于清道光年间(1821—1850)的贡生何萱，他寓住北京时与烧饼师傅们颇多往来，常切磋烧饼的制作工艺。据说按季节不同生产的应时品种，如韭菜烧饼、萝卜丝烧饼、蟹黄烧饼就是这位老夫子的创意。

惠远古城
——塞外风情醉笔痴

谪出长城不许诗，
一看瀚海放歌奇。
伊犁河谷行舟赏，
塞外风情醉笔痴。

清嘉庆四年（1799），洪亮吉因上书揭露时弊，触怒了嘉庆帝，被流放伊犁。洪亮吉在伊犁作《伊犁纪事诗》42首，诗中记录了大量伊犁的风土人情，有很高的文化价值和文学价值，这里选取的便是其中一首。

惠远古城位于新疆维吾尔自治区霍城县东南部，是古丝绸之路上的重镇，从1762年至辛亥革命爆发的近150年间，一直是新疆的政治、经济、军事、文化中心之一，在新疆以至中国近现代史上具有特殊的地位。

洪亮吉、祁韵士、林则徐、邓廷桢、徐松等，都是谪居过惠远的名士。清嘉庆年间（1796—1820），著名历史、地理学家徐松谪居惠远期间，撰写了大量的著作，著名的《西域水道记》和《新疆赋》，就是此时问世的，以"松筠"署名的《新疆识略》实际上也是他的巨著。

惠远古城城楼

　　惠远是新疆历史名城之一，清乾隆二十八年（1763），伊犁将军明瑞在伊犁河北岸度地筑城，乾隆皇帝亲自赐名曰"惠远"，取皇帝恩德惠及远方之意。历史上伊犁一直是新疆通往中亚的重要通道，乾隆皇帝为了加强对伊犁地区的治理，在此设统辖天山南北的最高行政、军事长官——伊犁将军，建惠远城，并陆续在其周围建起8座卫星城，统称为"伊犁九城"。惠远有新旧城之分，旧城于1871年沙俄侵占伊犁后遭毁，如今的惠远城是清光绪八年（1882）收复伊犁后，清政府在惠远旧城北7500米处重建的。

　　惠远古城繁华一时，当时城内建筑整齐，纵横四条大街直通四个城门：东门景仁、西门说泽、南门宣闿、北门来安。城中心建有高大巍峨的钟鼓楼，以镇四方。城内城外设有不少军事设施，有官兵操练武艺校场。城内外寺庙林立，清真寺、喇嘛庙是少数民族宗教活动的主要场所。城内大街小巷商铺林立，百货云集，市肆极为繁华，有"小北京"之称。惠远城南的

中国古镇经典

望江楼位于伊犁河畔，红栏碧瓦，常有官府贵人或文人墨客登楼品茶赋诗，饱览伊犁河景色。

林则徐曾在这里领导百姓开通水利，受到了伊犁将军和各族人民的尊敬。1842年，林则徐因销烟事件被流放伊犁，在出发前，他写下了那句光耀千古的名句："苟利国家生死以，岂因祸福避趋之。"然后经过122天的跋涉，来到惠远城。在流放新疆的3年时间里，林则徐实践了自己的义利观。他发挥自己的治水特长，兴修水利，"林公渠"至今仍在发挥作用。他积极推广坎儿井和纺车，解决了新疆的两大民间难题，至今还有当地人称坎儿井为林公井，称纺车为林公车。林则徐纪念馆前的道路，当地人命名为福州路，以表示对林则徐的感激与缅怀。

清乾隆二十七年（1762）设立的"总统伊犁等处将军"，简称"伊犁将军"，是清朝新疆地区的最高官职，统辖包括巴尔喀什湖以东以南，额尔齐斯河上游，天山南北两路，直至帕米尔等地的军政事务。伊犁将军的日常办公地点即伊犁将军府。自1762年至1912年的150年间，共33人、48人次担任过伊犁将军之职。

惠远古城伊犁将军府

惠远古城伊犁将军府客厅　许如虹／摄

　　将军府的主要建筑为四合院式，土木结构的飞檐式"人"字梁平房，房檐朴素淡雅，无画梁雕刻。门口是两尊石狮俯卧雄视，南方石狮细腻的形态与新疆雕刻粗犷的技巧融汇其中。院内古树参天，4棵古树是历史的见证。

　　与惠远新城、伊犁将军府同时期的建筑还有位于城中心的惠远钟鼓楼，东、西、南、北四个方向正对4个城门，为四层三檐歇山顶的木质结构建筑，总高23.76米。旧时，各层檐角悬挂铜铃，风吹"叮当"作响，清脆悦耳。二楼设置有大钟、大鼓各一架，作为敲击报时之用，城门的昼开夜闭也以此为信号。整个建筑巍峨挺拔、雄浑壮丽、熠熠生辉。钟鼓楼曾于1927年、1964年、1981年三次进行维修，现保存完好，是新疆仅存的一座有久远历史的传统高层木质结构建筑。

　　霍城县与法国普罗旺斯处于同一纬度，是中国最大的薰衣草种植地。每年6月份，霍城都会举办薰衣草文化旅游节，成为当地新的文化名片，也是惠远古城新的文化符号。

嘉定古镇
——三江烟水接溟濛

三江烟水接溟濛,
最好东吴更向东。
荷叶菱丝秋瑟瑟,
放船恰趁鲤鱼风。

清代史学家王鸣盛的一首《练祁杂咏》,既写出了嘉定的地理环境,也写出了秋日景物,如荷叶、菱丝、渔船和跃动的鲤鱼,展现了嘉定物产丰饶、生机勃勃的景象。

嘉定古镇位于上海嘉定区西北郊,早在春秋战国之前已有人类活动,唐代时称练祁市;南宋嘉定十年(1217)设县,命名为嘉定;明万历至清康熙年间(1573—1722)复称练祁市;民国十七年(1928)改称嘉定市;1980年改称嘉定镇;2000年撤镇建街道。

嘉定古镇内,南北向的横沥河与东西向的练祁河交叉于镇街道中心,与"环"形的护城河形成江南古镇中独有的"十字加环"水系格局与城市肌理,是典型的江南水乡特色。同时街道内的4条河道又把老镇区划为"井"字形格局,河道两侧现存古民居近百处,从明清到民国时期的遗存随处可见。镇上有名望

嘉定古镇街道

的大户人家所留下的宅第厅堂近20处。这些宅第倚街而立、傍河而生，青砖、黛瓦、观音兜、马头墙尽显明朗清秀又不失质朴。散见于各大民居内的六七十座砖雕仪门，做工之精、数量之丰，被建筑师们称为"仪门博物馆"。

嘉定的州桥老街是古镇的中心，系嘉定之根，也是人气最旺盛的老街区，是嘉定历史文化的发祥地。这里汇聚了宋、元、明、清历代古塔、石街、老桥、旧庙、名园等古迹，人文浩荡，底蕴深厚。州桥老街由一塔二河三街四桥组成。一塔即法华塔，历经800个春秋，古朴而雄伟。二河即练祁河和横沥河，是嘉定地区的水上通衢，小桥流水，杨柳低垂，一派水乡风光。三街指城中街、南大街和北大街，幽深狭窄的街巷，临水而建的旧式民居，古色古香的长廊式店铺，毗邻而设的茶馆酒楼，恰似一幅古镇风韵的风景画。四桥，即州桥、济川桥、宝庆桥和德富桥，其中德富桥为嘉定古镇的标志性建筑，旭日东升，塔桥辉映，为嘉定一大胜景。一条老街，把孔庙、汇龙潭、法华塔、秋霞圃、城隍庙等宋明时代的遗存如珍珠般串联成一道风景线："老店旧宅相伴，小桥流水相依，古塔古桥相映，酒楼茶馆相倚，吴歌丝竹相闻""不是周庄，胜似周庄"。州桥老街见证了朝代的兴衰，经历了无数的战乱与灾荒，始终保持了嘉定作为经济和文化中心的地位。

嘉定古镇历史文化风貌保护区内现有历史建筑6.5万多平方米，有其顺堂、厚德堂、崇德堂等16处优秀历史建筑。其苏式风格中含有徽式元素，以及西式洋房，形制多样，遗存完好。镇内还有一批文化含量极高的纪念馆——嘉定历史博物馆、嘉定竹刻博物馆、顾维钧陈列馆、陆俨少艺术院等，形成了颇具特色的博物馆群落。

汇龙潭于明万历十六年（1588）疏浚，相传有5条河流交汇于汇龙潭公园，形如5条长龙蜿蜒伸展之态。潭中有一座山岛——应奎山，鸟瞰之下，绿水环抱，犹如长龙盘绕明珠，形似五龙抢珠之势，组成山水相依的自然风景。

嘉定建县至今的800多年历史中，逐渐形成了读书养志的风气，先哲后隽，代不乏人。"庙堂之高，首建学宫。江湖之远，私塾成风。芸窗书台，多绝韦编。"因此嘉定人文荟萃，英杰辈出。宋代至清代共出了192名进士，其中龚氏一族就有13名进士，如今的秋霞圃便有一部分是龚氏的私家花园。龚家花园是一座具有独特风格的明代园林，由三座私家园林，即龚氏园、沈氏园、金氏园和一座邑庙（城隍庙）合并而成，全园面积3万余平方米，是上海五大园林之一，也是江南著名的古典园林。

嘉定州桥老街

嘉定竹刻是中国优秀的民族传统工艺之一，2006年入选第一批国家级非物质文化遗产名录。嘉定竹刻在实践中逐渐形成不同的风格。明正德年间，嘉定有了著名的竹刻艺术家，即被誉为"嘉定三朱"的朱鹤祖孙三人。之后，竹刻在当地形成产业，成为许多嘉定人的谋生手段。近年来，缘于人们对工艺品的需求和重视，使得嘉定竹刻重新焕发生机。

街子古镇
——钟声已断泉声在

昼傍绿畦薅嫩玉,
夜开红灶捻新丹。
钟声已断泉声在,
风动茅花月满坛。

唐代"一瓢诗人"唐求的这首《题青城山范贤观》,仿佛是在描写位于青城山脚下的家乡——街子古镇的风景。"钟声已断泉声在",大约是江南名刹与碧水相映成趣的美妙所在。

街子古镇位于四川省崇州市城西北25千米的凤栖山下,与青城山的后山相接,五代时名"横渠镇",因横于味江河畔而得名,距今已有1000多年的历史。后周广顺三年(953)设为永康县;元至元二十年(1283)并入崇庆州;明属孝感乡、清泉乡;清乾隆五十五年(1790)归崇庆州专管,清末属怀远镇;民国期间,1935年设街子联保,1940年置街子镇,1941年改乡;中华人民共和国成立后仍名街子乡,1991年撤乡建镇至今。

街子古镇与青城后山连接,依山而建,房屋错落有致,现存以江城街为中心的6条街,古建筑面积6.8万平方米。街道两旁的房屋大体根据清工部《工程做法则例》营造,以清代中、晚

街子古镇街景 涂小川/摄

期建筑为主，穿斗式木结构，单层或两层，木质装板墙体，实木地板，小青瓦屋面，屋脊以灰塑叠瓦脊为主，木质雕花窗。临街而市，前店后院，铺面后多为深宅小四合院，石板铺砌路面，里边有天井，用材小巧、风格朴素。闸子巷和德容堂就是典型的代表。闸子巷里双吊脚楼式的建筑是典型的商住型民居。建筑风格简洁朴素，但是挑和掌上的雕花却相当的精美。这不仅显示了昔日主人的富有和奢华，同样也是街子江边贸易繁荣的一个见证。德容堂是一家百年老店，六世医门。里边的二道门建于清晚期，其浮雕的装饰非常富有动感，还寓意主人悠然无争的思想。这种立体平面砖石结构，已然受到西方哥特式教堂门的影响。

街子古镇的结构模式十分清晰。从建筑格局、文物遗存等物质形态来看，古镇充满了深厚的人文内涵，它们寓意深刻，从中可以领略中国传统文化的博大精深，感受到"天人合一"的建筑思想和理念。除了在选址上讲究风水等诸要义必须尽量齐全外，内部街道、场镇围合、宫观寺庙、民居等均遵循一定的格局形制而建。

　　街子古镇在形成的过程中明显呈现出受到中国传统思想——儒家文化的影响。其历代推崇的孝子孝迹，正是儒家理论推崇下的产物；保存至今的楹联、题刻深刻地反映了古村落的形态观念；多轴线明确、尊卑有序的各式住宅，正是因观念影响造成有别于其他清代古镇的特殊性所在。古镇的建筑物在选址、形态结构、造型、色彩、命名等方面均体现了中国传统文化中的儒家道德、五行等观念规范，也体现了当地人传统的价值观、审美观与文化地域特色。

街子古镇古塔　涂小川／摄

街子古镇的光严禅院又名"古寺",海拔1100米,始建于晋代,藏于凤栖山密林中,群山环绕,林木葱郁,是青城山108景中的主要景点之一。

天主堂鸡片是一道崇州名吃,因创始人聂福轩在天主堂附近摆摊,年久而得名。此名吃驰名于民国年间,20世纪70年代被收入菜典《四川菜谱》时始称"崇庆鸡片"。

锦溪古镇
——锦溪桥下白烟生

斜阳时思绕寒汀,
何处秋风欸乃声。
水漫兼葭情不极,
锦溪桥下白烟生。

  自古以来,有无数文人雅士曾赞美过锦溪,明代画家、文学家文徵明的《锦溪渔唱》,仅用寥寥几笔就把云蒸霞蔚的锦溪古镇展现在我们眼前。

  锦溪古镇隶属于江苏省昆山市,在春秋时期成为集镇,是一座拥有2000多年历史的江南水乡古镇,其东临上海市,西近苏州市,距周庄8000米。北宋大观元年(1107),锦溪正式得名。

  锦溪是古砖瓦生产基地,早在西晋时期,锦溪就有制砖烧窑的传统。位于锦溪的中国古砖瓦博物馆是中国唯一的砖瓦博物馆。由"三十六座桥,七十二只窑"的说法可知锦溪旧时窑业的兴旺。在明清时期,锦溪还承担为皇室烧制"金砖"的任务。锦溪古砖瓦制作技艺已被列入江苏省非物质文化遗产项目名录。锦溪金砖的烧制共有29道工序,制作历时一年之久。锦溪窑业

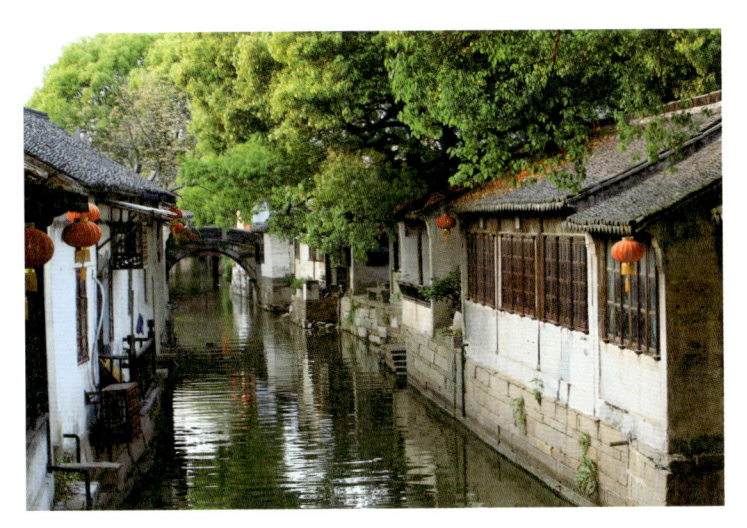

锦溪古镇水巷　金小勇/摄

颇具特色，直到2011年，窑厂基本全部关闭。

古镇传统建筑的建造年代以明、清、民国初居多，具有典型的江南建筑风格，以民居民宅、四合院为主，另外还有水墙门、吊脚楼、落水廊棚、桥楼廊坊等独特的河街集市建筑。大多数民居因水而筑，临水而建，房屋多为一二层的砖木结构，青瓦白墙，临水开门窗或建筑水埠码头。两条沿河的街道形成了古镇的主要商业街。古建筑群面积占镇区民宅的86%以上，建筑风格古朴，是十分宝贵的文化遗产。

水是锦溪的财富，也是古镇之魂。锦溪古镇四面环水，河道纵贯南北，长达6000米，逶迤曲折，弯曲如龙形。沿河的石驳岸、石级河埠、船码头和散落在驳岸上数以千计、造型各异的系缆石错落有致，自然地形成了一道亮丽的以"水"串联的风景线，成为河湖相通、泽浸环镇、街巷依水、桥巷相连的典型江南水乡风貌。

锦溪因溪得名，湖荡密布，古桥联袂，不足1平方千米的

中国古镇经典

锦溪古镇码头

锦溪古镇

范围内居然有26座桥。而且大多数古桥保存完好，桥柱、楹联、碑刻俱全，形成了锦溪独特的"桥文化"。最有名的有8座桥，即天水桥、太平桥、十眼桥、中和双桥、众安桥、溥济桥、具庆桥、里和桥。其中十眼桥建于明代，桥身有九柱十孔，全长52米，造型古朴别致，为远近水乡所罕见，人称"小宝带桥"，是观湖赏月极佳之处。

锦溪留存诸多人文景观、古迹名胜，著名的景点有陈妃水冢、莲池禅院等。陈妃水冢静卧于五保湖中，四周长满芦草，令人惊奇的是不管水涨水落，水冢总是露在湖面上，摇曳着绿色的踪影，一片葱茏，仿佛是漂浮在湖面上一般，成为锦溪悠久历史的标志。

宣卷产生于唐宋时期，是以宣扬佛经为目的的说唱艺术，也称为宣讲宣卷。宣卷在讲时用"白"，也就是独白或对白；唱的时候用"偈"，是一种类似四言绝句的韵文，清末民初在江浙一带颇为流行，说唱者多是以此为生的说唱艺人。

锦溪宣卷用木鱼控制节奏，铜铃做伴奏，二胡为主要乐器，用吴地方言唱念，至今仍有一定的观众基础。当然，今日的锦溪宣卷已经成为说唱艺术，表演形式、配器及演出内容都发生了巨大变化。

锦溪还被誉为"中国留学生之乡"。当地望族朱氏在100多年的时间内陆续送四代子弟出国留学，其中有现代法学前辈朱文焯（留学日本）、汉语拼音首倡者朱文熊（留学日本）、现代天文学家朱文鑫（留学美国）等。

锦溪古镇留给后人最多的是无数文人墨客的故事。

文徵明是锦溪的女婿，他娶了当时锦溪望族吴愈的三女儿，与夫人白头偕老、伉俪情深。文徵明6岁丧母，30岁丧父，自己又屡试不第，为官时间极短，一生多半时间在吴中流连。

在绘画上,他是"明四家"之一,是吴门画派的创始人之一;在文字上,他是"吴中四才子"之一。沈周、唐寅、祝允明等人屡次到访锦溪,与文徵明不无关系。文徵明作有锦溪八景诗咏,多为今人赞美锦溪时所引用。

近现代,沈从文把锦溪形容为"睡梦中的少女",刘海粟则赞美锦溪是"江南之最"。水的灵秀、崇文的民风使古镇人才辈出,仅近百年间,锦溪就哺育出两名中科院院士、数百名正副教授以及100多名留学生,这在全国也是不多见的。

靖港古镇
——湘流北汇清

沩水西来驶，
湘流北汇清。
客船云集处，
残夜火犹明。

清代诗人彭开勋的《靖港》一诗道出了靖港之名的来历。《大明一统志》记载："靖港在长沙县西北五十里，自宁乡县流至东北入湘。"顺江而上可通岳阳入长江，一襟两江，地理位置可谓得天独厚。

靖港古镇位于湖南省长沙市望城区西北，初因地处沩水入湘江口之滩涂地带，芦苇丛生，故原名"芦江"。据清同治年间的《长沙县治》记载，唐武德四年（621），内乱频仍，唐高祖李渊派大将军李靖南下戡乱。李靖驻兵芦江，"军令严整，秋毫无犯，百姓德之，名其水曰靖港，以志不忘"。靖港位于湘江入口处，是一处天然良港，水路畅通，帆影不绝，益阳、湘阴、宁乡及望城的粮食及土特产都在这里集散转运。靖港曾为湖南省四大米市之一，又是省内淮盐的主要经销口岸之一，商贾云集，市场活跃，为湘地第一繁荣集镇。民国中期，靖港与津市、洪江同为湖南省繁盛三镇，有"小汉口"之称，后随着海运和铁路运输的兴起而衰落。

古镇现保存"八街四巷七码头"，民居1008栋，主街道长1275米，有数十处古商铺、作坊、会馆、庙宇和极具纪念意义的遗址，其中"宁乡会馆""宏泰坊""当铺"等明清古建筑保存较为完好。原临河所建房屋均为吊脚楼，独具江南水乡特色，历史沉淀丰厚。

宁乡会馆，又名八元堂，坐落在古镇保健街上，建成于清咸丰十一年（1861）。晚清时期，宁乡地区的谷米、煤炭、油盐等都是在此集散。宁乡会馆与其他会馆的职能相同，集联络处、办事处、商会、联谊会、互助会等诸多职能于一身，因此多为乡绅集资修建，是在异乡的"门面"。八元堂的真正含义是指八家发起单位，试图通过民间行业的自律方式管理航务，直到咸丰年间才粗具规模。

靖港古镇街景　雪峰／摄

靖港古镇码头

如今的八元堂已根据原有格局修复，雕梁画栋、竹苞松茂。中厅两侧是休闲茶肆，衬托出靖港人的闲情逸致、洒脱安闲及怡然自得。

另外，宁乡会馆中还有一座木质古戏楼，古镇的民间艺人唱着声调十足的处所戏，或一曲弹词，或一段地花鼓，又或是耍一段皮影戏，让人感受到靖港古镇原汁原味的韵味。

近现代以来，靖港古镇有名的文化遗产是中共湖南省委旧址、毛主席手迹展览馆和江南民俗文物馆等。

中共湖南省委旧址也被称为"碓坊"，在靖港古镇保健街上，是一处"一担米"式的灰墙红瓦的老式平房，有三间房大小，墙上印有毛主席语录，白底黄字的"艰苦奋斗，自力更生"十分醒目。这里还可以看到毛泽东、周恩来、贺龙、朱德、彭德怀、郭沫若等30余位先辈的书法手迹。

如今的靖港街口，还有一家制秤店。由于过去商业发达，制秤有非常严格的技术标准。根据当地行规，谁家的秤出了问题，不仅要请戏班子为大家唱戏，还要去关帝庙给关帝上香告罪。

香干（豆腐干）的制作在全国各地都较为普遍，但只有在湖南，香干才迸发出了别样光彩。在湘菜中，香干经常担当主角，成为主菜。靖港香干也是有名的湖南美食，更是长沙美食中的佼佼者。

黎里古镇
——长廊三里复，无须垫角巾

长廊三里复，
无须垫角巾。
家家棹小舟，
目不识车轮。

袁枚对黎里并不陌生，他的吴江诗友郭麐、徐达源、袁棠、陈矕等都是"性灵派"的代表诗人。他与黎里人周元理是清乾隆戊午年（1738）同科进士，他的侄女袁淑芳嫁给了黎里人陈矕。因此他写长诗《黎里行》赞美黎里，就在情理之中了。

黎里古镇位于江苏省苏州市吴江区东南部，其历史可追溯到春秋时期。公元前496年，吴、越发生檇李之战，这里至今仍留存着吴越争霸的印迹。南宋建炎年间（1127—1130），黎里成镇。明弘治时期（1488—1505），这里发展为大镇。清嘉庆年间（1796—1820），黎里跻身江南名镇，与同里、织里、古里合称"江南四里"。

据嘉庆年间《黎里志》记载："一名黎川，又号梨花里。"镇之中曰中市，有上下两岸、东西南北四栅，上岸多士夫之家，崇尚学术，入夜诵声不绝。镇之东曰东栅，每日黎明，乡人咸

黎里古镇水巷

集，百货贸易。难得的是，从明代至今，黎里古镇的格局未变，桥弄保存完好且仍可使用。

袁枚在《随园诗话》中写道："余过吴江梨里，爱其风俗醇美……行者不乘车、不着屐，以左右皆长廊也。士大夫互结婚姻，丝萝不断，家制小舟，荡摇自便，有古桃源风。"他在《黎里行》中也写道："家家棹小舟，目不识车轮。"临河的房屋都有遮风避雨的屋檐，由一根根木柱连接形成了连廊，有的在水边还设着长长的美人靠，这正是"长廊三里复，无须垫角巾"的奇妙所在。

黎里家家户户门口有河埠用于洗衣洗菜。河岸全由清一色的石头垒筑，经历了几百年的风吹雨打依然整齐而坚实。驳岸边镶嵌着300多根石栏，雕刻精美，栩栩如生，既可作为系船的缆船石，又是珍贵的艺术品。据统计，黎里古镇的缆船石为

中国古镇经典

黎里古镇水巷

江南水乡之最,共有252根,花纹雕饰有20余种。

　　黎里古镇最吸引人的是坐落在镇中心的著名爱国民主人士、诗人柳亚子的故居。这是一座坐南向北五进的面河临水的江南水乡巨宅,原来是清朝直隶总督、工部尚书周元理的旧宅,落成于1780年之前,宅名"赐福堂"。第一进是正门过道,穿过过道,是一个种着翠竹玉兰的小院。越过小院是一个坐北朝南的

客厅，厅内挂着马伯乐的巨幅国画"清风亮节"，向人们展示了柳亚子追求自由与光明的一生。第三厅是主厅，粉墙乌瓦，宽敞明亮，陈列了柳亚子的诗词手稿、书信、文章手稿及他创办南社的图片、实物资料800余件。宅院占地面积共2603平方米，建筑面积2862平方米，有101个房间。

人们熟悉柳亚子，因为他不仅是爱国诗人，还是"南社"的发起人和主将。鲁迅、蔡元培都曾经是南社一员，历史上有"武有黄埔，文有南社"之说，可见其地位之显。柳亚子还是南明史研究专家之一，著有《南明史纲》，郭沫若曾称他为"今屈原""革命的史学家"。

深巷幽弄是黎里的一大特色。正所谓"小桥流水旁，深巷幽弄中"，这句诗应该属于黎里。镇东颇具古韵的街集中全部是明清时代的木结构二层楼房，铺面店堂毗邻相连，傍街而立。店旁一条条宽狭不一的弄堂有的阴暗潮湿、蜿蜒曲折，似游蛇盘绕；有的笔直亮堂，似一柄长剑直插郊外农田。全镇现存有弄堂115条，结构各异，绝大多数狭窄且幽深。超过百米的弄堂有11条，最长的达135.7米，最窄的只有0.7米，而最宽的达2米。弄堂名称极富民间色彩，一般称"某家弄"。清中期，黎里古镇排定了八大姓，分别为"周、陈、李、蒯、汝、陆、徐、蔡"，每个姓都有弄堂。周家有周赐福弄，陈家有陈家湾堂弄，李家有李厅弄……

桥之多、造型之美则构成了古镇的又一特色。古镇被一条1500米长的市河分割为上下岸。河上横卧了20多座石桥，镇上最高的道南桥建于清康熙五十一年(1712)，最大的石桥要数镇东郊那座弯月形的拓桥了，近年来，多部影片的摄制组相继来到黎里，在石桥边摄取镜头。

"显宝"是黎里的独特风俗，每逢中秋，一些人家就选取家传宝贝，供到访的客人和族亲欣赏。此风俗起源于元代，已有700多年历史。

黎里古镇人杰地灵，历史上人才辈出，曾出过状元1人、进士26人、举人61人、贡生43人、秀才无数。如清代官员周元理，抗击沙俄的张曜，以诗文著称的徐达源、吴琼仙夫妇，近代柳亚子等30多名南社人物，当代影星殷明珠，大法官倪征燠等。

银鱼的营养价值很高，营养学家普遍认为它是"长寿食品"，是"水中的软白金"。袁枚到黎里做客时，友人曾以黎里月湾特产的银鱼和山黄鸡蛋烹制了银鱼炒蛋等食品热情招待之。袁枚把这道菜收入《随园食单》："银鱼起水时，名冰鲜。加鸡汤、火腿汤煨之。或炒食甚嫩。干者泡软，用酱水炒亦妙。"经过"美食家"的推荐，这道船家小菜成为江苏传统名菜。

李庄古镇
——激情旧景旧时光

几回清梦到李庄，
江水滔滔万里长。
五十余年今又是，
激情旧景旧时光。

1992年，著名古建筑学家、国家文物局专家组组长罗哲文重回李庄，回忆往事，心情澎湃，写下了这首诗。

李庄古镇位于四川省宜宾市，春秋战国时为古僰人聚居地，属古僰国、僰侯国地。南朝梁大同六年（540）置南广县治。据说因李姓渔民在此聚居而得名。明代开始设镇，成为长江上游的重要码头和物资集散地，从清道光年间（1821—1850）起一直是南溪第一大镇，距今已有近1500年建镇史。宜宾市是长江的龙头，是金沙江、岷江、长江交汇处，至此始称"长江"，自古为川南通往滇、黔的重要驿道，因此宜宾市被誉为"万里长江第一城"，李庄即为"万里长江第一镇"。

李庄是川南重镇，是重要的粮盐集散地，粮食沿长江而上，可达重庆、武汉、上海。历史上两次川盐济楚，李庄都发挥了重要作用。

李庄古镇俯瞰　李庄文化旅游发展集团提供

　　李庄古镇至今仍完整保存着18条明清古街巷。从高处俯瞰，李庄的房子近乎清一色的青砖灰瓦，大大小小的四合院沿街巷相连成片。小四合院的面积150～200平方米；大四合院的面积有数百至数千平方米不等。保存较好的有梁林旧居（中国营造学社旧址）、胡家院子、李济旧居等。四合院中的天井可以说是李庄四合院的重要组成部分，其中铺有条形青石板和良好的排水系统，主要功能是采光、休闲和洗晾衣物；有的还修有栽种花草的台圃。

　　古街巷的道路皆由条形或方形石板铺砌而成，两边一般留有1米宽的石阶。街巷的名称多根据其位置、特征或集中从事某一商贾活动而命名。如羊街，古时为牛羊的交易市场；席子巷，则是一条过去为前店后厂加工和销售草席而得名的小巷，是李庄古街巷的代表。

李庄古建筑群规模宏大，布局严谨，体现了明、清时期川南民居、庙宇、殿堂等的建筑特点。这里有大量特色的庙宇、殿堂、古戏楼遗存，有明代建筑、全国重点文保单位旋螺殿，省级文物保护单位东岳庙、张家祠、慧光寺以及玉佛寺（"九宫十八庙"）等，均具有极高的考古和欣赏价值，其上的木雕石刻艺术更极具代表性。

旋螺殿始建于明万历二十四年（1596），是四川地区仅存的一座明代木构建筑，曾因受到我国古建筑学家梁思成等的关注而著名。大量的民居、店铺作坊也以清代中晚期居多。

位于李庄古镇西的张家祠堂占地近4000平方米，由张氏族人于清道光十九年（1839）改建，是较为特殊的宅祠模式。祠堂主体为四合院式木结构建筑，上为正祠，下为厅房。其厅房的50扇窗门别具特色，每扇窗门上均用上等楠木精工雕刻了2只仙鹤，50扇窗共百只仙鹤，形态各异、栩栩如生，四周配以飞彩流云，谓"百鹤祥云"窗。李庄《张氏宗谱》记载，这里每扇窗门的雕刻工价都要14两纹银，相当于清朝一个正一品官员的月俸银。梁思成在此考察时也为这样精湛的建筑艺术而赞叹，曾将张家祠百鹤窗、文昌宫、奎星阁、禹王庙九龙碑并称为"李庄四绝"。抗日战争时期，故宫博物院的数千箱珍贵文物曾历经艰辛转运来到李庄，被放置在张家祠内保存有五六年之久。

李庄是抗日战争时期大后方的文化中心之一。1939年，国立同济大学、中央研究院、国立中央博物院、中国营造学社、中国大地测量所、金陵大学文科研究所等高等学府、研究机构等陆续从北京、南京、上海等地辗转内迁到李庄镇，直到抗战胜利后的1947年才先后迁回原处。著名专家、学者李济、傅斯

李庄古镇俯瞰　李庄文化旅游发展集团提供

年、陶孟和、吴定良、梁思成、林徽因、童第周、梁思永、劳干等曾云集李庄工作生活达6年之久。梁思成建筑研究的扛鼎之作《中国建筑史》就诞生在李庄。彼时李庄与重庆、昆明、成都并列为"中国抗战后方四大文化中心",更成为当时中国具有国际影响力的学术重镇。

抗日战争全面爆发之际,人口仅3000左右的李庄接纳了约1.2万名内迁的学者、学生,当时房间不够,他们便让出了宗祠、家庙、神庙等一切建筑。"激情旧景旧时光",李庄民众为此承担的巨大精神压力和物质压力,是今人无法想象的。

李庄白肉是汉族传统美食,选用皮薄肉嫩、肥瘦比例恰当的"长白山"或"约克""巴克夏"猪肉,加以多种酱料制成,有清香爽口、肥而不腻、咀嚼化渣等特点。

李庄草龙起源于唐代,除把手外,龙的全身采用稻草扎制而成。一条草龙的编扎需要100个工日。舞龙结束后,人们要把草龙烧掉,烧龙在广东、贵州、四川多地流行,其中湘西烧火龙与李庄草龙在制作和寓意上都极为相似,都是西南稻作文化的一个缩影。

2013年5月19日,中国邮政发行《中国古镇(一)》特种邮票1套8枚,其中编号8-7为李庄古镇。

里耶古镇
——偏岩斜照起玲珑

巍巍八面插云中，
屏障西南万仞峰。
酉水环流如玉带，
偏岩斜照起玲珑。

据说这首名为《里耶》的诗在当地流传久远，生动地描写了里耶神奇的山水风光和人文景观。

里耶古镇隶属湖南省湘西土家族苗族自治州龙山县，湘、鄂、渝、黔四省市在此交界。"里耶"在土家语里是"开拓土地"的意思。早在距今6000年前，里耶就有人类居住。2000多年前，里耶是洞庭郡下辖的迁陵县的县治。秦始皇三十二年（前215），迁陵县人口占全国人口的1/70。清康熙年间（1662—1722）始建街道和码头，清雍正年间（1723—1735）设置里耶塘，后称里耶堡、里耶市，并渐成集市，一度繁荣。在鼎盛时期，里耶聚集了来自赣、川、楚及省内大量客商，有商会、福青堂、船工会、汉剧社、文书院等社会组织，以及商户400余家。今人把里耶、浦市、茶峒、王村并称"湘西四大古镇"。

里耶古街上的大小商铺鳞次栉比，商号招牌颇具古风，或用梓木黑漆匾额，或用楠木荼华条屏，均镶边包角，亦有用各争帷做酒帘、茶帘的，题字或金或绿或朱红，古色古香，别有雅韵。每条街道都可直通河码头。沿街望去，家家都是挑水屋檐，弧形望板，铺台货柜陈列有致，南北杂货、花纱布匹、陶瓷什锦，琳琅满目。一、六逢圩，古街上处处熙熙攘攘，那南腔北调的叫卖声与浓浓乡音交织在一起，构成里耶古镇的繁华景象。

里耶地下文物丰富，在里耶镇区28.5平方千米范围内发现多处旧石器和新石器遗址，占整个湘西土家族苗族自治州的50%以上。在里耶酉水河两岸，分布着三座古城遗址和古墓群（里耶战国、秦朝古城和古墓群，魏家寨西汉古城和古墓群，大板东汉古城和古墓群），这样沿河而建，朝代连续不断，以三朝三城遗址为中心和周边大量的墓地"二元"物质遗存集中在

里耶古镇俯瞰　曾祥辉／摄

里耶老街街景　徐正祥 / 摄

一个山区小镇的情形，国内罕见。里耶天然就是一个地下文物博物馆和古遗址公园。

　　里耶古城临河而建，遗址包括城墙、城壕、井、道路、作坊、官署及贫民居住区等，南北长210米，东西宽120米，面积2万余平方米。里耶古城始建于战国时期，沿用至秦汉时期。古城呈方形，其形制、结构和布局都很讲究，修有城墙、城壕。

从城外的居住区和城内的高规格建筑以及相应的配套设施，如陶制的下水管道、返瓦、筒瓦、古井及竹简、木牍、铜器、铁器、陶器和石、蚌、麻制品等大量的出土文物来看，当时人们的生活设施及军事设备已相当完备。

古街核心区占地总面积约9万平方米，街巷总长3500多米，现存较好的民居有910多栋，建筑面积3万多平方米。古街的建筑风格以当地土家族建筑为主调，同时又融合了赣、苏、皖、浙以及西洋等建筑风格，形成了里耶独有的多元结合的建筑特色。第一，房屋大多是前店后家式三进三开间木房，中间是堂屋，左右两间为厢房。前有铺台，用于经商。门窗上，雕刻有三阳开泰、福禄寿喜（以蝴蝶或蝙蝠代表福，梅花鹿代表禄，桃果代表寿，喜鹊代表喜）等精美图案。富豪人家则修建"窨子屋"（又称"封火桶子""一颗印"）用以居住，另在主街上修建商号经营贸易。第二，大门为四扇或六扇的长方形，寓意"四季发财""六六大顺"和"金砖财门"。第三，檐下挑挂金瓜，水波浪望板，意思是将屋檐"滴水"引入室内。里耶人认为水就是财，引水入室就是引财入室，财不外流。第四，房屋盖小青瓦坡屋顶，房屋向前后倒水排水。第五，在户与户之间穿砌马头封火墙（起防火和支撑作用），墙头多描有花、草、鸟、鱼、虫图案。

里耶秦简的发现使得里耶的历史更加厚重。从2002年6月3日在井里发现第一枚秦简牍起，古城一号井中共发现秦简牍3万多枚，计20多万字，是20世纪中国秦简牍出土总数的7.5倍。秦简牍内容多为秦洞庭郡迁陵县的官署档案，涉及当时户政、土地、田赋、徭役、仓储钱粮、军事物资、邮政、人口买卖、教育、医疗等方面。大部分简牍纪年从秦王政二十五年至秦二世元年（前222—前209），记事详到日月，是中国最为丰富、最为珍贵的秦代原始公文档案。它以鲜活的文字形式填补了秦代历史的大段空白，其大量的史料信息将独立构建起崭新的历史框架。秦简牍是21世纪重大考古发现之一，被誉为"北有西安兵马俑，南有里耶秦简牍"。

里耶是土家族发祥地之一，历史悠久，民族民间文化十分丰富，为土家族原生态文化核心地区。千百年来，土家族以其特有的灵性和灵气，创造和积淀了浓郁的土家文化。这里有以吊脚楼为代表的土家建筑，以山歌为代表的土家音乐，以茅古斯为代表的原生态文化，以"西兰卡普"为代表的土家织锦工艺美术，以梯玛、八部大神为代表的土家宗教艺术，以摆手舞、八宝铜铃舞为代表的土家舞蹈，以四月八、土家年为代表的土家节日文化，以腊肉、米粉、糍粑、油茶汤为代表的土家饮食。

柳江古镇
——吟眸观岫色，吊脚枕江声

薄暮苍茫迷古镇，
浮烟疏雨泓澄。
潺淙流水宿鸥汀。
吟眸观岫色，
吊脚枕江声。

酒帜霓虹虚待客，
老街深巷三更。
波摇榕树影娉婷。
风柔催客梦，
夜醉引诗情。

今人的一首《临江仙·柳江夜色》，将如画般的柳江迷人风光展现在我们面前。

柳江古镇位于四川省眉山市洪雅县城西南部，历史上称为"明月镇"，始建于南宋绍兴十年(1140)，有近900年的历史。清代中期，因镇上柳、姜两姓族人合资修建了一条石板长街而更名为"柳姜场"。1780年定名为"柳江场"，后改为柳江镇。

柳江古镇背靠峨眉山，有瓦屋山、玉屏山等环护，杨村河、花溪河穿镇而过。街分两段，下段有宅无店铺，仅有半边吃点街。住宅建筑极为精致、优美，多是用河中取出的圆石平铺地面，又在上面立柱架梁，建造房屋。有的挑楼加美人靠临河悬出，做工十分精细。

柳江古镇以临河天然弯曲的古榕树为依托，其中胸径在0.8～2米的名木古树有85株。浓荫下别具一格的吊脚楼绵延

柳江古镇夜景

柳江古镇

柳江古镇廊桥

600余米，江水清清，穿镇而流，成功地塑造出一座山水绿树与吊脚楼木屋相辅相成的美丽场镇。当地诗人形容古镇"吟眸观岫色，吊脚枕江声"，可谓恰如其分。

柳江历史上曾有"曾、杨、张、何"四大家族，他们相互联姻，在清末民国时期掌握了话语权。相传无论是清末县令还是民国县长，都要到柳江寻求四大家族地方宗族势力的支持，是"皇权不下县，乡绅管四方"的体现，其中以曾氏一族最为显赫。曾氏从江西永丰迁入，是宋代文学家曾巩的后人，杰出者为清同治年间贵州巡抚曾璧光，光绪年间死于任上，追赠太子太保，谥文诚。曾家曾与曾国藩一脉联宗，一时风光无二。曾家庄园由曾氏后裔曾艺澄于1927—1937年历经10年建成，原占地11621平方米，总建筑面积5402平方米。整座宅院由四个四合院、三个戏台组合而成，据传三个戏台分别是内宅、宾客、街坊看戏用的。宅院由曾艺澄自行设计，引进西洋建筑图案装饰，雕梁画栋、富丽堂皇，是近代中西合璧建筑的典范。2013年，国务院公布其为全国重点文物保护单位。

雅女，指美丽大方、性情内敛、清秀纯朴、温柔典雅的女子，是洪雅地缘文化的表现者、承载者、传播者。雅女既是洪雅的一张名片，也是洪雅的文化品牌。雅女又以柳江姑娘最美，柳江被称为"雅女之乡"。人们常说："洪雅三湾十八村，柳江姑娘最动人。体态轻盈风摆柳，花容雪肤百灵声。聪明能干人称赞，勤劳朴实最真诚。"也就是说，她们的特点是"以柳为态，以鸟为声，以花为貌，以冰雪为肤"。瓦屋青衣赋予了雅女别样的秀色和灵气，《洪雅县志》中有记载的雅女就多达385人。

龙潭古镇
——管领椒花入寿觞

万里云萍一酉阳,
便将和气压荒凉。
挽回梅萼依明烛,
管领椒花入寿觞。

这几句诗选自南宋理学名臣曹彦约的《群山阁》,他虽然任职广元,距离酉阳甚远,但将这首诗用来赞颂龙潭古镇倒也贴切。一是其位于酉阳;二是其由梅树河畔迁至龙潭河畔,正是"挽回"之妙;三是酉阳青花椒远近闻名,龙潭古镇又有"辣茶",皆可"入寿觞"。

龙潭古镇位于重庆市酉阳土家族苗族自治县东部。这里自秦统一全国至今,由梅树龙潭到如今的龙潭,有书面记载的历史已有2200多年。自蜀汉以来,古镇一直是县治所在,有1700余年的县治历史。在宋代及清代600余年"蛮不出洞,汉不入境"的土司统治政策下,造就了龙潭这一千年古镇独有的建筑艺术和奇特的民族文化。

龙潭古镇临龙潭河(古称"湄苏河")而建。龙潭河出酉水,入沅江,至洞庭,汇入长江,直通东南诸省。龙潭古镇得龙潭

龙潭古镇民居　傅德鹏/摄

河水运之便，将盛产的朱砂、硝石、生漆、桐油运往各地出售，而后购进花纱杂物，又因借酉水河之利，成为川盐入湘的"咽喉"，曾有"货龙潭"之称。盛时的龙潭古镇，龙潭河岸码头众多，有大码头、小码头、赵家码头等10余个码头，货船栉比、商贾云集、店铺林立。

龙潭古镇呈长条形分布，房屋总建筑面积8.6万余平方米，其中明清建筑群众多，包括200多年的石板街、四合院、封火墙等独特建筑，是重庆市保存最完好、规模最大的古镇。这里现有文物保护单位27个，其中国家级1个、市级2个、县级24个。现存3000米的石板街全系青石铺就，光可鉴人、青幽如玉。街上店铺林立，巷道相互连通。

镇上以火砖砌成的围墙，高十几米或二三十米不等，再用铁或木料砌成约1米高的楔子护墙，远离于房屋，内修房舍，屋

中国古镇经典

龙潭古镇远眺

在院中，一层楼名"印子屋"，其形像一枚方印，此即独具特色的"封火桶子"。50多栋土家族民居建筑——吊脚楼翘角飞檐，形态美观。150余堵封火墙把古镇隔离出200多个古朴幽静的四合院。

封火桶子是湖广、江西、福建等地客家人在明清时期"湖广填四川"时引入的，是客家围屋与川渝合院结合的产物。外墙全部用砖、石砌成，防火和防御功能较合院更为突出。

赵世炎故居也称为"赵庄"，占地1605平方米，建筑面积710平方米。该建筑为清代砖木结构四合院，共有房屋32间，院门东向，正屋南北向，周围的房屋小巧雅致。

万寿宫原为江西会馆，建于清道光六年（1826），为三进院，分为上厅、中厅、下厅，建筑面积为2400平方米。出下厅大门，有方形阅台，阅台是从河边垒石十几米高而建成的一处平台，站在这里，可以纵观龙潭河与河对面的景致。万寿宫规模宏大、殿宇巍峨、恢宏大气，是重庆如今保存基本完好的主要会馆之一。

龙潭古镇民居天井

龙潭古镇不但孕育了璀璨夺目的民族文化，而且创造了风味独特的传统饮食文化，尤其是名噪一时的辣茶、李正元羊肉面、肖麻子豆腐、汽汽糕等四大名小吃，曾经声震渝、鄂、湘、黔四省市边区。其中辣茶源于清乾隆年间，至今已有200多年的历史，由于辣茶用茶、辣椒、胡椒、苏叶、薄荷等原料熬汤，加阴米和炒熟的豆子制成，具有特别的药用功能，又兼有风味小吃特色，广受大众欢迎，名列古镇传统饮食之首。

鲁史古镇
——两江锁门户,古道盘山行

两江锁门户,
古道盘山行。
小镇倚山岗,
坡陡骡马萋。

这首名为《鲁史的背影》的打油诗,一度被刻写在鲁史中学校园的围墙上。

鲁史古镇位于云南省临沧市凤庆县县城东北部,澜沧江、黑惠江中间,在历史上素有"夹江"之称。古镇东西长800米,南北宽538米,总面积43万平方米。明万历二十六年(1598)在此设"阿鲁司巡检司",辟为街场。

《徐霞客游记》中曾记载,1693年的农历八月初六,徐霞客从保山市昌宁县进入凤庆县境内,于八月十四从凤庆城出发,与前往下关的马帮一同走上了茶马古道。八月十五,徐霞客与马帮一起乘竹筏渡过澜沧江,翻越骡马萋坡后,到达鲁史古镇。

清朝年间,鲁史曾设阿鲁巡警司,彝语"阿鲁"意为"小城镇",后称"阿鲁司",再后来便转音"鲁史"了。民国十八年

221

中国古镇经典

鲁史古镇航拍图

鲁史古镇

鲁史古镇街景　字月龙/摄

（1929）建镇，已有400多年历史。因其所处地理位置特殊，曾一度成为滇西茶马古道的"咽喉"重镇，被誉为"茶马古道第一镇"。

云南茶马古道临沧凤庆鲁史段，南起金马村，北至黑惠江犀牛街渡口，线路全长30千米，保存较好的石块铺砌为5000米，是古时滇南通往蒙化（今巍山彝族回族自治县）、下关、昆明，北上丽江、西藏、直达印度，南进顺宁（今凤庆县）、镇康，再西出缅甸的重要驿站，距今已近700年历史。近700年来，不知有多少马帮来来往往，由北到南运来丝绸、百货，并带来了中原的文化；又从南到北运出茶叶、药材，并带走了山风乡俗。2013年，茶马古道鲁史段被国务院列为全国重点文物保护单位。

鲁史古镇是滇西保存较为完好、规模较大的古建筑群之一。古镇现存古建筑占地面积43万平方米，建筑面积1.14万平方米；有原貌保存的古巷10条，总长近2000米。同时，由于鲁史古镇地处茶马古道要道，历史悠久，南来北往的人到此定居经商，街场规模在不断扩大的同时，形成了"三街七巷一广场"的集众家之长的独具一格的格局。

鲁史古镇直到1958年还没有通公路，交通运输完全依赖马帮。时至今日，当地人依然习惯用骡马作为交通和运输工具，叮叮当当的铃声至今仍在古镇内不时响起。

明代开始，鲁史开办私塾义学，至清代中后期已涌现出一批贡生、举人、进士等，如今鲁史街尚存的清代进士匾还有多块（如清代咸丰进士郑榆的赠匾）。由于对文化事业的重视，造就了鲁史历史上名人辈出，如明朝末年的户部尚书龚彝、清代名士毛健、被朱德总司令称为"护国之神"的赵又新将军等。

据《凤庆县志》记载，鲁史古镇的豆腐制作已有600多年的历史。人们用当地特有的酸浆水做凝固剂，凝固后将白豆腐切成1厘米的方块，经过阳光的暴晒，再制成酱豆腐盛在瓦罐里，连罐一起称卖。鲁史酱豆腐存放的时间越长香味越醇厚，陈年的酱豆腐更被视为珍品。

梅林古镇
——亦说鲁班墨斗花

田螺坑畔土楼家,
雾散云开映彩霞。
俯视宛如花一朵,
旁看神似布达拉。
或云宇外飞来碟,
亦说鲁班墨斗花。
似此楼形世罕见,
环球建苑出奇葩。

古建筑专家罗哲文的这首诗,被编入介绍福建土楼的导游词中。

梅林古镇位于福建省漳州市南靖县西部,属居仁里梅林总,长教属长窖总,是元、明、清期间以徭役制度为基础的特殊行政级别。里分十甲,"甲"的负责人为总甲,负责相邻十户的捐税和劳役。这与古时的"五家为邻,五邻为里"显然不同,后者更接近乡村管理制度。

梅林是著名的侨乡之一,旅外侨胞主要分布在缅甸、印度尼西亚、泰国、新加坡、美国等国家。

梅林古镇共有各种土楼900多座,是名副其实的"土楼王国"。同时,文物古迹众多,共有全国重点文物保护单位2处,省级重点文物保护单位2处,县级重点文物保护单位14处。梅林人文景观、自然风光、田园风光和谐优美,融为一体,拥有

梅林古镇怀远楼

世界文化遗产"和贵楼""怀远楼",中国景观村落"梅林村"、"长教片区"、"翠玉轩"古私塾、南华岩、土楼妈祖庙、"节孝旌表坊"、简氏大宗祠、岩永靖革命烈士纪念碑等文化遗存。

和贵楼又称山脚楼,坐落在梅林古镇璞山村,建于清雍正十年(1732),占地面积约1500平方米,建筑面积6450平方米,是一座共有5层、高21.5米的长方形大楼,一层墙的厚度达1.34米,由下而上逐层减少,到第五层墙的厚度仅0.65米。和贵楼内部的土木结构规整,共有140个房间。和贵楼的"和贵"二字,出自《论语·学而篇》"礼之用,和为贵",顾名思义,是劝世人弘扬以和为贵的中华民族传统美德。福建土楼以守为主,几乎没有主动进攻的手段,的确印证了"和为贵"的思想。这座土楼建在沼泽地上,用200多根松木打桩、铺垫,是建在木头上的房屋,历经200多年仍坚固稳定,保存完好,被

梅林古镇航拍图

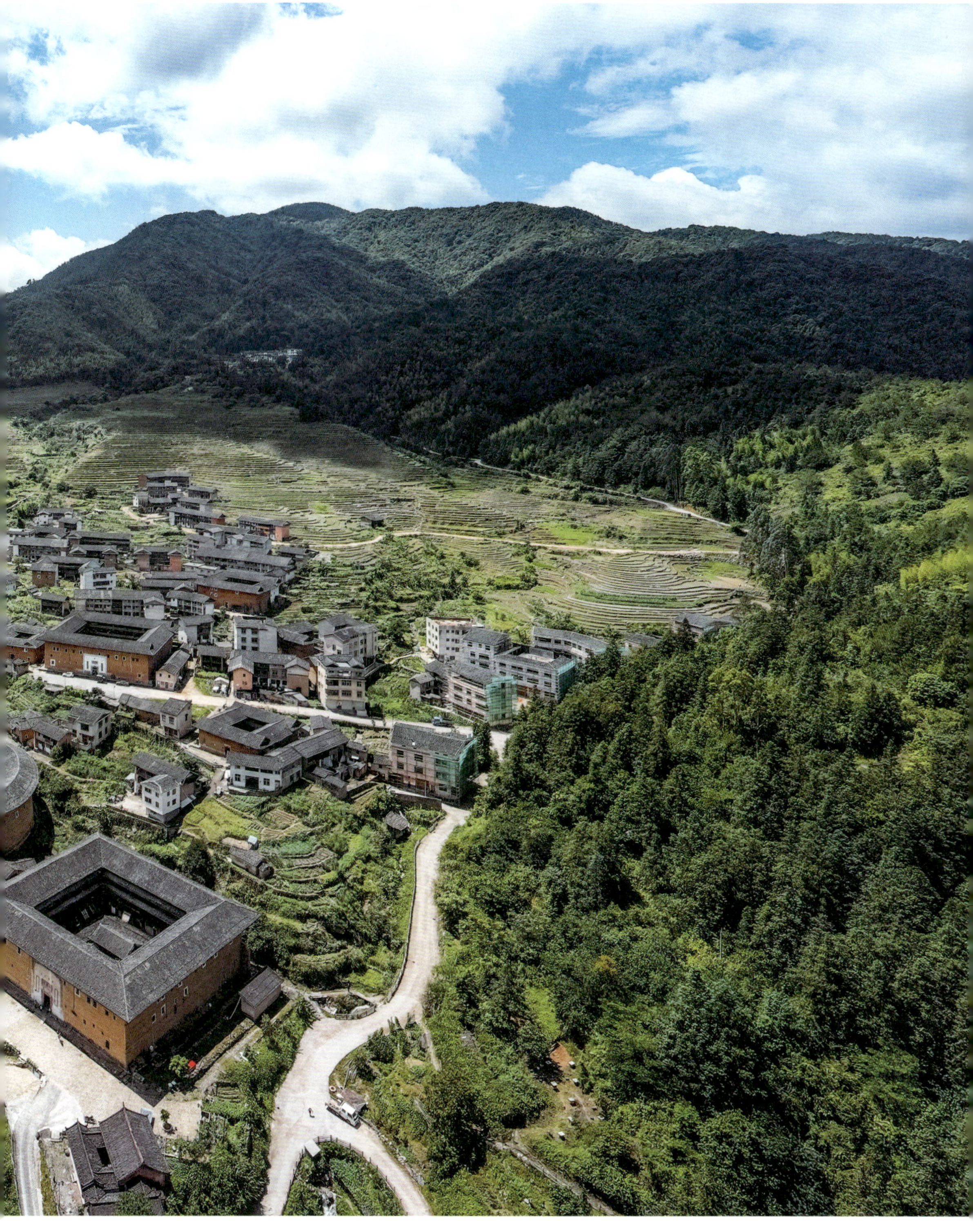

人们誉为"天下第一奇楼",是世界文化遗产"福建土楼"里最高的方楼。

怀远楼位于梅林古镇坎下村东部,由简氏家族建于1905—1909年,是建筑工艺最精美、保护最好的双环圆形土楼。2006年5月,怀远楼被列为全国重点文物保护单位。2008年,以和贵楼、怀远楼为代表的福建土楼群正式列入世界遗产名录。出于保护需要,怀远楼于2019年4月起关闭。

怀远楼占地面积为1384.7平方米,共4层,高14.5米,直径42米,每层34间,共136间。大门上有3个灌水口,相传当地土匪喜欢以火攻门,而这时楼内居民只要不停地从楼上往这

梅林古镇夜景

3个灌水口里注水，就可阻止火势，当年就是凭借着这一点，怀远楼才未被土匪攻破。怀远楼最引人注目之处，在于内院核心位置的祖堂，也就是家族子弟读书的地方"斯是室"。

怀远楼的一楼通常都是厨房，二楼是粮仓，这两层都没有窗户，墙的厚度均超过1米，门上一般都会用铁或铜加固，而且还有灭火的水槽，可以有效地防范野兽及土匪的攻击。三层以上是卧室，想知道土楼有几层，只需看看有几层窗户，再加上两层就可以了。

云水谣古镇位于梅林古镇长教风景区内，名为"古镇"，其实是一个历史悠久的古老村落。村中最引人注目的是山脚下、溪岸旁、田野上，一座座土楼星罗棋布。这些从元朝中期就开始建造的土楼，目前保存完好的有53座。另外，还有吊脚楼、竹竿楼、府第式土楼等，风景别具一格。云水谣古镇优美的自然景观和独特的人文资源吸引了一批又一批影视导演、制作人到此取景拍片。1997年至今，已有《云水谣》《寻找远方的家园》《沧海百年》等电影、电视剧、MTV在这里拍摄取景。

梅林古镇所在的南靖县总人口34万人（2020年），而南靖籍海外华侨有3万人，南靖籍台胞有100万人。《长教简氏族谱》记载，长教简氏族人从第四世（明宣德年间）至十六世陆续开始向外迁移，到缅甸、新加坡、印度尼西亚、泰国，以及中国台湾、中国香港等地谋生。现祖籍长教的台湾同胞众多，近年来每年都有台湾同胞不远千里回古镇寻根谒祖。

梅林老街临溪而建，以桥相连，地面均由卵石铺砌而成，街巷或通往土楼，或通往书院，或通往宗教庙宇。这些小巷或平行，或交叉，或垂直，纵横交错，形成了一个回环往复、错综复杂的街巷系统，可谓移步换天，非常有韵味。

翠玉轩始建于清乾隆年间（1736—1795），为清魏仰韵发迹后回乡兴建的书院。它面溪而立，由门厅、天井与大厅组成，为二进五开间的平面。大厅作为塾师传道授业的场所，一、二进的小单间是学生自习的地方，而里屋则是塾师居住的地方，尺度小巧，别致幽静。书院地板全由卵石铺砌而成，梁架线条简洁古朴，木雕花窗工艺精湛，檐下彩绘精致生动，是闽南地区唯一保存完整的设有拜廊的学堂。

梅林古镇有着独特的习俗——请妈祖。梅村古镇靠海，为了祈求神灵保佑海外漂泊的家人，人们特意从莆田请回妈祖，并于清康熙十年(1671)建天后宫供奉。每年妈祖诞辰都会举行祭拜祈福活动。请妈祖寄托了梅林人对游子的思念与祝福，是梅林与华侨的一条情感纽带。

鸣鹤古镇
——接水双河潋滟开

接水双河潋滟开，
分疆两色只山限。
天明塘上声喧起，
赶市姚人续续来。

清代诗人叶声闻曾作诗描绘鸣鹤古镇运河桥畔市集的繁荣景象，涉及鸣鹤的自然景观和风俗民情，反映了鸣鹤的地域文化特色，也是其历史文化发展的见证。

鸣鹤古镇位于浙江省慈溪市观海卫镇南部，始建于唐开元年间，至今已有近1300年历史。据县志记载，唐元和年间，虞九皋（字鸣鹤）进士及第不久即殁于京，乡人哀其遭遇，遂改镇名为"鸣鹤"。

鸣鹤自古为浙江三大古盐场之一。宋元时期，这里已成为两浙地区最大的盐场，人称"东南税赋之最"。北宋咸平年间设鸣鹤场，元泰定年间设盐课司，明洪武二十五年（1392），设置鸣鹤场盐仓基。宋、元、明、清、民国期间均设鹤鸣乡（镇），2001年撤销，并入新设的观海卫镇。

鸣鹤古镇是典型的江南山水小镇，具有完整的"山、水、

鸣鹤古镇水巷

田、城、街"的格局。古镇南靠五磊山,东、西临杜湖与白洋二湖,正所谓"接水双河潋滟开"。数里街河穿镇横卧,依山成街、因河成镇、依山筑城、沿水成街的传统居住文化理念清晰可鉴。

鸣鹤仍保留明清时的传统街道结构,主要街道为上、中、下三街,中街贯穿整个古镇,依河而建,一侧街道一侧河床,长千余米,方便了河道两岸居民的生活。上、下街已拓宽为古镇干道,两侧修建有各式各样的生活设施。

继盐业之后,鸣鹤在清康熙年间完成了一次重大转型,"县人以贩药为大宗,川湖等省无不至"。20世纪30年代初,古镇约有八成人在全国各地做药材生意。今天，国药文化依然是鸣鹤人引以为傲的辉煌。

鸣鹤街宽巷窄，街巷如树状分叉结构，街为树干，巷为树杈，连接各处，形成古镇的脉络。建筑特点为以街为主，容纳人们进行各种交往活动；以巷为辅，分散人流，便利交通，从

鸣鹤古镇水巷

鸣鹤古镇水巷 岑阳君 / 摄

而形成封闭狭长的带状空间。除街道空间外，密如蛛网的巷道连接着村落中的各家各户，从而形成一种独特的空间网格系统。

与其他古镇的情形相似，鸣鹤现存的几十条巷道，大多以地点、姓氏命名，体现了当地大族的地位。此类巷道建筑出于安全考虑，临巷的一侧很少开窗，窄巷大多靠着建筑物不开窗的一侧实墙而建。大宅的围墙通常幽深高厚，封闭的巷道空间更加突出了两侧的墙面装饰。

鸣鹤古建筑虽以马头墙为特色，但又与徽派建筑的马头墙不同。徽派马头墙以防火功能为主，又称封火墙，人人可建；而鸣鹤古镇的马头墙是一种身份的象征，并不是人人可建，四马头墙、五马头墙的主人一般拥有七品以上官员或捐官身份。

鸣鹤有多幢建筑使用了鱼鳞窗贴，这是玻璃出现之前在建筑物中使用的一种高级透光材料。据当地古籍记载，鱼鳞窗贴用大片鱼鳞或蛎、蚌壳加工后镶嵌而成，每片大概8平方厘米，打磨透亮之后在阳光下闪现出五彩光芒。鱼鳞窗贴在浙江省内其他地方尚未发现，全国也仅有少数几幢建筑采用，由此可见，鱼鳞窗贴是鸣鹤古建筑装饰特色的一大亮点。

鸣鹤年糕有1200年的历史，还出现了"年糕班子"这样的专业制作队伍。鸣鹤年糕具有"糯""韧"的特点，深受当地人喜爱。2020年，鸣鹤古镇已举办了首届鸣鹤年糕节。

木渎古镇
——云堆不动山深碧

万象当楼黼绣张,
阑干一士立苍茫。
云堆不动山深碧,
星出无多月淡黄。

南宋名臣范成大先后在浙江、江苏、四川、广西等地为官,而游历之处则更多。这首《晚登木渎小楼》描写了木渎的独特风景。

木渎,别名渎川、胥江,雅称香溪,位于苏州城西,毗邻太湖,地处灵岩山、穹窿山、天平山等群山环绕之中,是一个具有2500多年历史的江南名镇,素有"吴中第一镇""秀绝冠江南"之誉。相传春秋末年,吴王夫差为取悦西施,特地为她在秀逸的灵岩山顶建造馆娃宫,又在紫石山增筑姑苏台,大兴土木,各地源源而来的木材堵塞了山下的河流港渎,史称"三年聚材,五年乃成",以致"积木塞渎",木渎之名便由此而来。

秦始皇二十六年(前221),秦设吴县,木渎隶属吴县。王莽新朝,木渎属泰德县。其后,木渎均为吴县辖地。《元丰九域志》记载:"北宋设木渎镇,属吴县,镇以渎名。"明清时期,木渎是苏州至太湖黄金水道上最大的商埠。

清乾隆朝宫廷画师徐扬绘有一幅描绘姑苏繁华风貌的长卷《盛世滋生图》，其中近半篇幅描绘了木渎的街景、衙署、寺观、河道等，至今仍可一一比照，证明其时形成的镇区格局一直保留至今。徐扬这幅画，据说历时24年才完成。徐扬在跋中称姑苏为"东南一都会""丹青不能写尽"，可见木渎风光之美。

木渎古镇的总体空间格局遵循了江南古镇"因水成街、因水成市、因水成镇"的空间组织原则。古镇内胥江、香溪两条主要河流构成"人"字形骨架，自然巧妙地把水、路、桥、房连成一体，街道、建筑沿河流展开，构成丰富的空间层次。其中斜桥为宋代时所建，永安桥、西津桥均为明代石拱桥，吉利桥、太平桥分别为元代和清代建造。

木渎作为中国唯一的园林古镇，迄今仍保留有五进、七进纵深的大宅10余处，目前开放的私家园林主要有5处，分别是严家花园、虹饮山房、古松园、榜眼府第和灵岩山馆。

严家花园占地1万多平方米，是木渎造园艺术水平最高的园林（据童寯《江南园林志》），为江南名园之一。严家花园的前身是清乾隆年间（1736—1795）苏州大名士、《古诗源》编者沈德潜的寓所。道光八年（1828），沈氏后人将此院落让给木渎诗人钱端溪。钱氏叠石疏池，筑亭建楼，起名为"端园"。龚自珍对此园有"妙构极自然，意非人意造"等溢美之句。光绪二十八年（1902），木渎首富严国馨（台湾地区政要严家淦的祖父）买下端园，重葺一新，更名为"羨园"。因园主姓严，当地人称"严家花园"。经过三代主人的努力，前后历时170多年，赋予了严家花园一种文化气息、名园风范。严家花园为五进主体建筑，依次为门厅、怡宾厅、尚贤堂、明是楼和眺农楼。尚贤堂为苏州

木渎古镇水巷　金小勇/摄

罕见的明式楠门厅，已有400多年历史，厅内的雕花柱础古朴而稳重，楠木立柱刚劲而挺拔。楠木梁上雕有飞禽花草图案，具有实用和审美功能。尚贤堂和明是楼前各有清代砖雕门楼一座，所雕人马戏文玲珑剔透，意趣隽永，虽依附于厅堂，却未尝不是一件独立的艺术品，极富艺术价值和审美情趣。

严家花园建筑分春夏秋冬四季小园，布局疏密曲折，局部处理精巧雅致，被誉为"江南园林之翘楚"。1935年，现代建筑学家刘敦桢教授两赴此园，流连忘返，对严家花园的布局与局部处理极为推崇。建筑学家童寯对于此园也有"虽处山林，而斯园结构之精，不让城市"之叹。

虹饮山房是清初木渎文人徐士元的私家园林，由秀野园和小隐园两处明代园林联袂而成，中路为门厅、花厅和古戏台，建筑体量宏大宽敞，既有江南文人园林的秀气，又兼北方园林之大气，于大开大合之间，尽显官宦之家气度，幽人之韵致，有别于苏州园林一贯之精致传统，为南北园林不同文化风格巧妙融合于一体之典范。乾隆帝下江南每游木渎，必入园游历，当地称其为乾隆帝的民间行宫。清末，小隐园部分为一代"绣圣"沈寿的故居。

木渎自古以来即为人文荟萃之地，自北宋大中祥符八年（1015）至清末，共出进士25人，举人30余人，其中状元2名，榜眼1名。著名人物有范仲淹、吴宽、徐扬、叶燮、沈德潜、毕沅、冯桂芬、沈寿、严家淦等。木渎还是汉族传统手工艺品之乡，历史上有泥塑名家袁遇昌、银器高手朱碧山、琢玉名家陆子冈、绣圣沈寿等名家，他们的作品都是国家级收藏珍品。

范仲淹与木渎古镇的渊源极深。其父在搬到苏州后的第二年去世，其母被迫改嫁，其时范仲淹不满两岁。后来宋仁宗将木渎天平山赐给范家做祖茔，山中的红枫也是范氏后从福建移来，已有400年历史。今日，木渎人以范仲淹为榜样，镇上有范仲淹小学、范仲淹纪念馆，曾举办范仲淹春祭大典等，至今还有范仲淹后人在此生活。

木渎古镇水巷

木渎古镇

娜允古镇
——如斯圣境知闲逸

月色迷离真静谧，
佛光荡漾尽清纯。
如斯圣境知闲逸，
伊甸园中沐己身。

在云南省的孟连傣族拉祜族佤族自治县，至今还保存着中国最后一个傣族古镇——娜允。娜允古镇从元代起就是云南南部政治、经济、文化和宗教的中心之一。这里有世界上最大的转经筒，堪称藏传佛教徒的朝圣之地；同时又因景色优美、民风淳朴为世人所向往，今人的一句"如斯圣境知闲逸"，可谓道尽风流。

娜允古镇迄今已有700多年的历史，"娜允"即傣语"城中之城"的意思。由傣、汉两个不同民族风格组成的建筑群，是民族交流融合、和睦相处的实证。傣历651年（1289），傣王罕罢法在孟连建傣城——娜允，元朝政府在此设"木连路军民府"。明永乐四年（1406）设"孟连长官司"隶云南都司，赐罕罢法孙姓刀，命第八代孙刀派送为长官司长官，官居六品。清康熙四十八年（1709），朝廷赐封第十九代土司为"孟连世袭宣抚

娜允古镇佛塔

司",官居四品。傣历1311年(1949),孟连解放,孟连土司制度告终。孟连历代共28任土司,统治长达660年。

娜允由"三城两镇"(上、中、下城和芒方岗、芒方冒)组成,按照登记顺序布局。土司时代,上城是土司及家奴居住的地方,中城是官员和家属的居住地,下城则是下级官员的住处,芒方岗和芒方冒是林业官和猎户居住的寨子,孟连宣抚司署位于上城的最高处,上、中城佛寺也巍然屹立在宣抚司署的附近。

孟连宣抚司署,是清代云南土司的衙署,傣语称"贺罕",

意为金色的王宫，土司"召贺罕"即为金殿之王。作为旧中国土司制度和孟连历史的见证，孟连宣抚司署至今仍然完整保存着以古建筑群为代表的一大批珍贵文物。现存建筑群为清光绪四年（1878）在原址上重建，位于娜允古镇内，其背靠金山，面对孟连坝子，坐北朝南，依山傍水，占地面积6738.19平方米，由门楼、议事厅、正厅、东西厢房、粮仓、厨房等组成，为独立的建筑群。每年的春节、泼水节等重大喜庆节日，土司衙门都要对百姓开放3天，议事厅就是土司接待百姓的地方。楼下是土司议事、任免下属官员、举行庆典等活动的议事厅，有装饰精美、取材于傣族传统民间金水漏印工艺的藻井，藻井下有饰以金水漏印的佛龛。由议事厅上二楼的主楼梯没有设在正中，而是安放在议事厅的东侧。厅内也没有采取一般的横向布局，而是采取纵向布局，保留了干栏式建筑的风格。

2006年，孟连宣抚司署被国务院列为全国重点文物保护单位。

有学者认为，没有孟连土司就没有孟连的历史，孟连土司在守卫孟连、传播文化、加强中央与地方的政治经济联系、促进民族团结方面发挥着不可替

娜允古镇

娜允古镇孟连总佛寺佛堂

代的作用。在抗日战争和解放战争中，孟连土司也做出了突出贡献。

佛教在15世纪左右从缅甸传入孟连。当时孟连土司专门遣人前往缅甸迎取佛经和佛像，南传上座部佛教因此成为孟连傣民的信仰。娜允下城佛寺1953年毁于火灾，2011年，在原址上建成了孟连总佛寺。在南传佛教的寺庙体系里，总佛寺是本地等级最高的佛寺，境内其他佛寺都受总佛寺的指导，因此孟连总佛寺迅速成为傣族和东南亚信徒的心往之处。

"宣抚司礼仪乐舞"是宣抚司专门为庆典等礼仪活动而编创的综合表演形式，已有60多年的历史。表演形式为歌舞乐合一，根据不同场合有不同的表演内容，多数乐器都由当地百姓手工制作，通过口头形式在傣族民间世代相传。2021年，宣抚司礼仪乐舞入选国家级非物质文化遗产名录。

南浔古镇
——橘市书成林

> 鱼艘寒满港，
> 橘市书成林。
> 吾道真迂阔，
> 浮家尚越吟。

　　宋末元初文学家戴表元的《东离湖州泊南浔》，描绘了南浔的自然美景和人文景观，怎奈却仍道不尽这一中国近代史上罕见的巨富之镇的灿然历史和文化风韵。俗语道："走遍江南九十九，不如南浔走一走。"那么，就与南浔来一场约会吧！

　　南浔古镇，隶属浙江省湖州市南浔区。据考证，这里在新石器时代即有人类活动。相传夏禹治水，划天下为九州，南浔辖域隶属扬州，距今已有7000余年的悠久历史。

　　南浔古镇景区占地面积34.27平方千米，保护面积约1.68平方千米，其中重点保护区面积0.88平方千米。

　　南浔古镇以南市河、东市河、西市河、宝善河构成的十字河为骨架，其间又有许多河流纵横交错，街和民居沿河分布，随河而走，以南东街、南西街为串联，构成十字形格局。街巷肌理完整，河道水系基本得以保存。十字河两岸形成商业街道，这里既有傍水筑宇、沿河成街的江南水乡小镇风貌，又有众多高品质的私家大宅第和江南园林，形成了小桥流水人家与大宅园林交相辉映的街区特色。古镇拥有众多的人文景观和名胜古迹，如驰名中外的文化宝库嘉业堂藏书楼，江南园林佳构小莲庄，独具江南风情的沿河居民建筑群、明代百间楼，号称"江南第一宅"的张石铭旧居、民国元老张静江故居以及颖园、丝业会馆和大小古桥等。由南浔商会改成的南浔史馆已成为展示南浔历史的对外宣传窗口。《江南园林志》云："以一镇之地，而拥有五园，且皆为巨构，实江南所仅见。"透射出南浔古镇深厚的历史底蕴和浓厚的文化色彩。

从南宋定都临安开始，江南就成为全国图书出版中心之一。雕版印刷的兴起，士人阶层的扩大，读书氛围的形成，民营经济的兴盛，慈善乐助的滥觞，金石学的极盛……一切都为江南藏书业的兴起提供了足够多的文化滋养和物质保障。到明代时，江南藏书业已独步天下。

南浔古镇水巷　邹坚生/摄

南浔古镇水巷　金小勇/摄

嘉业堂藏书楼最能代表南浔的文化气韵。该藏书楼位于南浔镇鹧鸪溪畔，是清代文臣刘镛的孙子、秀才刘承干在1920年始建，历经4年建成。作为儒商的代表，南浔的丝商们一向把读书看得很重，"书声与机杼声往往夜分相继"，鼎盛时期的南浔金银如山，书声如涛，涌现出许多藏书家，刘承干便是其中的佼佼者。他视书如命，曾花费重金收集了书籍60多万卷，不仅是中国近代史上私家藏书最多，也是花费精力、金钱最多的一个。藏书楼之所以闻名，还因为溥仪曾赠送了一块"钦若嘉业"的九龙金匾。楼中藏有155种宋元刊本，海内秘籍珍本达62种之多，1000多种地方志书，可以称得上是全国之最，其中部分书籍是关于我国疆域划定的重要历史资料。中华人民共和国成立前，周恩来总理还曾亲自指示要把藏书楼保护起来。宋刻本《史记》《前汉书》《后汉书》《三国志》统称为"前四史"，是刘承干的镇库之宝。

藏书楼不仅藏书丰富,而且在建筑设计上也是独具匠心,中西合璧的园林式布局,"口"字形回廊式厅堂建筑,直通屋顶的白色柱子中间均是空心的雨漏,雨水通过雨漏从院子的下水沟中流出,使得藏书楼不会受到潮湿侵蚀。如今,嘉业堂藏书楼已经成为浙江图书馆的一部分。

紧挨嘉业堂藏书楼的是小莲庄,又称"刘园",它是清代光禄大夫刘镛的私家庄园,始建于清光绪十一年(1885),于1924年建成,前后历时40年,设有义庄、家庙、园林三部分,占地近1.8万平方米。因刘镛仰慕元代书画家赵孟頫的湖州"莲花庄",因此取名为"小莲庄"。庄园的那份灵气大多来自文才卓越的园主,小莲庄是江南园林之佳作,也是南浔景致之最。园中湖光潋滟,苍松幽静,楼台亭榭点缀其中,特别是那10亩荷塘,微风拂面,一池荷花频频低头,一派清幽素雅的景象。

张石铭旧宅又名懿德堂,坐西朝东,占地面积6500平方米,建筑面积7000平方米,有五落四进和中、西式各式楼房244间,被称为江南第一巨宅。整个大宅由典型的江南传统建筑和法国文艺复兴时期的欧式建筑群组成,处处呈现中西合璧的特点,体现了"西风东渐"的理念。穿越富有东方韵味的亭台楼阁,走进罗马柱后面铺有彩色瓷地砖的舞厅,既能体会到西式建筑的时髦,又能感受中西文化的融合。

南浔教育发达、名人辈出。据统计,宋、明、清三朝,南浔共有进士41人,京官56人,明清两代任全国各地州县官57人。南宋至民国,在全国有影响的南浔籍学者有80多人,中华人民共和国成立后,拥有9名中国科学院、中国工程院院士,近300名教授、专家,为江南其他乡镇所罕见。

南浔古镇有一种特产——辑里丝,它曾使南浔这个平原腹地一度呈现"耕桑之富，甲于浙右"的富饶局面。辑里丝柔软光润，是湖丝中的极品，自然也是南浔人的骄傲。同时，它也使南浔成为湖州辑里丝最大的集散地。南浔通过大运河、长湖申航道以及与这两河道相连的南浔市河东苕溪，把辑里丝推向了世界。1851年，产于南浔的辑里丝荣获伦敦首届世博会金奖，成为中国第一个获得世界大奖的民族品牌，从此行销海外。

廿八都古镇
——突兀危梁指顾间

突兀危梁指顾间，
中通一水绿回环。
凉生石磴风来候，
消夏分明是此湾。

宋代诗人王珏的这首诗，描述了廿八都胜景之一"水安凉风"的动人之处。首句"突兀危梁指顾间"更是把廿八都古镇的险要地势形象地表现了出来。

廿八都古镇位于浙江省衢州市仙霞岭的高山深谷之中，地处浙、闽、赣三省边界。唐乾符五年（878），黄巢起义军攻打福建，在崇山峻岭间开辟了这条仙霞古道，古称"道成"。宋熙宁四年（1071），江山设都（都：当时的一种建制）四十四，此地排行第二十八，所以称廿八都。古镇始于唐宋，兴盛于明清，衰败于20世纪中叶，至今已有1000多年的历史。常住在镇区的仅数千人。它和江南水乡古镇有着截然不同的风格，其地处大山重围之中，拥有特殊的地理位置，四周关隘拱立，是历代屯兵扎营、兵家必争之地。

明清时期，最初只具军事功能的仙霞古道逐渐成为商旅要

廿八都古镇街景 罗杨／摄

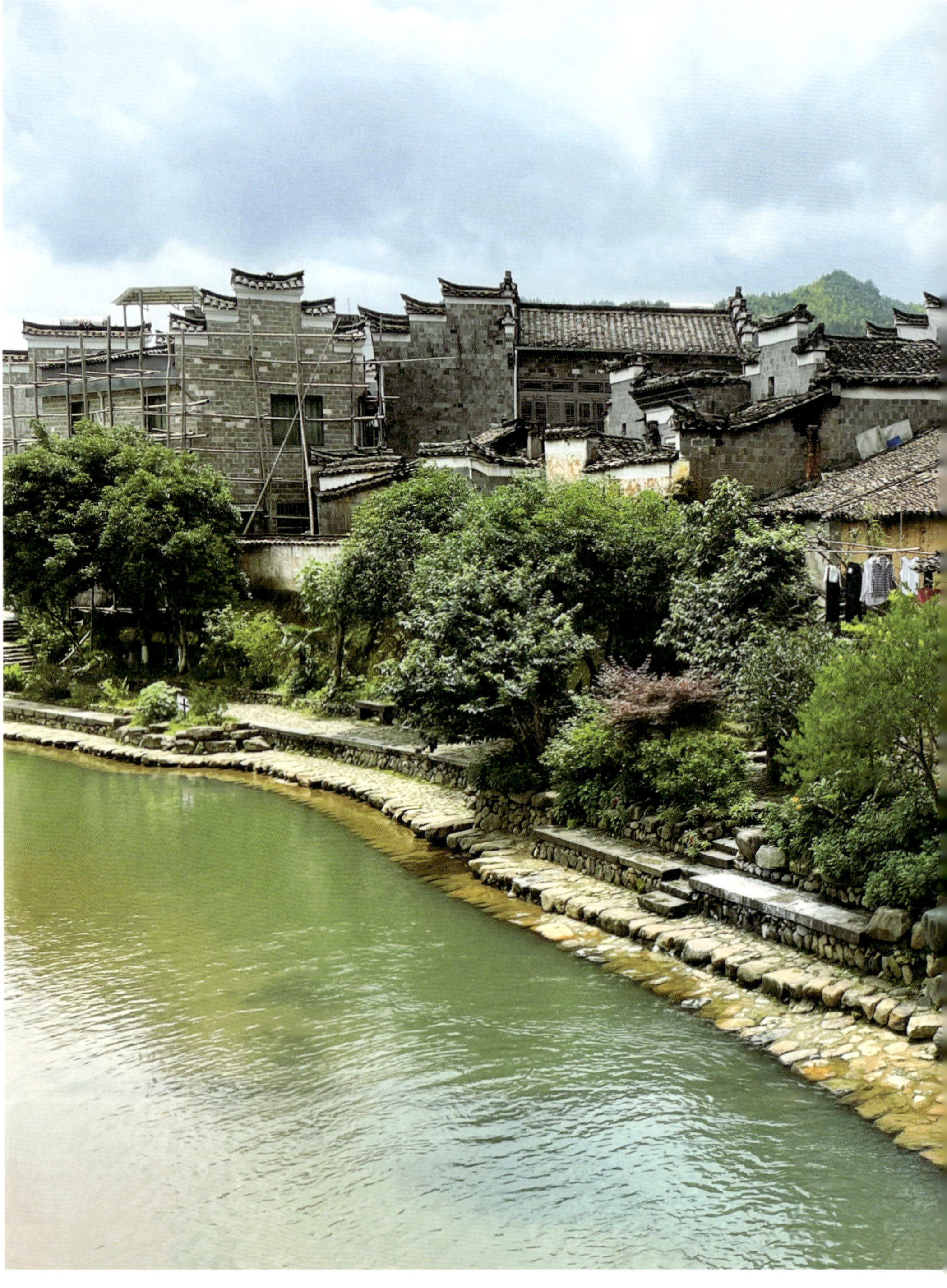

廿八都古镇

廿八都古镇民居建筑群　罗杨／摄

道。唐代中后期，吐蕃崛起，时常袭扰前往海外的商队，经河西走廊通往海外的陆上丝绸之路渐趋衰弱。而清代，又在江浙沿海实行了极为森严的海禁政策，因此中国的瓷器、丝绸、茶叶等大量货物必须经泉州、广州等地港口运送到海外。来自江浙的布匹、日用百货溯钱塘江而上到江山的清湖码头靠岸，然后转陆路，由挑夫肩头的扁担挑往闽赣，从闽赣来的土特产也要经过该条古道运往江浙地带，甚至溯京杭大运河至北京。

仙霞古道正是古代连接江浙闽的唯一陆上交通要道，当时浙赣皖盛产的丝绸、瓷器、茶叶等出口物资大多从京唐大运河至钱塘江，后到达江山港，然后经仙霞古道源源不断地输送到东南沿海港口，出口海外，从而成为"海上丝绸之路"的重要陆上通道。作为古道上过往货物的头站，一时间，廿八都迅速发展成为这条古道上最为繁华的商埠。鼎盛时期，商行店铺、饭馆客栈布满了整条磨得油亮的以鹅卵石铺就的长达2000米的大街，每天日行肩夫和夜歇客商南来北往、熙熙攘攘，富足、热闹长达数百年之久。

廿八都与聚族而居的村落不同，因其兴起于驻军，兴盛于商业往来，历代的兵士流落、商贾聚集，使得各种不同地区的文化因为他们的集合而在此交融汇合，而且每种文化都不曾被同化或被排斥，形成一种不同于周边任何地方的奇特文化现象，称为"文化飞地"。发展到今天，这里已成为一个人口仅4000余人却有着13种方言、142种姓氏的移民古镇，这在江南古镇中是独一无二的。大户大族都修有族谱，知道自己祖上来自何处。人们的穿着打扮、说话口音、饮食习惯、婚丧嫁娶、建筑风格，甚至是思想观念，都打上了"廿八都"这个特殊的文化烙印，成为这座千年古镇博大文化大观园中一道独特的风景。

由于历史上少受战乱之害，镇上古建筑风貌依旧，保存较为完好。据统计，古镇中现保存完整、具有一定规模的明清古建筑民居、厅堂共有36幢。镇上古建民居的建筑风格与别处民居迥然不同，布局上错落有致，富于变化。民居的基本结构为平面长方形的四合院式，二进一天井，也有三进二天井的厅堂，房内厅堂自成院落，门扇、窗户上的图案少见雷同。门楼绝少见到砖雕，多以精致木雕构件组合而成，楼阁式的四柱三楼形式，风貌独特。

古镇旧有东、西、南、北四道城门，今唯有镇南石质门额一方，书有"枫溪锁钥"。一条街道与小溪并行，自北至南曲折蜿蜒长达1000米。两旁多为二层楼的店铺作坊，基本保持了19世纪集镇的风貌。

廿八都古镇的建筑依古道两侧而建，北为洵里街，以住宅为主；南为枫溪街，以经商为主。古镇在清代同治年间为鼎盛期，光饭铺酒店就有50多家，南北杂货批发商有40多家。然而更让人注目的则是这里的桥、庙、阁等公共建筑。水安桥是个单孔石拱桥，桥身始建于清同治三年（1864），长20多米，宽近6米，由"姜隆兴"等六家商号合资建造。

古镇居民至今守护着祖先遗留下来的对山歌、跳民舞、跑旱船、闹花灯、剪花纸、牵木偶、踩高跷、滑石头等奇特的民间艺术。因历史变迁所形成的移民现象，使廿八都的民风、民俗更传统、更淳朴，带有几分古战场遗风，具有"异域"色彩。

2019年5月19日，中国邮政发行《中国古镇（三）》特种邮票1套4枚，其中编号4-3为廿八都古镇。

娘子关古镇
——雄关嶞屼倚山限

娘子军容讲武台，
雄关嶞屼倚山限。
城临苇泽湍流急，
寨望承天曙色开。

　　清代诗人王祖庚的这首《娘子关》是众多赞美娘子关诗词曲赋中的一首，"雄关嶞屼倚山限"正是娘子关独特地形的写照。

　　娘子关古镇地处山西省阳泉市平定县东部的娘子关脚下，因唐平阳公主曾率娘子军驻守而得名。"雄关百二谁为最，要路三千此并名。"自秦汉至清代，娘子关一直是"上通秦晋，下接燕赵，往来商旅糜为遵行，上下之要路，出入之中途也"，也因此留下了许多古店铺与古客栈。

　　古镇现保存有春秋战国时期中山国遗址、汉代长城遗址及明代长城2处；东汉时期、唐宋时期和明代修筑的关隘4处；明代以前形成的古村落13个；明清商业古街11条，商铺、店铺、客栈100多家，民宅200余处，水磨25盘；明代以前建造庙宇78座，有贤堂、官房、修庙、建桥、戒赌、兴学、记事等石碑100多个，古桥8座，百年以上古树600多棵。上水石盆景、剪纸、刺绣、石雕、面塑、根雕、制香等能工巧匠层出不穷，跑马、河灯、焰火、戏剧、锣鼓表演、社火等流传至今。

穿镇而过的是一条被称为"兴隆街"的明清古道，其修建年代已经无从考证，但从古街两旁依旧保持古风古韵的民居建筑和坑洼不平的青石板路，仍能读出它久远的历史。到过娘子关的人一般都会被其雄伟与险峻折服，偏偏在娘子关脚下，有这样一个小村庄，它小巧、精致、灵动，清澈欢快的溪水绕过家家户户，几百年来轰隆轰隆的水磨声随着磨出的都是味道香甜的水磨面。这里的村民们住在简朴的百年老屋中，享受着北国少有的风光。娘子关村的民居都是石头砌成的，其宽窄、大小、高低各不同。目前居住在这里的村民大多数是商贾之后，也有守关将士的后代，如"胡、杨、马"等几个大姓。

胡家祖宅的门楼宽大，护墙石块上雕有各种吉祥图案，门前的一对石狮非常气派。这所宅院虽没有山西有钱人家所建民宅宽阔，但照壁、耳房、厢房等一应俱全，尤其是砖雕非常精美、细腻。买卖人家的门楣上自然写有"招财进宝""财源茂盛"等吉祥话，虽说与众不同，可也透着朴实，这正是晋中生意人的特点。

娘子关古镇的"跑马排"通常于每年正月十五、十六举办。届时，村民身穿古装，牵着自家饲养的马，在一条长100米、宽约4米的古巷中循环奔跑。马上不装马鞍，骑马的人双腿紧夹马肚，双手平举，飞奔而过。人们专门在古巷道上撒下许多灰渣，马跑过时灰尘飞扬，一是防止马奔跑时滑倒，二是为了渲染气氛。跑马者从上午9点到下午2点不间歇地奔跑，其间还穿插着农民自编自演的社火与秧歌表演。

娘子关古镇老车站

娘子关古镇

平乐古镇
——桃花源里人家

采菱渡头风急,
策杖林西日斜。
杏树坛边渔父,
桃花源里人家。

在唐代著名诗人、画家王维的《田园乐·其三》中,"杏树坛边渔父,桃花源里人家"诗句展现出了平乐古镇美丽的自然风景与闲逸的人文风情,人们过着悠然的田园生活,安宁祥和。应该说这里便是《桃花源记》的现实原型吧!平乐古镇素以"秦汉文化·川西水乡"风情著称,仿佛至今仍是人们向往的"桃花源"。

平乐古镇位于四川省邛崃市西南部,汉景帝前元七年(前150)已形成集镇,迄今已经有2100多年的历史。北宋开宝三年(970),火井县治设在平落(平乐古镇旧称)有200多年之久,元代后属邛州直隶州,民国二十九年(1940)建置平落乡,中华人民共和国成立后沿用此名,1993年3月,更名为平乐镇。

白沫江自西向北穿镇而过,形成"一江分三水"的独特格局。自秦代以来,平乐古镇即是由成都经邛州、雅州通往吐蕃、

平乐古镇远眺

党项、南诏等地的要道之一,是"茶马古道第一镇""南丝绸之路的第一驿站"。

平乐古镇至今保留着明清时期的古民居建筑约23万平方米,有古街33条。古街两边的房屋鳞次栉比,多数为一楼一底的木结构建筑,一般为下层做铺面,上层做居室,墙为粉白,瓦为青黑,木结构为褐色,同时再辅以黑色的柱子、枣红色的窗,就形成了浓郁的川西建筑风格。

在平乐古镇的民居中,门窗的材料大多为木质,沿街面一侧多为可滑动或拆卸的挡板,便于经营利用。王家大院原本坐落于洪雅城隍街,2003年被拆。为保护祖先遗物,王家后人招募了20余名专业古建筑拆迁工人,绘图、做记号,将宅子全部测绘标注好。随后将古民居的数千块木材一根根拆下来运往乡下,等待重建。在沉睡了近4年后,2007年由平乐镇人民政府将已经拆毁的王家大院买下,并整体搬迁到平乐古镇。

平乐古镇街景

　　秦汉驿道遗址在平乐古镇骑龙山城隍岗，它是当时由成都经邛州、雅州，通往吐蕃、党项、南诏等少数民族地区的交通要道之一，也是韦皋出兵与吐蕃作战的路线之一。当地人称驿道遗址为"剑南道"或"马道子"，现代人称其为中国的"南方丝绸之路"，平乐境内保存着的是较为完整的一段，长约2000米，路面宽约4米，呈鱼脊形。驿道就地取材，中央用平顶大河卵石砌成一条中心线，两旁用河卵石铺砌路面。

　　平乐古镇的造纸业始于宋代，在明清时期达到巅峰。相传白沫江就是因为造纸的废水产生泡沫而得名。北宋王存等编撰的《元丰九域志》记载："平落濒河，水陆通道，市口繁富，纸市尤大。"明《邛州志》记载："成都草纸半平乐。"

　　平乐紧邻芦沟竹海，富产竹子，造纸极为便利，至今留有70多处造纸遗址。

　　竹纸生产周期长，工序复杂，但成本较麻纸低廉。当地纸工称:"片纸来之难,过年七十二。"平乐古松造纸采用石灰浸泡、锽锅煮竹、磨碾制浆、竹帘抄纸等工艺,是四川省非物质文化遗产项目。平乐古镇内的郭氏纸坊,建于清咸丰四年(1854),是我国保存最完整、年代最久的古代造纸作坊。

平乐造纸还催生了一项独特的国家级非物质文化遗产项目——竹麻号子。竹麻号子是劳动号子,流传范围仅限于平乐古镇附近的几个村子,曲调千百年来几乎没有失散或者变化,

平乐古镇过街桥　微博博主:Nichole 何／摄

是川西少数民族音乐的"活化石",至今仍能完整传唱。

平乐原名"火井",据说与当地早在西汉时就利用天然气煮盐冶铁有关。由此,我国成为世界上最早利用天然气的国家。西汉时期,冶铁巨商卓王孙在平乐建造了当时最大的二冶铁工厂,为官兵打造兵器。当地人称铁渣为"铁屎",留有"铁屎坝"地名。古镇中还有一个家传三代、历时近百年的打铁铺,至今仍在"营业"。

平乐古镇还有一个国家级非物质文化遗产项目——瓷胎竹编。中国非物质文化遗产数字博物馆官网做了如下介绍:

> 瓷胎竹编又称"竹丝扣瓷",是流传在四川省邛崃市境内的一种民间手工艺。邛崃市平乐镇盛产慈竹,慈竹的竹节较长,通常在65厘米左右,是瓷胎竹编最主要的原材料。四川竹编源于汉代器皿,入清以后,巴蜀工匠开始在锡壶上编制竹编。后因锡壶原材料紧缺,改用瓷作载体,编制出的成品较锡壶竹编更为美观,受到人们的欢迎,由此形成瓷胎竹编。
>
> 瓷胎竹编工艺繁复,首先需选竹、刮青、破节、晒色成竹片,然后通过选料、烤色、锯节、启薄、定色、刮片、冲头、揉丝、抽匀、染色等十几道工序加工成丝,再将竹丝紧扣景德镇白瓷的瓷胎,以挑压方式进行编织,其中包括起底、翻底、翻顶、锁口等环节。编织过程中要求不露丝头,不起纹丝、叠丝,以保持竹丝经纬比例匀称地编织在白瓷外表。
>
> 瓷胎竹编材质优良,实用性强,在生活中的应用极其广泛。它一方面可保护器皿,另一方面又有装饰作用。瓷胎竹编款式多样,富于地域特色,深受当地居民的青睐。

屏山乡
——登楼四望真吾土

水是尧时日夏时，
衣冠又是汉官仪。
登楼四望真吾土，
不见黄龙上大旗。

清代著名外交家黄遵宪的这首《到香港》，反映出了他当时的内心世界。如今，香港实现了黄遵宪"黄龙上大旗"的夙愿，内地游客若想饱览香港"衣冠又是汉官仪"中的人文景观，不妨去屏山乡看一看。

屏山乡位于香港新界元朗区，属元朗区六大乡事管辖区之一，也是香港历史最悠久的原住民居住区之一。这里主要为邓氏族人聚居地，宋开宝元年（968），邓氏祖先由江西吉水迁居广东东莞岑田（今香港新界锦田），至12世纪邓元祯与其独子邓从光由锦田迁居屏山，先后建立了"三围六村"，"三围"是指上璋围、桥头围、灰沙围，"六村"则是指坑头村、坑尾村、塘坊村、新村、洪屋村、新起村。

屏山文物径为香港首条文物街，于1993年开幕，文物径在坑头村、坑尾村和上璋围之间，长约1600米，沿线的独特古迹

香港屏山文物径庙宇

包括聚星楼、杨侯古庙、古井、社坛、邓氏宗祠、上璋围、愈乔二公祠、觐廷书室、清暑轩等。值得称道的是，这些建筑多数由屏山邓氏在800年间陆续建成。

聚星楼落成于1486年，原本为一座六角形的7层高塔，后历经数百年的风雨侵蚀，目前只剩下3层，楼高约13米，每层楼阁上的喜庆吉祥题字均值得细细观赏。目前只开放一楼，是香港现存的唯一古塔。

邓氏宗祠被屏山的三围六村环抱，建于元代，有200余年历史，为三进两院式的宏伟建筑，是香港同类古建筑的典范，2001年成为香港法定古迹。现仍是屏山邓氏一族进行祭祖、举行传统节庆仪式及宗族聚会的重要场所。

屏山杨侯古庙落成时间不详，当地人称有数百年历史，20世纪中后期曾进行修缮，为一进三开间的庙宇建筑模式，结构非常简单，分别供奉了侯王、土地和金花娘娘。村民认为侯王即宋末忠臣杨亮节，因保护宋帝而深受后人景仰，并被立庙供奉。香港有多处纪念他的侯王庙。

上璋即上等的玉器，上璋围是屏山文物径上唯一的古围村，至今已有200多年的历史。村内房屋排列整齐，围墙以青砖建造，门楼、神厅及古楼房仍按传统围村布局风格建造。

屏山觐乔二公祠建于16世纪初，是香港现存唯一专为乡约（村落联盟）聚会、祭祀，以及作为市集管理处而建的公所，于清咸丰七年（1857）建成，为一座两进三开间式建筑。建筑物主要以青砖建成，配以"人"字形屋顶，墙基以花岗石建造，红砂岩构筑的正门门框是二公祠的重要建筑特色之一。

觐廷书室落成于1870年，是邓觐廷的儿子为纪念其父而建，曾是邻近村落子弟的读书之所，也用于祭祀祖先。整座建筑以花岗石柱支撑，正门门框同样是花岗条石，加上室内的精巧装饰，如荷花、寿桃等吉祥图案的墙饰及"甘罗拜相"金雕等，属当时的精湛之作。1899年，书室曾成为英军进占新界时的指挥总部，后来更成为首所以中英文教学的公立学校，直至

香港太平山街磅里

近年才复修成景点供游客参观。旁边有从前为表礼贤下士的清暑轩，里面收藏了一副由清代广东三大状元之一林召棠所赠的对联，尤为珍贵。清暑轩曾是接待来访宾客及鸿儒的处所，厢房装潢极尽考究和华丽，从这里的木刻、壁画、灰塑、漏窗及斗拱，可见传统中国豪门府第的气派。

新界乡村居民对主掌海洋的洪圣王非常敬仰，为求出海作业顺利，邓氏族人于1767年兴建了洪圣宫对其进行供奉。

屏山邓族文物馆暨文物径访客中心的前身是旧屏山警署，后来又成为警犬队的总部及训练中心，是新界现存少数战前时代的警署建筑物。2002年，这里被改建为屏山邓族文物馆暨文物径访客中心，用以介绍屏山邓族历史，以及文物径的沿途古迹等。

除了上述文物外，屏山乡还有若虚书室、圣轩公家塾、仁敦冈书室、述卿书室古门楼、秀才故居等古建筑。

屏山盆菜在香港颇受欢迎，影星周润发是痴迷者之一。邓联兴是屏山唯一一个仍在坚持做传统柴烧盆菜的邓氏后人。他是第三代传人，从小就跟他父亲学做盆菜。他不想传统盆菜从此失传，而且觉得工厂流水线生产的盆菜不好吃，所以仍守护着传统的柴烧盆菜的制作手艺。传统柴烧盆菜的食材是萝卜、猪皮、枝竹、鱿鱼、炆猪肉、鸡、冬菇、鱼蛋、虾、炸门鳝等。盆菜的摆放是有讲究的，味道清淡的萝卜、猪皮、枝竹、鱿鱼放底层，而味道浓厚的炆猪肉放上面，让下面的食材可以吸收浓郁的酱汁，至于鸡、冬菇、鱼蛋、虾、炸门鳝，因各自味道不同被放在猪肉上面，这样就不会被浓郁的猪肉酱汁掩盖了本身的味道，使盆菜味味相连，滋味浓厚。

蟠滩古镇
——柳条拂水春生鱼

当年韩愈送阿符,
城南灯火秋凉初。
我今送郎桐江上,
柳条拂水春生鱼。
汝若问儒风,
云窗雪案深工夫。
汝若问农事,
晓烟春雨劳耕锄。
阿爹望汝耀门间,
勉游勉游勤读书。

  桐江书院系宋乾道年间(1165—1173)方斫举资创建,其祖先方英是桐庐人,因名"桐江"。书院距蟠滩古街约有1000米,朱熹曾数次莅临,为书院题名并遣子就学,还写下了这首《送子入板桥桐江书院勉学诗》。"柳条拂水春生鱼"描述了桐江春来的景象,也表达了作者对儿子入学一事的欣喜。如今书院几度存废,但依然能够让人记起蟠滩古镇曾经的风光。

  蟠滩古镇位于浙江省仙居县蟠滩乡,是5条溪流的汇合点,也是连接东南沿海与浙西内陆的交通要冲。北宋咸平初年(998),这里就因水路便利逐渐发展成为永安溪沿岸一处繁华的集镇。据当地相关资料介绍,蟠滩原为河谷平原中的一块滩地,因布满白色鹅卵石而得名"白滩"。隋代时始有渡口,称"白滩渡",是东南古盐道水陆交汇中转处。唐初,这里有不定期的早市和晚市;五代时初成形;宋代时成为"蟠滩市";到

中国古镇经典

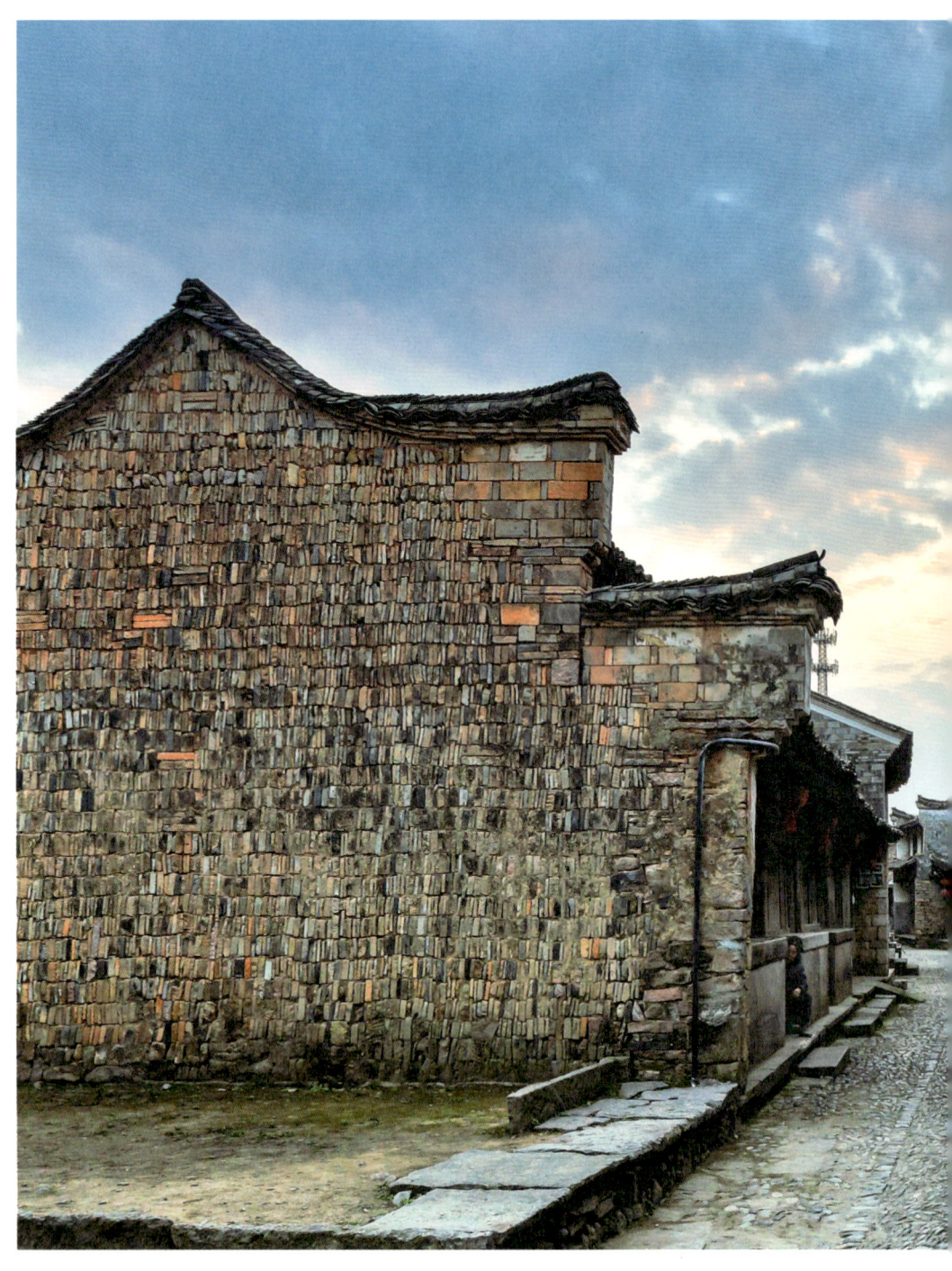

皤滩古镇街景

蟠滩古镇

蟠滩古镇街景　金小勇/摄

明末清初达到鼎盛时期。

　　蟠滩是台州海盐西运的重要中转集散地，附近盐场的官盐沿水路到此上岸，然后沿陆路到达江西省景德镇，因此这条水陆结合的运输道路又称为盐藻古道。这条古道直到1949年后还在发挥着重要作用，直到浙赣铁路开通，古道才逐渐衰落。而公路的开通则使航道逐渐失去了作用，千年风流，逐渐散去。

　　龙形古街是蟠滩最具特色的文化和建筑遗存。古街沿永安溪的走势建造，整条街就地取材，用鹅卵石铺就，东西长2000多米，形似腾龙，西为龙头，东为龙尾，中间弯曲成龙身。龙头正对五溪汇合点（朱姆溪、万竹溪、九都坑溪、又黄榆坑同点汇入永安溪）。这种以水埠头建设为目的，沿永安溪走势建造的商贸长街，具有多数水乡的构筑特点，"形似腾龙"寓意人们对吉祥平安的向往。古街两旁唐、宋、元、明、清、民国等风格的建筑均有遗存，至今仍保留了260多家店铺。古建筑历史年代较广，类型十分丰富，仅从功能即可分成几种类型：以长门堂、何氏大学士府为代表的官宦住宅，以苏松布庄为代表的商贸建筑，以春花院为代表的市井建筑，以胡公殿、陈氏祠堂以及桐江书院为代表的礼仪建筑，俨然一座古代建筑博物馆。

桐江书院号称"江南第一书院""浙东文化摇篮"，后毁于兵祸。元皇庆中期，方氏后人方志道重建书院，以彰祖德、振家声。后屡毁屡建，今日的桐江书院是近年重新设计构筑的。

桐江书院是台州书院文化的成果之一，据粗略统计，台州已经恢复或兴建了约90家书院。

位于枫树桥一带的三透九门堂，是蟠滩规模最大的建筑群之一，共有156间房子。该古民居的建筑设计非常精妙，充分考虑了浙东南山区多雨的气候特征，所有房子全部由廊檐连接，随便踏进一间屋檐下，就可沿着廊檐避雨蔽日地转悠到任意一间房屋。据说转遍三透九门堂156间房子，只有两步半是不在廊檐下的。

古镇保留着一种千年绝活，即堪称"中华一绝"的国家级非物质文化遗产——针刺无骨花灯，全灯没有骨架，而是使用有花纹的纸片粘贴而成。针刺无骨花灯起源于唐代，又名"唐灯"，曾是清朝时期的贡品，还获得过"澳门第四届国际艺术品博览会"金奖，并作为国家邮政局"民间灯彩特种邮票"公开发行。

溱潼古镇
——登临纵目瞰三湖

登临纵目瞰三湖，
帆影迷离戏水凫。
料得储君居此日，
课余闲睡一尘无。

明代吏部侍郎储巏少年时在家乡溱潼古镇水云楼读书，闲暇时，对故乡的优美景色发出了如此感慨。

溱潼古镇地处江苏省泰州市姜堰区，位于南通、盐城、泰州三地交界处，曾有"犬吠三县闻"之说。早在新石器时代就有人类活动的踪迹，那时这里水草丰茂，麋鹿"千百成群"。汉初属海陵县。唐《李符墓志铭》记载："青蒲南临吴渚，北傍秦泓，遂家焉。"《东台掌录》明确指出：秦泓，即后之溱潼。到了宋代，"秦泓"更名为"秦潼"。岳飞之孙岳珂在《金陀粹编》中有记录岳飞任通泰镇抚史时"军驻秦潼村"的语句。元代设镇，清末民初曾短暂设市。

溱潼古镇区拥有2万多平方米保存完好的明清古建筑群，古街巷23条。小溱湖巷、八仙桥巷等一大批明清古建筑群，以及水云楼、驸马亭、朱氏旧宅、李氏宗祠等建筑个体至今保存

溱潼古镇街景

完好，是苏中地区古民居保留最多、最完整的古镇。由于它地处里下河水网地区，寸土寸金，民居建筑均以精巧玲珑见长，辅以街巷幽深、麻石铺路、古井当院，更显其古朴久远。

溱潼的巷子布局合理、纵横弯曲、泾渭分明，以纵向小巷为主，从东向西有规律地间隔排列。

纵向巷子的南北两头，据说都曾设有可以开关的贡（共）门。每到晚间，巷内各户门前都挂起灯笼，家人回来后就将灯笼取下，待巷子里的灯笼全都收了，两头巷门即关闭。

一门三院士的院士旧居建于清乾隆年间（1736—1795），至今已有200多年的历史。清咸丰元年（1851），院士的高祖李承霖因为躲避战乱而从镇江丹阳来到溱潼，并购置了这处已有百年的老屋，后经多次改建，逐步形成了今天的规模。如今旧居

高二适故居

中的照厅、穿堂、堂屋、后书房、火巷、密室保存完好；院内繁花古树，池水缓缓；灰塑、砖雕古朴典雅、寓意深远，是苏中里下河地区最具代表性的古民居建筑。

溱潼一带的土质为湖泊沉积土，黏稠细腻，"雨天像年糕，晴天像把刀"。这样的泥土是烧制砖瓦的上好材料，遍布港汊的芦荻苇秆又是烧窑的上好燃料，二者结合烧制出的青砖细腻坚固，敲击声清脆响亮，称为"茨菇青"。据考证，上海的城隍庙、南京古城墙、镇江金山寺等建筑使用的都是溱潼的砖瓦。此外，砌城墙和阶沿用的城砖，做屋脊用的骑马砖（用途类似古代的甍砖）、圭砖（有榫卯），铺地用的罗底砖、对罗砖，圈建水井、厕坑用的刀刹砖（有弧度），磨檐驳山用的竹城砖，大殿铺地用的大金砖等，溱潼古镇都能够制作。

溱潼砖雕的特点是花色奇巧却不见铺陈堆砌，匠意生新却不露斧斤痕迹。溱潼砖雕采用了圆雕、高浮雕、线刻和镂雕等各种手法，以图案装饰见长，构图饱满、层次清晰、空间感很强。近年来，溱潼原始的制砖工艺和传统的砖雕技艺得到了恢复，在全国古建修复中发挥了重要作用。

镇内古树名木众多，有唐代国槐，宋代万朵古山茶，明代黄杨、皂荚，清代木槿，无不印证了古镇悠久的历史。值得一提的是，位于镇区一古民居内的万朵古山茶树，始植于宋代末期，距今已有800多年，为名贵的松子品种，是全球人工栽培山茶中基径最大、树体最高、树龄最长、冠幅最大的一株，已入选"吉尼斯世界之最"。

溱潼会船节源于宋代，主要分布在里下河水乡，纵横数百平方千米。会船通常分为篙船、划船、花船、贡船、拐妇船五种类型。一年一度的会船节举办日期定在清明节的第二天，是时竹篙如林、舟轻似莲，有万余人参与，百舸争流、千篙竞发，是国内保存较好的水上庙会之一。2008年入选第一批国家非物质文化遗产扩展项目。2009年被认定为"大世界吉尼斯之最——规模最大的船会活动"。

2016年5月19日，中国邮政发行特种邮票《中国古镇（二）》1套6枚，其中编号6-1为溱潼古镇。

溱潼古镇

青木川古镇
——左右清溪环玉带

一围树木四时荣，
万点南山分外明。
左右清溪环玉带，
高低翠岸锁金城。

清道光年间（1821—1850），贡生赵璘的一首七律《闲题坝中诸景》描绘了家乡青木川古镇的美景，让人心生向往。青木川古镇是一块神奇而多彩的地方，宛如一幅缩小了的中国近代社会百年兴衰的历史画卷。

青木川古镇位于陕西省宁强县西北，为陕、甘、川三省交界处，因川道中有一棵古青木树而得名。青木川发轫于明中叶，成型于清中后期，鼎盛于民国时期，是羌汉杂居地区，先后称四龙坊、回龙寺、回龙场、永宁里、凤凰乡、青木川。近年，古镇随着叶广芩的文学作品《青木川》及以其改编的电视剧《一代枭雄》而声名大振。

青木川古建筑群始建于明代，历经清代和民国时期的持续建设渐成规模，建筑样式兼具川西和陕南两种风格，部分民国时期建筑还体现了中西合璧的特色，极具观赏价值。青木川的

青木川古镇魏氏庄园一角

陕南、秦巴风格的民居建筑，更是既体现了楚汉文化和巴蜀文化的主格调，又充分吸收了徽派建筑的特点，这些结合陕南自然条件和人文条件设计建造的具有浓郁秦巴地方特色的住宅，设计新颖、结构合理、特色鲜明，是青木川建筑文化的重要组成部分。

2011年，青木川老街、魏氏庄园、宁强羌人墓被列为全国重点文物保护单位。

古镇现存的回龙场古街系明成化年间（1465—1487）所建，形成于清中叶，繁盛于20世纪40年代，街长800米，宽4米，总面积4万余平方米，街上的四合院建筑保存完整度达80%。受"5·12"汶川大地震的影响，回龙场古街遭到一定程度的破坏，2008年进行了整体维修。回龙场古街现留有古朴独特、雕梁画栋、风格典雅的古建筑房屋260间，是不可再造的历史文化遗产。

青木川古镇航拍图

古镇保存最完整的是魏氏庄园，总面积达8500平方米，保存度达85%。魏氏庄园系民国年间知名绅士魏辅唐（电视剧《一代枭雄》中何辅堂的原型）所建。魏氏庄园位于魏家坝，是青木川最气派的建筑，由毗邻的新老两套天井院子组成。两座大院都有长达7米的青石铺就的走廊，前廊后厦的格局以及精雕细刻的窗棂门楣，显现出魏辅唐当年的气派。老宅建于1929年，分为前、后两进，共有房屋61间。新宅建于1932年，更多地融入了西方的建筑风格和吸收了近代建筑文化，简洁宽大、庄严肃穆，分前院、书堂和后院，砖木两层结构，整个建筑呈轴对称格局。2019年，魏氏庄园入选中国20世纪建筑遗产。

在青木川古镇的官网中，介绍了"飞凤桥"的前世今生：

1938年，魏辅唐在回龙坊巷子口修建了一座简易的桥，不久被洪水冲垮。1939年，魏辅唐从四川请来工匠再次修桥，他每天坐在河边监工，但主体结构刚完成就因桥身太重而坍塌了。

1941年，魏辅唐再次请来工匠，雇用当地民工，用半年时间修建了一座长约100米的石拱桥，命名为"济川桥"，此桥在1952年被洪水冲垮。

1957年，政府以民办公助的方式，在济川桥原址上修了一座木质廊桥，即"风雨桥"。

2002年，风雨桥因年久失修被拆除，财政投资修建了水泥仿古桥"飞凤桥"。

清溪古镇
——夜发清溪向三峡

峨眉山月半轮秋,
影入平羌江水流。
夜发清溪向三峡,
思君不见下渝州。

李白的这首《峨眉山月歌》,是他途经清溪驿时所作。清溪古镇就这样随着诗人的思绪来到了我们面前。

清溪古镇位于四川省犍为县城西南,至今已有2000多年历史,是川南名镇。西汉元光五年(前130),这里已成为人口聚居地;东汉建武元年(25)设清溪驿,遂成为通往朱提(今云南省昭通市)的重要驿站;唐永徽元年(650)设惩非镇;北宋大中祥符四年(1011)至明洪武四年(1371)为犍为县县治所在地,长达360年;因在清水溪岸,明洪武九年(1376)改称清溪,也称清水溪;清宣统二年(1910)改称德裕镇;民国二十二年(1933)复改为清溪镇。

民国时期,茶叶、生丝、中药材、皮毛、煤炭等物资每年从雷马屏沐等周边地区以至滇黔边界运至清溪,然后由清溪再转运至成渝等地,其中仅茶叶年运入量即有千余担(每担50

清溪古镇

清溪古镇门楼

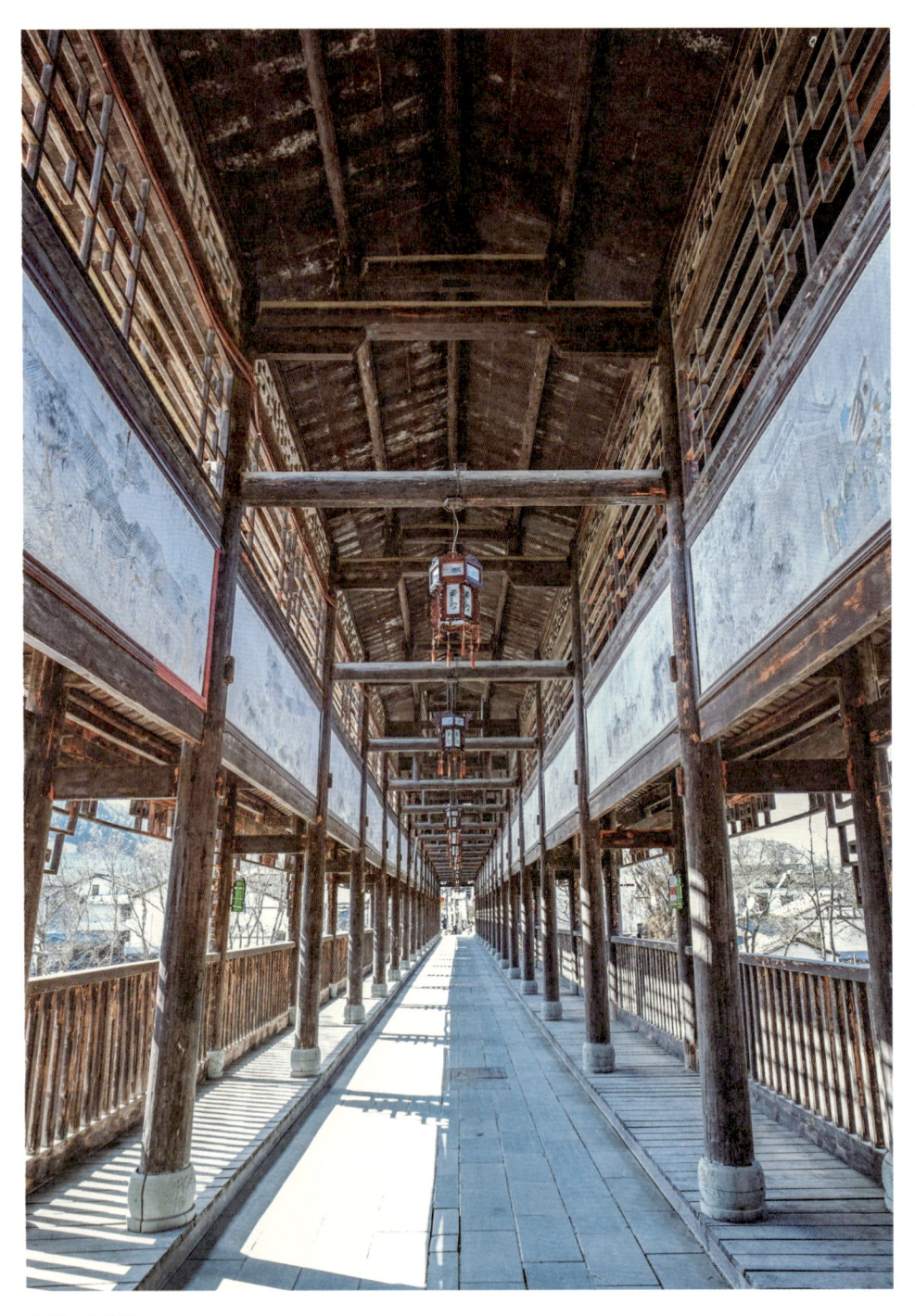

清溪古镇廊桥

千克）。成都、雅安等地茶商还专门派员常住清溪采购，而清溪人也在成都设庄经销茶叶。繁盛时期，每日经停清溪的过往船只有三四百只，上岸人员有三四千人，同时每日还有三四百名往返于周边地区的陆路搬运工经停于此。据统计，1933年，清溪古镇有7000余人口，仅从商者即有2000余人。到1949年，从商人员的比例扩大至50%，以致中华人民共和国成立后，很多县级商贸机构不驻县而驻清溪。

清溪古镇依马边河河岸而建，整个镇的边际线像是一把张开的弓，房屋建在冲积平坝上，地势平坦，因而街道的平面布局比较规整。目前古镇的古街区内还保留着150多个老四合院和部分古城墙、老码头、古寺庙、古装饰、古家具、古树木和老牌坊，而宁芷邨故居、文朝辅进士第、宁廷弼进士第、南华宫等明清古建筑则保存较好。

当地人称宁芷邨故居为"铜门槛"，占地面积1970平方米，始建于清代。顾名思义，其豪华气派的大宅门的门槛，应该是用金灿灿的铜皮包裹的。"铜门槛"庭院深深，有6个天井，最大的一个天井有100多平方米，最小的一个10多平方米。位于庭院深处，保持着清代原貌的绣花楼是一座100多年前的闺房，如今在四川已难得一见。另外，在"铜门槛"斜对门，有一处宁芷邨胞弟的宅院，当地人称"铁门槛"，是典型的川南民居建筑风格。"铜门槛"和"铁门槛"是清溪古镇最为典型、最为完好且规模最大的两处清代宅院。

清溪古镇给人以最大视觉冲击力的就是古民居上大量的、清一色的小青瓦，形成了古建筑深灰色的主色调。住宅建筑的形制多为四合院落，由门厅、正厅、左右厢房和天井构成，在天井的四角均有排水设施，称为"四水归一"。在建筑的用材上多为就地取材，木、竹、泥、石相结合，墙壁多数为木板，也有部分为青砖空心墙，还有部分为竹壁糊泥墙，少数为纯土墙。还有几处近代中西结合的建筑，如"智园""愚庐"等。

智园建于清代，建筑面积1547平方米，主人当年是清溪的大户人家。与清溪其他呈对称布局的四合院不同，被称为"三倒拐"的智园，虽然门面如同四川旧时的公馆，但门楼及相邻的门墙上，却有近半人高的阳台护栏加以装饰，其栏柱为花瓶状，因而又有西式建筑色彩；院内的房屋，又是青瓦两面坡、木柱木窗木板墙，具有典型的川南民居建筑风格。

清溪古镇是远近闻名的"茉莉之乡"，有300多年种植历史，与福建福州、广西横县共为国内三大茉莉花基地。当地的茉莉花茶采取炒花工艺，茶味鲜爽，层次分明。

润城古镇
——须教无槛不临花

但索有窗皆映竹，
须教无槛不临花。
日均空翠来湘箔，
篆袅青烟出绛妙。

明崇祯十三年（1640），明代思想家、南京吏部尚书、祖籍润城的张慎言对家乡景色有感而发，题诗抒怀。

润城古镇位于山西省阳城县城东7000米处。早在战国时期已是韩赵相争的重镇，古称"少城""小城"，因冶炼业的兴旺曾称"铁冶镇"，明嘉靖三十八年（1559）改为"润城"。隋末唐初，这里出现了冶炼硫黄的手工作坊，到了明代又创造了天地罐技术，是中国炼硫史上的一个飞跃，比宋应星《天工开物》中记载的炼硫技术还要先进。

润城古镇的砥洎城乃出于军事防御目的而建，到了明代已功能完备。砥洎城的城墙极富特色，高约12米，临水处更是高达20米，城堡内的民居、巷道与城墙被全部纳入整体防御体系，体现出以防御为本、平战结合的设计风格和建筑特点。

润城古镇的冶铁业发达，并因此出现了一大批富商巨贾，

润城古镇民居建筑

他们用来自冶铁业的财富构筑城堡，而冶铁后废弃的坩埚又成为城墙的主要建筑材料，既坚固耐久，又可降低成本。坩埚的坚韧程度完全超过如今的混凝土，实属建筑史上的特例。用坩埚造城墙属于废物利用，而且坩埚中空，能起到很好的保温和隔热的效果，使得房子冬暖夏凉。在润城的周边地区，至今还保存着以坩埚为材料修建的窑洞、房屋、墙壁等种类繁多的建筑。

目前，晋城市范围内遗存的堡寨多达117处，其中具有整体保护开发价值的就有54处，堡寨的遗存以沁河流域最为集中，有皇城相府、湘峪古堡、郭峪古城、上庄古村、窦庄古堡、郭壁古堡、柳氏民居、砥洎城等。

崇祯十一年（1638），砥洎城完工，投入使用。比其修建耗时更长的是皇城相府。从明崇祯五年（1632）开始修建内院，到外院竣工时，已是清康熙四十二年（1703）。

在历史上，以润城古镇为中心的阳城县曾经是我国重要的硫黄产地。硫黄是传统火药的重要原料。早在宋代，我国就有从多火山国家日本进口硫黄的官方记录，甚至有"倭磺"的独有称谓。明洪武八年（1375），朝廷置广积库，专门管理硫黄、硝石等战略物资，民间炼磺需持有执照。清乾隆二十二年（1757），同知公署被移到阳城，乾隆二十五年（1760）设营监磺千总，加兵丁38人，负责监督、保护硫黄采炼。明代对硫黄严加管制："亦禁不得以硝黄、铜、铁违禁之物夹带出海。"清代也明文规定："若商渔船内夹带违禁硝磺钉铁樟板等物，接济外洋者，船户以通贼论斩，舵工水手知情者同罪。"

民国时，这里还设立了硝磺局，专司其职。到1937年，阳城全县的硫黄年产量已达到500吨。1940年，全球产量在360万吨，主要生产国有美国、意大利、日本等。

润城镇东岳庙

《扁鹊心书》《本草纲目》《苏沈良方》等古代中医药著作中都有"炼丹用阳城罐"的描述。清雍正十二年（1734）编撰的《泽州府志》记载："土人谓瓮曰串口，形可二尺，径一尺，唯阳城造者土坚，它瓮则纹裂。在凤台，土河、沁河、追山等村亦产磺，与豫之济源接壤，深山大泽，犯者时有，必得阳城串口乃可烧煅。"技术上的优势，使得阳城陶罐的出磺率在今天也令人称道。直至今日，陶瓷生产仍然在润城工业中占有重要位置。

"打铁花"是这座冶炼古城保留下来的特有习俗。清代润城诗人张晋在《铁花行》一诗中写道："烘炉入夜熔并铁，飞焰照山光明灭。忽然濆洞不可收，万壑千岩洒红雪。"每年元宵节期间和农历四月十八，砥洎城城头铁牛台附近，会进行连续三天的打铁花表演。

沙家浜古镇
——不醉春光良可惜

与君同是避秦人，
不醉春光良可惜。
春非我春，
秋非我秋。
惟有桃花年年开，
溪水年年流。
为君酌酒长无愁。

明末清初学者顾炎武避居常熟时，在为友人撰写的祝寿诗《桃花溪歌赠陈处士梅》中，把语濂泾比喻为可以避秦害的桃花溪。顾炎武心中的"不醉春光良可惜"的美景，今天依然是游客去往沙家浜古镇的理由之一。

沙家浜古镇位于江苏省常熟市东南部，隋大业十一年（615）始有乡民在此定居，明中叶渐成市集。1981年，这里因沪剧《芦荡火种》（京剧《沙家浜》前身）而改名为芦荡公社，1992年，更名为沙家浜镇。境内的唐市、横泾两座古镇至今仍保存着完好的明清建筑群落，已有1400多年的历史。

沙家浜景区占地面积高达4平方千米，是华东地区最大的湿地公园。影视剧《沙家浜》《金色年华》《三言两拍》《茉莉花》《谭震林》《陆小凤》《精武飞鸿》《大明王朝》等都在此取景拍摄。

沙家浜古镇水巷　鲍晓臻/摄

唐市，旧名尤泾，又名语溪。明正统年间（1436—1449），由唐氏招商成市而得名。唐市横跨尤泾河两岸，东濒金桩泾，西临语濂泾，因集镇位于常熟东南，俗称东唐市（西唐市现属张家港市）。旧时的唐市人文荟萃、富甲一方，素有"金唐市"之称，为常熟四大集镇之一。"金唐市"与"银梅李"相呼应，源于唐市的稻米、梅李的棉花，都是常熟农副产品交易流通的重要集散地。

唐市石板街旧名河东街，建于明代，因河成市，河街并行，整体风貌至今基本保存完好，具有典型的江南水乡古镇特征。石板街全长400余米，总计有石板584块，两旁房屋还保留有部分清代居民建筑。

清军入关后，顾炎武避居沙家浜东部的语濂泾，完成了他的"乙酉四论"。奈何南明大势已去，他却无力回天。在此期间，顾炎武认为自己原来的名"顾绛"，有投降之意，字"忠清"，更是与他"反清复明"的志向背道而驰，于是决定效仿南

沙家浜古镇水巷　鲍晓臻／摄

宋文天祥幕府王炎午的事迹，改名"炎武"，也有取炎帝"削桐为琴""削木为弓"的勇武之意。

　　沙家浜古镇内还有一所毛晋纪念馆。明末清初，毛晋汲古阁刻板印刷规模较大，曾有谚语称："三百六十行生意，不如鬻书与毛氏。"横泾的毛晋终身从事藏书与刻书事业，其汲古阁毛氏刻本数量多、影响大、流传广，在中国私家刻书史上可推为第一。在藏书方面，毛晋藏书8.4万册，来源为购买、自抄和赠送。从版本看，其收藏了大量宋刻本、元刻本、宋抄本、元抄本、名家抄本和孤本。在刻书方面，他苦心校勘，雇刻工、印工等多人，共刻书600多种、11万余页，总字数超过8000万字，规模最盛时期，拥有编校、写样、刻印、装订人员近百人。毛晋之子毛扆克承父志，从事藏书、校书、刻书活动50多年，并著有《汲古阁珍藏秘本书目》。由汲古阁刻印的宋、元以来之珍本书籍名扬海内外，为中国历代私家刻书之最。另外，唐市人杨彝爱藏书、校书，其藏书楼凤基楼藏书逾万卷，与毛晋汲古

沙家浜古镇

沙家浜古镇建筑局部　鲍晓臻／摄

中国古镇经典

沙家浜古镇

沙家浜古镇远眺

阁、钱谦益绛云楼齐名，共同对弘扬中华文化做出了杰出贡献。

沙家浜有两大独特文化：船、茶。

沙家浜地处水乡，陆路交通几近于无，船是古时唯一的交通运输工具，因此衍生出了别具特色的船文化。

沙家浜是江南船拳的四大传承地之一。江南船拳曾经流行于长三角尤其是吴中文化区，仅在不过一张八仙桌大小的船头进行练习，既有拳术也有器械，注重近距离、小范围攻击。

沙家浜水乡婚俗也是船文化的一部分，其大致与周庄水乡婚俗相近，仅于细微处略有不同。结婚当天围绕"船"进行的一系列习俗是水乡婚俗的核心，也是最为有趣之处。如今，与其他水上婚礼相同，水乡婚俗已经成为一种奢侈消费。

沙家浜地处吴中茶文化腹地，在抗日战争时期，这里有数十家茶馆，部分曾经是中国共产党的地下交通站。碧螺春"茶极细，器极粗"，非常适合在茶馆品味。在春来茶馆点一壶"沙家浜碧螺春"，听一段《智斗》已经成为当地旅游程式。

沙家浜古镇钟灵毓秀、文脉绵绵。据旧志记载，仅明清两代古镇就有进士12人，举人28人，有著作的文人138人，著作不下数百种。明代有万户侯解元王敏、武英殿大学士严讷、广州通判李勋等名士涌现；清代的文人学士更是层出不穷，有名的有嵇永仁、陈梅、许瑶、唐孙华、许玉森、陶元淳、苏祖萌、通门和尚、黄鼎、许承恩、许朝、倪赐、苏国士等；而书、画、琴、弈之能者也代有其人。

沙溪古镇
——两树繁花占上春

两树繁花占上春，
多情谁是惜芳人。
京华一朵千金价，
肯信空山委路尘。

明代文学家杨升庵曾在云南居住达30年之久，留下了大量文学作品。这首《题兴教寺海棠》即以沙溪古镇寺庙中的海棠自喻怀才不遇，其中"两树繁花占上春"一句，却生动表现出沙溪古镇建筑汉白交融、别具一格的特点。

沙溪古镇位于云南省剑川县东南部，是白族、汉、彝、傈僳族的共居地。早在公元前400多年的春秋战国时期，沙溪古镇先人就拥有了较高的青铜冶炼技术。

唐宋时期，沙溪古镇因地处南诏与大理国通往沙登菁、石钟山石窟的必经之地，成为唐和吐蕃在经济、文化交流古道上的一个陆路码头，而盛极一时。唐末宋初，剑川傍弥潜（弥沙地区）盐井、沙追（沙溪河谷地带）盐井、乔后盐井的开发以及云龙诺邓井、兰坪啦鸣井盐矿相继开采，进一步推动了沙溪的经贸发展和物流繁荣，也使沙溪成为茶马古道上的重要贸易集

中国古镇经典

沙溪古镇航拍图

沙溪古镇

散地。沙溪还是重要的佛教文化流布地区，是古代通往南亚的唯一国际通道。

明《徐霞客游记》中称："剑川湖之流，合驼强江出峡贯于川中，所谓沙溪也。其坞东西阔五六里，南北不下五十里，所出米谷甚盛，剑川州皆来取足焉。"说明沙溪古镇此时仍是"茶马古道"上的盐茶集散地。

寺登四方街南北长约300米、东西宽约100米、其中北部街东西长约100米，南北宽约50米，是一个文化体系完整、集市和贸易功能齐备的千年古集市。与其他集市建筑相同，四方街许多民居呈前铺后院形式，既可开店、经商，又可接待客商马帮。至今，自明代以来的寺登街道路的走向尺度不变，古建筑群的建筑风格90％以上保留完好。

2002年，世界纪念性建筑基金会（简称WMF）在美国纽约宣布中国云南沙溪（寺登街）区域入选世界濒危建筑遗产名录，并评价："中国沙溪（寺登街）区域是茶马古道上唯一幸存的集市，有完整

沙溪古镇街景

无缺的戏院、旅馆、寺庙、大门，使这个连接西藏和南亚的集市相当完备。"

据官方资料显示，剑川为全国白族聚居比例最高的县，被誉为"白族之乡"。2009年8月，沙溪古镇白族传统文化保护区被云南省人民政府公布为省级民族传统文化生态保护区。剑川是汉藏文化和东南亚、南亚文化的一个重要交汇口，剑川白族除保留了自己民族的语言和生活习俗外，还吸收了汉族的文化和生活习俗。至今，白族语言、风俗习惯中还保留着中原已经失传的古汉语借词和部分汉族风俗习惯，极大地丰富了白族同胞的文化生活。

随着各民族文化的交流与传播，极大地推动了各类先进的生产技术、技艺进入剑川，促进了其在陶制品、木石工技艺上进一步系统发展，成为独树一帜的地方民族工艺。剑川当地的白族建筑就体现出了这一特点。

沙溪白族民居的样式主要以合院为主，其建筑特色不仅遵循着中国古建筑中的对称性原则，而且在"汉化"的过程中，白族人民依据本民族的文化特质，并结合当地的自然条件，依山傍水而建。他们将传统木质建筑中的穿斗、抬梁等形式完整地保留了下来，但在建筑中的木雕装饰与图案运用上却别出心裁，有以此演变而来的走马转角楼、吊柱中的莲花抱柱、腰厦等形式各异的房屋架构形式。

原保存于沙溪古镇西门村本主庙内的木雕佛屏，为云南省现存最早的木雕作品之一，距今已有600多年的历史。佛屏上共雕刻了33尊佛像，佛像旁边雕刻有鹿、猴、兔等动物，造型精美，为大理国时期白族雕刻艺术的精品。

剑州木雕有上百年的历史。明清为剑川白族建筑木雕的鼎盛时期，民居建筑中的剑川西门街明清建筑群与宗教建筑中的

沙溪古镇民居建筑群

沙溪兴教寺等，都是此时期的建筑典范。2011年，剑川古雕入选国家级非物质文化遗产名录。

剑川白族石宝山歌会是一个以对歌、赛歌为特色的民族传统节会，举办地点石宝山属剑川县的沙溪古镇。据考证，石宝山歌会已有上千年历史。2008年，石宝山歌会被列入第二批国家级非物质文化遗产名录。

上津古镇
——波平分鸭黛　浪咸起鱼鳞

青青堤上柳，
飘忽自成春。
欲作之眠势，
应来九烈神。
波平分鸭黛，
浪咸起鱼鳞。
若向江中渡，
风流自有人。

清代诗人王霖的这首诗，把上津古镇写得如诗如画。他应该庆幸自己遇到了上津短暂的和平时期，因为自古以来上津所在的鄂、陕交界地带就是易守难攻的战略要地，战争频发。

上津古镇位于湖北省郧西县西北部，坐落于汉江支流金钱河下游东岸，是古时武汉至西安的交通要道，素有"朝秦暮楚"之称。上津历史悠久，古为商国之地，春秋属晋，战国属秦，自三国魏文帝黄初四年（223）上津设平阳县始，先后14次立县，6次设郡，2次置州。

隋唐以来，南粮北运有三条要道，东为沿海漕运，中为京杭大运河，西以汉口为集散地，经汉江、秦岭到西安。其中西线自汉江、汉江支线金钱河经水运至上津，驮运翻越秦岭至关中最为便捷。

安史之乱后，上津成为整个大唐王朝的重要交通枢纽，全

上津古镇街景　微博博主：有切仅有你／摄

上津古镇街景

国财赋从襄阳运至郧乡县后,因为险滩阻隔,不利舟行,便改陆地西北行,经上津县转输。上津一时成为水陆漕运的中心,称为"上津路"。这条道路殊为艰辛,据文献记载:"山路险阻,车乘难通,仍召贫人,令其搬运,以米充脚价,务于全活流庸。"

上津古城始建于明永乐元年(1403),周长1236.6米,城墙高6.8米,城基厚度6.12米,面积8万平方米,设5门,当时为土城。清嘉庆七年(1802)大修时改为砖城。上津古城是全国仅存的4座县级古城之一。

上津古城四个方向各有一个城门,分别叫作接秦、达楚、通汉、连郧,西南一角还有为方便百姓劳作而开的角门。

上津历史文物众多,但受战乱和水患影响,保存下来的主要有三大类:一是庙宇类,有杨泗庙(重建)、元贞观、城隍庙(遗址)等;二是馆舍类,有山陕馆(南会馆)、北会馆、天主堂、武昌会馆、河南会馆等10余个会馆遗址；三是公益建筑类，主要是明清四合院（现存完好），其中尤以南北会馆、古戏楼、明清古建筑群（明清古街和四合院）等最具历史价值。

上津的山陕会馆在上津古城东北500余米的山腰上，始建于清乾隆末年，已有200多年历史。整个山陕馆是四合院式布局，占地面积207平方米，前后两进，面阔三间11.6米，进深分别为5.85米、6.9米，均为砖木结构，抬梁式构件，单檐硬山灰瓦顶，设有火山墙。

关公是财神和忠义的象征，一直受到封建王朝的推崇。晋商视关公为精神支柱和保护神，明清之际，凡有山西会馆处必供奉关公，甚至会以关帝庙为主、会馆为辅，庙馆合一。每年农历五月十三关公诞辰，山陕籍居民和商人都会到山陕会馆敬香。

上津古镇建筑局部　微博博主：有切仅有你／摄

中国古镇经典

上津古镇远眺

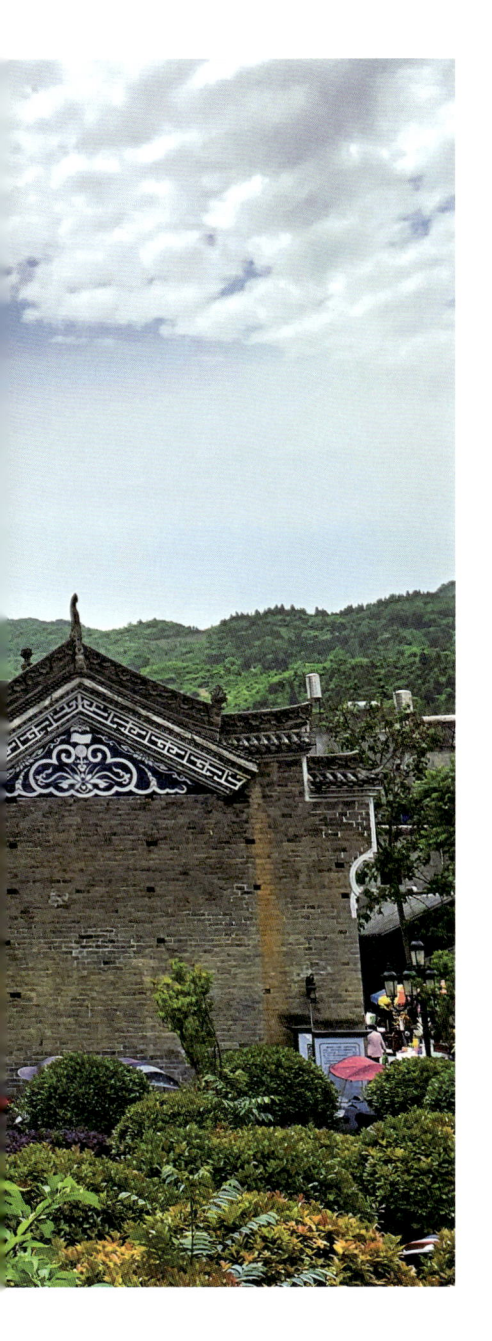

20世纪50年代，金钱河还是一条重要的交通线，国家曾拨专款予以整治。1988年，金钱河里仍然有木船摇曳往来。1966年7月1日，郧西县城关镇至上津古镇的公路修通后，金钱河河运功能不再，上津也失去了传统优势，繁华不再。

上津火龙灯会至今已有数百年的历史，是由祈福仪式演变而来的。宋代陆佃的《埤雅》记载："龙火得湿则焰得水，则燔以人火逐之即息。"火龙灯舞以烟火逐火龙而舞，驱干旱、祛瘟疫、佑四方苍生。相传最初的灯舞设计者是当地的民间艺人和民间医生，火龙以祭祀龙神、迎福接瑞为目的，融入了民间传统艺术因素和秦巴舞蹈特色。经过数百年的传承，上津火龙灯舞被逐步赋予南北文化交流与儒道文化的内涵，表演仪式从小到大、从简到繁。到目前为止，已经从祭祀神龙为核心内容的祈福仪式渐渐演变成内容丰富、制作精美、队伍庞大、灯火辉煌的上津火龙盛会。

上里古镇
——绿树掩映溪边道，碧波摇碎古楼影

青山环绕上里镇，
石拱桥下水有声。
绿树掩映溪边道，
碧波摇碎古楼影。
蔷薇不知春已暮，
犹开庭前听蝉鸣。
何妨小坐品甘露，
惯看巷口往来人。

军旅诗人西客的这首诗有些"偷得浮生半日闲"的逸趣，其中"绿树掩映溪边道，碧波摇碎古楼影"中的古树、古道、古楼，再加上上里古镇的古桥、古茶、古巷，可谓看尽上里风流。

上里古镇位于四川省雅安市雨城区北部，其东、北、西三面均为丘陵山地，镇边缘的东、南、西三面由白马河、黄茅溪围绕。上里古镇初名"罗绳"，明末清初曾出现过韩、杨、陈、许、张五大家族，又俗称"五家口"。这里既是唐蕃古道上的重要边茶关隘，又是历史上南方丝绸之路的重要驿站和茶马司所在地。

2000多年前的南方丝绸之路以此为起点，经云南出境，进入缅甸、泰国，最后到达印度和中东，总长200余千米，也称"蜀身毒道"。

上里早期为少数民族聚集区，其中主要以本地的青衣羌人

上里古镇老桥

为主。从先秦到明清，这里曾发生过几次大规模的移民活动，再加上南方丝绸之路的日益繁华，不断有外地人口来此定居，先进的中原文化和外来文化同当地文化渐渐融合，形成了具有浓郁地方特色的汉文化。

上里古镇的建筑以民居为主，多为明清时期的建筑风格，沿河岸而建的民居木楼与映入水中的古树构成一幅美丽的水乡

上里古镇远眺

风景。而大量的民居却是分布在两河所夹的较为平坦的山脚，以"井"字形分布，横街两条，纵街两条，交错而成。两条纵街连接两条横街，约30米长。后横街约100米，较窄，街中有水道，因而路面更显狭窄。古镇建筑以二层木结构为主，寓"井中有水，水火不容"之意，以水制火鬯，祈愿小镇平安。上里古镇老街在建筑面积和保存完好性方面都堪称优异，故《聊斋志异》《山那边好地方》《今夜不回家》《被告山杠爷》等一批影视剧将这里选作外景地。

韩家大院始建于清道光四年（1824），占地4600平方米，

从建设到完成历经100余年。由于韩家子弟在首都北京的为官者多，因此宅院仿北京官府宅邸风格而建，坐东向西，三院，每院三级，院院相通，形成9个天井院落，寓意"久久长寿"；大院分三处7个四合院，故又有"七星抱月"之称；从大门进入，三个院落越来越高，寓意"步步高升"。

韩家大院采用了大量的"镶嵌雕刻"工艺，即单独雕刻图案，再在门窗上雕出图案的凹槽，雕刻完成的图案要恰好能镶嵌进入，而不留缝隙，反映了当时高超的雕刻技艺。

从古镇沿河上溯1000米，有10余座古桥，但造型无一相同。这些桥梁不仅是南来北往的通道，而且再现了古镇的历史和匠师的技艺。其中最具代表性的是清乾隆十四年（1749）建成启用的"立交桥"（进入古镇的必经之路，桥面平整，两端为引桥，可上下通行）与清乾隆四十一年（1776）建成启用的"二仙桥"（单孔大跨度石拱桥）。

上里的红色文化同样引人注目。1935年6月至1936年2月，红四方面军一部在上里深入发动、宣传、组织人民群众抗日救国，以认真、德诚、紫光、崇安四个政治部的名义在石桥、石碑、石坊、石壁、石柱上面雕刻了很多宣传标语和革命口号，内容以抗日反蒋、动员群众打倒土豪劣绅为主，语言通俗易懂。红军离开后，当地群众用石灰和泥土将其石刻标语覆盖进行保护，因此得以保存红军石刻标语40余幅，其中的《中国共产党十大政纲》被鉴定为国家三级文物。

白马泉和喷珠泉是古镇域内独特的风景区。白马泉始建于唐末，位于龙头山麓的南丝绸古道旁，因起潮落潮均能听见马蹄的声音而得名。喷珠泉距白马泉100米，泉边有清代雅州太守黄云鹤所书的"喷珠泉"碑，泉水终年不枯，清澈见底的泉池随时可见到珍珠般的气泡从池底喷出。

挞挞面源自四川省雅安，已有百余年历史，因其以手工制作，薄似硬币、宽约一指，在当地又被称为"手工宽面"。挞挞面最具特色的制作手法叫作"挞"，在当地方言中是"摔"的意思。师傅在案板上抡、摔面条时，"挞、挞"声闻于街头巷尾，遂有此名。兴盛时期，上里古镇内有上百家挞挞面馆。

石桥古镇
——当年故事斑斑石

非是情怀不足珍，
初心删尽可为邻。
当年故事斑斑石，
俱是红羊劫后身。

这是达州当地诗人创作的一首诗。无论是石桥古镇这一名称，还是古镇中的石牌坊，"石"都是古镇上必不可少的载体，更是古镇在悠悠岁月中的不二伴侣。

石桥古镇位于四川省达州市达川区西部，原名"石桥河"，因镇中的15座石拱桥而得名，战国时属巴国，秦汉归益州，汉代建场，明末毁于战乱，明清时期在湖广填四川时移民复建。

石桥古镇有"五绝"：工艺精湛的石牌镂雕艺术，传统厚重的封建"节""孝"文化，规模宏大的红军石刻标语，保存完好的川东民居和青石板街面，原汁原味的川东民俗风情。

石桥古镇区传统的街巷格局保存比较完整，有保存较为完好的清末川东民居街道11条，分别由各省移民所建。其中抚州街（今红卫路）由江西省抚州市的移民所建，东起文昌宫，西至场口，全长195米；广东街（今花市街）由广东省的移民所建，

石桥古镇列宁街　微博博主：可视圈／摄

后因长期从事棉花交易，更名为花市街，下起平桥烟市街，上与列宁街相接，全长130米。梁子街、大井街、平桥街、烟市街、糖市街等也分别由各省移民建造。

　　石桥古镇内有一条石板铺路的列宁主义街，简称"列宁街"。全长694米，有210间街房。街上由东向西一字排开4座石牌坊，分别为清嘉庆、同治、光绪年间建造，依次编为一、二、三、四号坊。一号坊乃清同治八年（1869）为奉政大夫马春芳之妻许氏所建，二号坊乃清嘉庆二十一年（1816）为马洲之妻郭氏所建，三号坊乃清同治九年（1870）为故处士徐文点之妻李氏所建，四号坊乃清光绪二十六年（1900）为武生徐定国之妻汪氏所建。以上4座牌坊均为三层斗拱、层层飞檐、古朴隽秀、雕刻精美、重檐半拱，蔚为壮观。

　　镇内至今尚存"打倒帝国主义、武装拥护苏联""打倒国民党统治，建立苏维埃政权""工农专政""拥护红军、扩大红军"等38幅石刻宣传标语，极具特色，被誉为"中国红色第一街"。

　　2013年，列宁街被列入国家级重点文物保护单位。

　　以舞龙的方式来祈求平安和丰收是全国很多地方的习俗。闹春习俗在石桥古镇已延续千年，表达了人们祈求新的一年风调雨顺、五谷丰登的美好愿望。在整个活动中贯穿了请龙、龙点睛、龙请水、烧火龙、送龙等民俗风情。每年春节期间，石桥古镇共有10余支火龙队伍参加舞龙活动，参与人数及观众有15万余人次，占辖区内常住人口的95%以上，气势恢宏、热闹非凡。石桥古镇的大街小巷灯火辉煌，人声鼎沸，伴随着激越的鼓点，10余条金黄色的"火龙"上下翻飞、左挪右腾，沿着古镇的大街小巷来回穿梭。居民家家用硝磺、柴炭等原料配制成石钵烟花，尽情地对火龙燃放，使之火花四溅，让人喝彩不已。街边的匠人打出的铁水，溅在龙身上流光溢彩，铁水溅得

中国古镇经典

石桥古镇老桥　微博博主：舜江书生／摄

越多，舞龙者跳得越高，火龙的舞蹈就更加欢腾狂放。火龙由竹篾制作，全长数十米，再裱上白纸，涂上颜色，绘上鳞、角、爪而成。然后人们使用硫黄、白硝、木炭制成火药，做成"土火箭"，还将吐珠、转花、大犁等不同式样的烟花安装在龙的全身。一条火龙由十来个赤膊青年手擎，加上鼓乐手，擎鳖鱼、小龙虾、鳖、金鱼等的人，每支队伍的人员有几十人。

邵伯古镇
——细雨添春色，微风净闸流

细雨添春色，
微风净闸流。
徂年半今世，
生计一扁舟。
饮食随鱼蟹，
封疆入斗牛，
江波方在眼，
转觉此生浮。

苏辙虽然未在扬州为官，但在扬州有很多好友，哥哥苏轼也曾在此为官，因此他对扬州可谓厚爱，留下了近20首与之有关的诗词。这首《召伯埭上斗野亭》，则是他在邵伯古镇游览时有感而发。与苏轼相比，他对于仕途坎坷虽然也有失落，但还是能从山水中寻到慰藉。"细雨添春色，微风净闸流"既是诗人的自况，也是对先人功绩的称赞。

邵伯古镇位于江苏省扬州市江都区仙女镇北部。张文端的《运河图说》言："邵伯，步邱也。谢安镇广陵，见步邱地势西高东下，每春夏湖水涨，辄东浸民田，而西又苦旱，安以筑埭以界之，高下两利，名邵伯埭。"

唐宋以后，邵伯古镇日益兴盛，成为京杭大运河沿线闻名遐迩的繁华商埠。明清时期，设邵伯巡检司。清乾隆年间（1736—1795），邵伯水运更为发达，北方的大豆，南方的广货、

邵伯古镇街景　微博博主：行者_zh/摄

茶叶、桐油、丝绸，均到邵伯中转；南来北往的官船，也在这里停歇。而在邵伯，豆行、粮行、饭店、浴室、旅社等百业兴旺。

邵伯古镇是京杭大运河沿线古迹遗存数量最多的一个古镇，古老的街巷中散落的一座座古宅犹如珍珠般闪亮。古镇沿运河东堤而建，南北长约1500米，宽约200米，共有3条主街。

建于清康熙年间（1662—1722）的邵伯古街是一条宽不足2.5米，与京杭大运河并行呈带状延伸的一条长1500米的老街。这条老街由一条条石街组成，街面全部由青条石铺就，中间横排，两旁竖立，并设有阴井和地沟。古街两边现存有徐家大楼、王氏大楼、纪念谢安的谢公祠、宋七贤和诗的斗野亭、乾隆皇帝

邵伯古镇长生巷

御题的邵伯"大马头"、巡检司及大王庙等若干历史文化遗迹。

邵伯铁牛长1.98米，高1.1米，重2000千克，铸工精细，造型生动，横卧在基座上。据史料记载，清康熙年间（1662—1722），淮河大水导致邵伯决堤，水深达13米，百姓受灾严重。于是朝廷在淮河下游至入江处共设置了12只动物，即"九牛二虎一只鸡"，分别安放于水势要冲，以祈镇水安澜。如今只剩下几只铁牛散落于河堤上，邵伯铁牛便是其中保存较好的一只。清咸丰二年（1852），《甘棠小志》的作者董恂奉命督运漕粮路过邵伯，见邵伯铁牛尚完整，独无铭，特补撰曰："淮水北来何泱泱，长堤如虹固金汤。冶铁作犀镇甘棠，以坤制坎柔克刚。容民畜众保无疆，亿万千年颂平康。"

斗野亭是一座宋代风格的名亭，据《嘉靖维扬志》记载，其始建于宋熙宁二年（1069），因亭的位置"于天文属斗分野"而得名。曾被列为邵伯古代八景之一的"斗野唱晚"，后经多次重建，现为2002年重建。

邵伯因地处水乡，各种水产植物繁多。其中邵伯的菱与太湖的红菱、嘉兴的风菱，并列为江南三大名菱。邵伯的菱长有四个角，左右两角卷曲抱肋，形同羊角，俗称"羊角青"，现已入选"国家地理标志农产品名单"，成为著名的"运河三宝"之一。

邵伯锣鼓小牌起源于明代，成形于清代，发展于民国，繁盛于中华人民共和国成立初期。邵伯锣鼓小牌的演奏分坐台、踩街两种，坐台是指搭台坐式演奏，"观音会""盂兰会"都采用此种形式；踩街是指街头行进式演奏，主要应用于每年农历三月二十八的东岳庙庙会巡游。特色小击乐是锣鼓小牌子的另一特色，其演奏者都具备较强的表现力，如能用牙筷敲击小瓷碟、小酒盅等。2012年，邵伯锣鼓小牌入选国家级非物质文化遗产项目名录。

中国古镇经典

邵伯古镇渡口

邵伯古镇

神垕古镇
——林峦似图画

昨访空同墓，
今登神垕山。
同游偿夙愿，
为政有余闲。
既雨深耕后，
三峰一水间。
林峦似图画，
可惜近尘寰。

从晚清禹州知州黄璟的这首《和张观察神垕观窑》，可见作为钧窑产地的神垕古镇，清时已经成为当时的"网红打卡地"。

神垕古镇隶属河南省禹州市，因钧瓷而驰名。早在唐代，神垕就已烧制出多彩的花瓷和钧瓷，到了北宋宣和年间（1119—1125）开始置御窑，为宫廷烧制专用瓷。元明清时期，神垕古镇的日用陶瓷生产渐成规模，成为全国日用瓷主要产区之一。明清时期流行一首民谣："进入神垕山，七里长街观，七十二座窑，烟火遮住天，客商遍地走，日进斗金钱。"由此可见当时神垕古镇之繁华。

神垕老街位于神垕中心镇区，总长度约4000米。这里的建筑群、建筑物和许多有价值的建筑细部，以至周边环境基本上都做到了原貌保存，主要明清民居有郗家院、白家院、温家院、霍家院、王家院、辛家院等。此外，还有钧瓷一条街、古玩市

神垕古镇

神垕古镇民居　段晋哲／摄

神垕古镇航拍图

场、望嵩门、驺虞桥、天保寨、邓禹寨等其他建筑或设施。

神垕周围群山环绕，山体由碳岩、砂页岩构成，瓷土、釉药、耐火材料和煤的储量非常丰富，境内仅探明的陶土储量就达10亿吨，石灰石10亿吨，煤炭1.8亿吨，生产钧瓷有着十分优越的条件。

清代道光年间的《禹州志》记载："州（禹州）西南六十里，乱山之中有镇曰'神垕'。有土焉，可陶为磁。"经年的浸润，使得陶瓷文化已经完全融进了神垕古镇。

神垕古建筑的独特之处与陶器有关。以望嵩寨门的第一家申家老宅为例，这座二进的四合院，临街为商铺，旁有偏门通后宅，宅院的尽头有烧制钧瓷的窑口，构成了神垕古镇典型的前店、中寝、后厂的建筑格局。

同样，神垕古镇也有与陶瓷有关的特殊信仰。古镇建有窑神庙，并奉舜为陶业祖师、伯灵仙翁（孙膑）为炭业祖师、金火圣母为火神。

朝廷也在此设立管理机构——陶瓷官署，是明清两朝主管陶瓷产业的正六品官员办公和居住的场所，主官负责从神垕各窑口中甄选宫廷御用钧瓷。该院落保存相对完好，分为东西两院，西院是官衙，东院是府邸，两院相连。从西院进入，砖雕"花开富贵"映入眼帘，二进门拾级而上，寓意步步高升，过门是甄选贡品的主厅，东院内有一座钢叉楼是当时老街最高的一处建筑。

2003年，原国家质检总局批准对"钧瓷"实施地理标志产品保护。2008年，钧瓷烧制技艺入选国家级非物质文化遗产名录。

顺溪古镇
——一竿秋水最相宜

> 清溪曲曲抱山来,
> 万竹丛中叫画眉。
> 不减桐江好山色,
> 一竿秋水最相宜。

清代名臣孙锵鸣曾赋诗《将到顺溪》,是对顺溪古镇景色的高度概括。

孙锵鸣堪称清流典范,光绪八年(1882),他应顺溪人陈少文的邀请到顺溪游玩,他的到来,无疑将顺溪陈氏的声望推上了一个新台阶。

顺溪古镇地处浙江省平阳县西部山区,因溪顺流而得名。当年这里是平阳鳌江上游水头以上唯一一条古道,可连接平阳、苍南、文成、泰顺四县,居于交界边贸集散地的中心。顺溪古镇保留了大量清乾隆、嘉庆年间的民居建筑。明隆庆年间(1567—1572),陈育球举家迁至顺溪落户,是顺溪陈氏始迁祖。陈育球原本是做木材生意出身,当年选择顺溪定居,与这里盛产木材,木排可沿溪顺流而下,便于经营有关。陈氏家族进入顺溪后,迅速发展当地农牧业、手工业和工商实业,并加

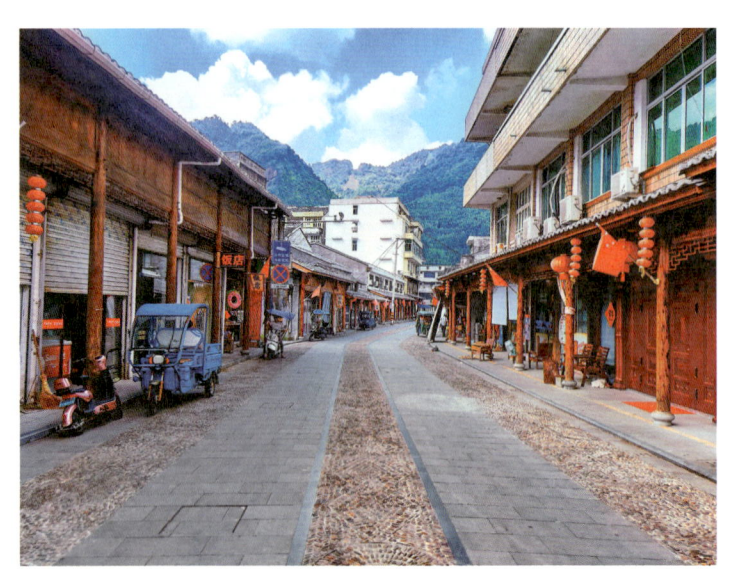

顺溪古镇街景

强对外贸易。清道光二十四年（1844），陈希侍建成碇步，打通"筏港"，使货物得以直接进入和销出。在清光绪年间（1875—1908），陈氏家族从浙江永嘉引进弹棉花技术、铸镬技术，先后在顺溪创办起铸炼镬炉作坊七家，并利用当地木炭能源生产铁锅、犁头壁等，销往浙闽边区各地；到江西景德镇学习制陶术，创办陶瓷作坊，建碗窑两座，生产餐具、茶具、酒具等；创立当铺，建设各种商行、店号、钱庄。

陈氏家族善于经营管理，使偏僻的山坳发展为鳌江上游的第一大镇。同时，经过400多年，17代的宗枝繁衍，如今总人口有6000多人，其中居住在顺溪的有4000多人，成为浙南地区罕见的聚族而居的大家族。

顺溪古建筑群是浙南地区最大的古屋群之一，共有10座保存基本完整的大型民居建筑，总建筑面积达2.52万平方米，为浙南山区民房建筑的典型，素有"浙南清中晚期民居博物馆"

的美誉。另有55处小型民居，总建筑面积近2万平方米。

顺溪陈氏经过百余年的发展，传至清初陈嘉询一代，开始大兴土木，营建第一座大屋。现存大屋计有陈嘉询祖屋、陈显仁、陈安仁、陈作仁大屋和陈崇仁大屋共5座，这些院落分则独立成院，合则成为一体，相互之间均设有通廊，即便是雨天，也可在各屋间穿梭自如。

陈嘉询祖屋有大小天井6个，套房99间。四周围以高墙，总面积为4200平方米。住宅严格区别内外，尊卑有序，讲究对称，对外隔绝，自有天地。正厅明间的开间最大，通常设祖先神位，主要用于祭祀、丧礼、婚嫁或重大宴会，作为主会客场所及供长辈居住，左右厢房则由晚辈居住，前厅设客房，次要建筑主要布置为贮藏室、厨房、厕所等，这一布局体现了明显的传统宗法居住特色。

2006年，顺溪古建筑群入选第六批全国重点文物保护单位。

顺溪古镇远眺

顺溪老街始建于清嘉庆年间（1796—1820），相传是利用陈氏古屋的废弃木料建成的。整条街长约500米，有200余间店铺，至今仍保留着打金铺、理发店等古老行当。房屋的外墙大多数是用鹅卵石砌就，下面与后面使用木板建成；沿溪面具水乡情调，沿街面则是清一色洁净的板门板壁，不加任何绘饰。老街的路面仅米余，由光滑的溪石铺就。

米塑又称"粉塑"，在顺溪有上百年的历史，是食品塑作工艺的一门绝技。米塑的制作工艺非常烦琐，要先把大米煮熟，揉成米团，再通过揉、捏、掐、刻等多种手法，制作出各种形象，接着染上色彩。米塑大小不限，有的高达数米，但其防蛀和保存的难度也相应加大。米塑工艺比较细腻、精致，造型逼真、生动，寓意美好，象征健康和长寿，而且与民俗活动息息相关，无论是喜庆节日或迎神赛会、盖房上梁等都离不开米塑。

嵩口古镇
——一舟长傍碧林荫

云尽天空洞水深，
一舟长傍碧林荫。
是谁摩碣夸豪举，
我辈顾囊慰客心。

清人王惟沣的这首《溪口渡》情景交融，表面上是写在嵩口设立义渡行为的急公好义，其实是通过"一舟长傍碧林荫"借景喻世，把"义"作为嵩口古镇千年不衰的奥义。

嵩口古镇位于福建省永泰县西南部，地处四市五县水陆交通要冲，早在南宋时期就已发展成为小集市，元、明时期商业活动渐为繁荣，官方设巡检司。民国在此设税卡和烟土专卖局，据说还自行发行过纸币，足见其区域影响力。

嵩口古镇保存完好的明清古民居有65座，建筑面积2.1万平方米，其中核心保护区内的历史建筑面积1.89万平方米。主要有修建于宋代的坂口厝，建筑面积7180平方米，以及下坂厝、端公坂厝、下车碓、庵前宫、五显宫等明清建筑。福州方言中"厝"指人居之房屋，发音为house，与英文发音含义相同。其中下坂厝为典型代表，清乾隆年间（1736—1795）由陈用坦（又

中国古镇经典

嵩口古镇街景

名陈土珍）修建，耗时27年建成，系土木结构，建筑面积5080平方米，200多个房间，大八扇厝，每扇夹墙有火墙相隔。

古镇有一条按照鹤颈形状修建的路——鹤形路，宋末建成，约200米，形如仙鹤舒展。道路的尽头是嵩口境内单座面积最大的古民居龙口厝。厝内拥有183间房屋，当地还流传有"龙口大座厝，乌鸦飞不过"的谚语。

月洲村文化底蕴深厚，历史上从这里走出的进士有数十位。其中最有名的当数南宋词人张元幹。张元幹故居名为"半月居"，占地面积400多平方米，为张元幹子孙于明崇祯十六年（1643）重建，飞檐翘角，古色古香，拥有保留完好的"弧形墙"。故居旁边还有"水月亭""寒光阁""雪洞""紫竹假山"等遗址。

万安堡重建于清咸丰三年（1853），距今已有近170年的历史。万安堡为土木结构，占地2200多平方米，宅高院深，土墙青瓦，空间布局、房屋结构合理有序，气势恢宏却不失细腻。外墙高约10米，墙基是用大樟溪的巨型鹅卵石砌成，高四五米，上方是精土夯实的黄土墙，高四五米，厚3米有余，非常坚固。墙上布满了内宽外窄的哨（枪）眼，现已被居民改建成窗户。堡为两层，共有80余间房，还有用

嵩口古镇月洲村航拍图

作盐仓、粮仓用的地下室等。

清末的《永泰县志》记载,"丑类杂居,淫虐并起,恃险阻,聚亡命,出则劫掠,居则吞噬,比比皆是"。在战乱频繁、匪患猖獗的年代,万安堡曾是周边民众绝佳的避难场所。每当土匪来犯,附近村民就会不约而同地躲进万安堡避难。

嵩口是虎尊拳的重要传播地,流传到日本后,发展为实力雄厚的"上地流空手道",并流传到西欧和北美。

嵩口义渡起源于明末清初。嵩口德星楼古渡口保留着一块立于宣统年间的石碑——重整义渡碑,上面详细记载着当年义渡的规矩。如今,随着大桥的修建,人们有了更加方便的出行方式,但在嵩口周围的一些村落,依然还保留着义渡的传统。

义渡碑旁边竖立着一块"奉宪永禁溺女"的碑石,用法律条文的形式禁止溺女现象。自宋以来,福建一直是溺女的"重灾区"。据有关资料记载,为了鼓励生育女婴,古时嵩口街商人每年都要募集资金,补贴生育女婴的困难家庭,"附近有欲溺女者,止其溺而许助钱米为抚养之资"。

塘河古镇
——六月连山柘枝红

今年荔枝熟南风，
莫愁留滞太史公。
五月临江鸭头绿，
六月连山柘枝红。

北宋元祐三年（1088），正值荔枝成熟之际，寓居江津的梓州文人李任道知道黄庭坚要由涪州经江津去宜宾，就邀他下船做客吃荔枝。席间，黄庭坚即兴作《心舟亭次韵李任道食荔枝有感三绝》，这首是其中之一。

塘河种植荔枝的历史最早可以追溯到僰人。据史书记载，僰人甚至很早就有饮用天然发酵的"荔枝酒""树头酒"的习惯。在隋唐之前，我国已经形成塘河荔枝、涪陵荔枝、岭南荔枝三大种植基地。在汉晋隋唐时期，江津塘河荔枝就已是进贡皇家的贡品。

塘河古镇位于重庆市江津区西部，地处渝、川、黔接合部，因塘河从镇旁蜿蜒流过而得名。这里是川东地区典型的汉民聚居场，建镇（场）历史300多年。古镇街道依山而建，从河畔码头起呈阶梯状蜿蜒上扬，具有巴渝山地建筑风格的典型特征，

塘河古镇民居　冉教福/摄

充分体现了巴渝文化特色风貌。现存的明清古建筑群近4万平方米，主要分布为塘河古街区、石龙门庄园、廷重祠三大部分，其中塘河古街区占地2.8万平方米，现存明清以来古建筑1.5万多平方米。长约600米、宽约6米的主街连接着横街子、庙巷子两条小街，由3道寨门分控。沿街建筑多以青石为基、砖木为墙。

距古镇街区2000米的石龙门庄园始建于清雍正时期（1723—1735），占地1.32万平方米，建筑面积7300平方米，建有房屋520多间，是一个由64根石柱和30余根木柱支持的建筑群。整座庄园设计精巧、匠心独运、气势恢宏、穿堂叠殿，九道中门九道关，两厢十八天井，珠联璧合为"八阵图"，如同迷宫。

廷重祠又名孙家祠堂，始建于清光绪十八年（1892），占地面积3000平方米，建筑面积2000平方米。此祠按照客家人的

塘河古镇街景　冉教福/摄

建筑风格修建，为宫殿式建筑，主要分为正殿、中殿、戏楼三大部分，分别沿纵轴线排列，三进重叠。全部建筑均为大型圆形木桩或石柱支撑，共用84根柱子，20根石柱、64根木柱，是江津以至重庆都相当少见的保存完好的宗祠建筑的典型代表，2009年被重庆市政府命名为"优秀近现代建筑"。

龙门号是古时塘河撑船人的休闲聚会之地，马头山墙、卷棚斗拱、撑弓雀替，其建筑结构之精巧、工艺之精湛足见作为船帮会馆的龙门号当时兴盛之至。

清源寺老戏楼，据说已有300多年的历史，楼对面还供奉有川主菩萨的塑像。据负责管理此庙的工作人员介绍，中华人民共和国成立后，清源寺内的房屋设施交由古镇的供销社使用管理，所以才能完整地保存下来。

由于塘河古镇的古街保存完好，为影视拍摄提供了原生态的场景，拍摄时不需要进行较大的改造。近年来，《红色记忆》《重庆谍战》《纸醉金迷》《江姐》《母亲，母亲》等80余部影视剧在此拍摄。

塘河婚俗是塘河人在长期的劳动、生活、建立婚姻家庭中形成的一种人生礼俗，集渝、川、黔婚俗于一体，是西南地区古代婚俗文化的浓缩。整个婚嫁过程汇集了儒、道、佛、地方

塘河古镇民居

塘河古镇民居　冉教福/摄

塘河古镇

民俗等多种文化元素，具有较高的研究价值。婚嫁包括12个礼仪过程：说媒，做相，开庚，男方办接妆，女方办嫁妆，出阁，送亲、迎娶，拜堂，办宴席酒，闹房，参厨，谢媒。另外，塘河婚俗的工艺品、服饰制作精致考究，具有较高的艺术欣赏价值和收藏价值。

龙舟竞渡文化习俗在当地已延续了数百年。塘河已主办过多次渝川黔古镇龙舟文化节，多家古镇组织龙舟队参与，并吸引了大量游客。

踏歌相当于中国的踢踏舞。《后汉书·东夷列传》记载："昼夜酒会，群聚歌舞，舞辄数十人相随，踏地为节。"唐代时在民间和宫廷中都极为流行，表演者多为女性。刘禹锡曾作《踏歌词》曰："春江月出大堤平，堤上女儿连袂行。"在桃花潭古镇，还能欣赏到重新编排的踏歌表演。踏歌自唐代传入日本后，分为男踏歌和女踏歌。藏族的"锅庄"、白族的"踏丧歌"、彝族的"左脚舞"等都是踏歌的传承，台湾高山族也仍尚存此种歌舞形式。

桃花潭古镇
——忽闻岸上踏歌声

李白乘舟将欲行，
忽闻岸上踏歌声。
桃花潭水深千尺，
不及汪伦送我情。

桃花潭古镇位于素有"汉家旧县，江左名邦"及"中国宣纸之都"之称的安徽省泾县境内，桃花潭为青弋江流经于此的河段。1200多年前，"诗仙"李白应泾县县令汪伦邀约来此游玩，留下的这首传诵千年的诗句，让这座隐匿在山水间的小镇名扬四海。

桃花潭所在的桃花潭古镇古称南阳镇，分为万村和翟村，镇内有保存最完整的皖南古民居群，计有明清建筑700余处。

位于桃花潭东岸的"踏歌岸阁"始建于明代，清乾隆年间（1736—1795）重建。该建筑上下两层，底层为通道，上层为楼房，檐下悬"踏歌古岸"四字横匾。

位于玉屏路72号的太白楼（又称"谪仙楼"），是地方贤达早年为纪念李白而建，建造时间待考，套楼完好，清乾隆年间曾在此设"敬业学舍"。

桃花潭古镇街景　丁佳露／摄

　　位于龙潭村草塌里86号的逊志轩建于清前期，设有一字门墙、白石门坊及堂厅。"一"字形天井通两厢，两边4间正房，二进院与一进院的设置与布局大体相同，边屋的门上以白石嵌刻"逊志轩"三字。此屋曾为私塾，现整体保存尚好。

　　翟氏大宗祠坐落于桃花潭古镇龙潭村，占地面积6700平方米，可容万人集会，又称"十亩大祠堂"。祠内前后五楹三进，除前两根汉白玉石柱外，其余210根均采用楠木建造。整个建筑采用银杏木、红木、楠木等名贵木材建造，雕梁画栋、古色古香。这座宗祠规模之大不仅是皖南之最，即使在全国宗祠中也为数不多。1997年6月，国家文物局古建筑专家组组长罗哲文在泾县考察时，欣然为翟氏宗祠题字"中华第一祠"。

查济古村落是元、明、清古民居建筑群，方圆纵横30余平方千米。这里现存完好的古民居有元代与明代建筑共80余处，清代建筑100余处，其中桥梁40余座、祠堂30座、庙宇4座，其规模之大，在皖南堪称第一，也是中国现存最大的古村落之一，被誉为"中国古建筑活化石"。该村人杰地灵，不仅自然景观得天独厚，还非常重视文化教育，良好的文风孕育出了大量的学子英才。从唐代起，村里即有人在京城为官，先后出过几十名进士，以及将军、刑部主事、知州、知县、诗人、画家、外交公使等。

桃花潭古镇远眺　丁佳露/摄

桃花潭古镇俯瞰　丁佳露／摄

如诗如画的桃花潭吸引了多个摄制组来这里取景拍片，近年来，先后在这里拍摄了十多部影视剧，如《乡亲》《翡翠麻将》《太白仙踪》《唐诗的故事》《唐诗50首》《没有桃花的桃花潭》等。

桃渚古镇

——临流空作桃花想

> 梦到赤城霞气近，
> 感深沧海水声低。
> 临流空作桃花想，
> 愧杀仙源是武溪。

南明儒将张煌言与岳飞、于谦并称"西湖三杰"，曾为抗倭陈兵桃渚。再回桃渚，他感慨万千，留下了这首《重过桃渚》。

桃渚古镇位于浙江省临海市东南，原为海滩，至明初修建卫所起，才渐为海滨集镇，后当地人民围垦海涂、广植桃树，桃渚之名即由此来。

桃渚古城位于桃渚镇城里村，它是当时浙江东南沿海为抗倭而设的59城之一，为全国保存最为完好的抗倭古城，明洪武二十年（1387）为防御倭寇的入侵而建，迄今已有600多年的历史，是中国较早的海防军事设施。桃渚古城的城门共三道，东城门偏南而设，南城门偏东而设，西城门偏南而设。有东、西瓮城各一，西瓮城在20世纪50年代时被拆开了一道宽3.6米的口子，以便于人们交通往来。桃渚古城曾三易其地，明嘉靖四十三年(1564)进行了大修，并设千户所，形成了现在的规模。

桃渚古镇

桃渚古镇街景

桃渚古镇街景

直到清顺治十七年（1660），桃渚千户所裁撤，桃渚古城作为军事单位存在了近300年时间。现除垛口外，古城的城墙主体及3个城门（包括瓮城）均保存完好。

桃渚古城完整地保存着明代的街巷古道格局。主街道宽3米，为东西走向。主街以北还有一条与其平行的次街，依傍着由西向东穿城而过的化龙渠而建。以主街道为干，有10余条古巷与之垂直相向。另有一条古道绕东、南、西城的内侧与城北依山势而建的登步道连接，成为城内的环路。这些道路构成了层次分明，有中心、有边界的街巷网。城内民居绝大部分为清代建筑，尤以郎家里、郎德丰、吴宅、柳宅、宗祠、关帝庙等最具代表性，是研究明代卫所制度与沿海防御体系的重要实物资料。

柳氏古宅建于明朝末年，现存古宅占地面积约1800平方米，为一座完整的四合院。古宅中共有台门三进，中开的为大台门，分上下两层，设有外障屏风，内有堂号，北面和西面各建有套屋。梁枋、窗棂、廊柱上的木雕形态逼真；屋檐、照墙的砖雕技法细腻；墙上的石漏窗古朴大方；天井地面的石板图案别致。无论是从建筑构造，还是从木作雕刻上看，该宅院都留有明代遗风。

桃渚古镇内，有当地自筹6万元资金在1993年建成的桃渚抗倭陈列纪念馆。

明嘉靖三十八年（1559），数千倭寇再度大举进犯桃渚，围城七日七夜，情况危急。桃渚军民奋勇抗击，并与戚继光里应外合，击溃了倭寇主力，解了桃渚古城之围。战后，戚继光在古城的东西两角建造了两座敌台，这也许是中国历史上最早建造的两座敌台。《桃城新建敌台碑记》记载："城上有台，台上有楼，高下深广，相地宜以曲全，悬瞭城外，纤悉莫隐藏。"400多年来，桃渚百姓门上贴戚将军的画像，台上演戚将军的戏剧，把中间有孔眼的饼叫"戚家饼"或"继光饼"，城外空地上也经常再现戚继光的抗倭发明——"鸳鸯阵"，以此来纪念这位伟大的抗倭英雄。

桃渚古镇内的很多美食也与抗倭历史相关。

在临海当地有正月十四过元宵吃糟羹的习俗，据说这个习俗与戚继光抗击倭寇有关。

临海光饼的来历同样与戚继光有关。据传戚继光在临海抗倭的时候，临海百姓家家户户都会制作麦饼给戚家军作军粮。但麦饼薄，不耐饿，又容易坏，于是诞生了麦饼的改进型，将饼加厚，中间穿孔，用麻绳穿起来，一串就顶几天的干粮。战士们吃着这种麦饼打跑了倭寇，从此以后麦饼也被称为"光饼"。后来在传统只有肉馅的麦饼中又加入鸡蛋，使其营养更加丰富。

每逢大年初一，扁食都是临海人饭桌上必不可少的美食。"扁食"的做法与馄饨、云吞均有差别，据说是抗倭军中的将领带来的一个称谓。

天长古镇
——窑火出林青

瞰下如临井,
凭高似建瓴。
壑冰当路白,
窑火出林青。

清康熙元年（1662），朴学大家顾炎武由北直隶真定府入山西，途经井陉，留下了诗句。诗中"窑火出林青"，即指今天的天长古镇古瓷窑。

天长古镇位于河北省井陉县西部，早在新石器时代这里就有人类活动，自宋熙宁八年（1075）至中华人民共和国成立后的1958年，一直为历代井陉县治之所，素有"燕晋通衢"之称。

天长古镇素有"宋古城"之称，已有上千年的历史，现存古建筑年代可追溯到隋朝，整体布局基本完好，古镇300万平方米范围内为省级文物保护区。明嘉靖年间（1522—1566）修筑的石城墙，长约2000米，城东门、西门、南门及小南门至今保存尚好。

井陉古瓷窑遗址距今已有1400多年的历史，分布在古城内、河东坡、东关、东窑岭等200万平方米的范围内，共发现有

天长古镇老宅

隋、唐、宋、金、元等不同时期使用的瓷窑址10处。

皆山书院始建于清乾隆四十二年（1777），位于古城东门内，占地约1.3万平方米。负责书院修建的县令周尚亲在《迁修书院碑记》中记述："岁在癸巳，乃得东门节孝祠旧址，庀材鸠工，外设门房五楹，左右两庑各四堂，后拓民地数丈建楼层三楹，东西耳房各二，厢楼各二。于是帷堂既定，庖舍有所，而书院于以鼎新矣。经始于是年之夏月，是冬落成。"书院现存结构与碑记中的记载基本相同。

清光绪三十年（1904），知县谢鉴礼用皆山书院的资金于书院后扩建高等小学讲堂五楹，并建配房20余间，作为学生寝室。中华人民共和国成立后，学校曾几度搬迁易名，井陉师范、井陉二中皆基于此院而日益光大，现为天长古镇城内寄宿式小学。截至2022年，此地作为教育机构已延续245年，仍在发挥作用。

王家大院始建于明末，位于南门街，占地1万平方米，有8

个古院落，1处花园，一座1952年建成的小礼堂，共162间房间。宅院布局为双喜字图案，从高耸的大门而入，廊柱引绕，院与院之间又有大、小门及通道相通，每个小院都是建筑别致的四合院。从主体庭院走过，可一路欣赏到遮屏式直柱畅檐的大门和青砖碧瓦的房舍，古朴壮丽，是井陉县现存最完整的一处明清两代的庭院式建筑群。

县衙位于古镇内大街路北，坐北朝南，占地2万余平方米，是古镇内占地面积最大的一组建筑群。主要建筑包括衙口、仪堂、大堂、二堂和内宅，由南向北依次一字形列建在以衙门口定位的中轴线上，两侧用房对称分布。县衙大门为一石拱形门洞，门前有照壁，两侧有侧壁，顶上建有歇山式钟鼓楼。大门内为仪门，为一单层歇山式楼阁。仪门内的正面是大堂，重檐歇山式屋顶。院中是攒尖顶戒石亭，西侧为工、刑、兵部用房，东侧为礼、户、吏部用房。大堂之后为二堂，两侧均建有书房。二堂之后为内宅庭院。通过从衙口到内院的建筑格局，可以进

天长古镇城门　杜船/摄

中国古镇经典

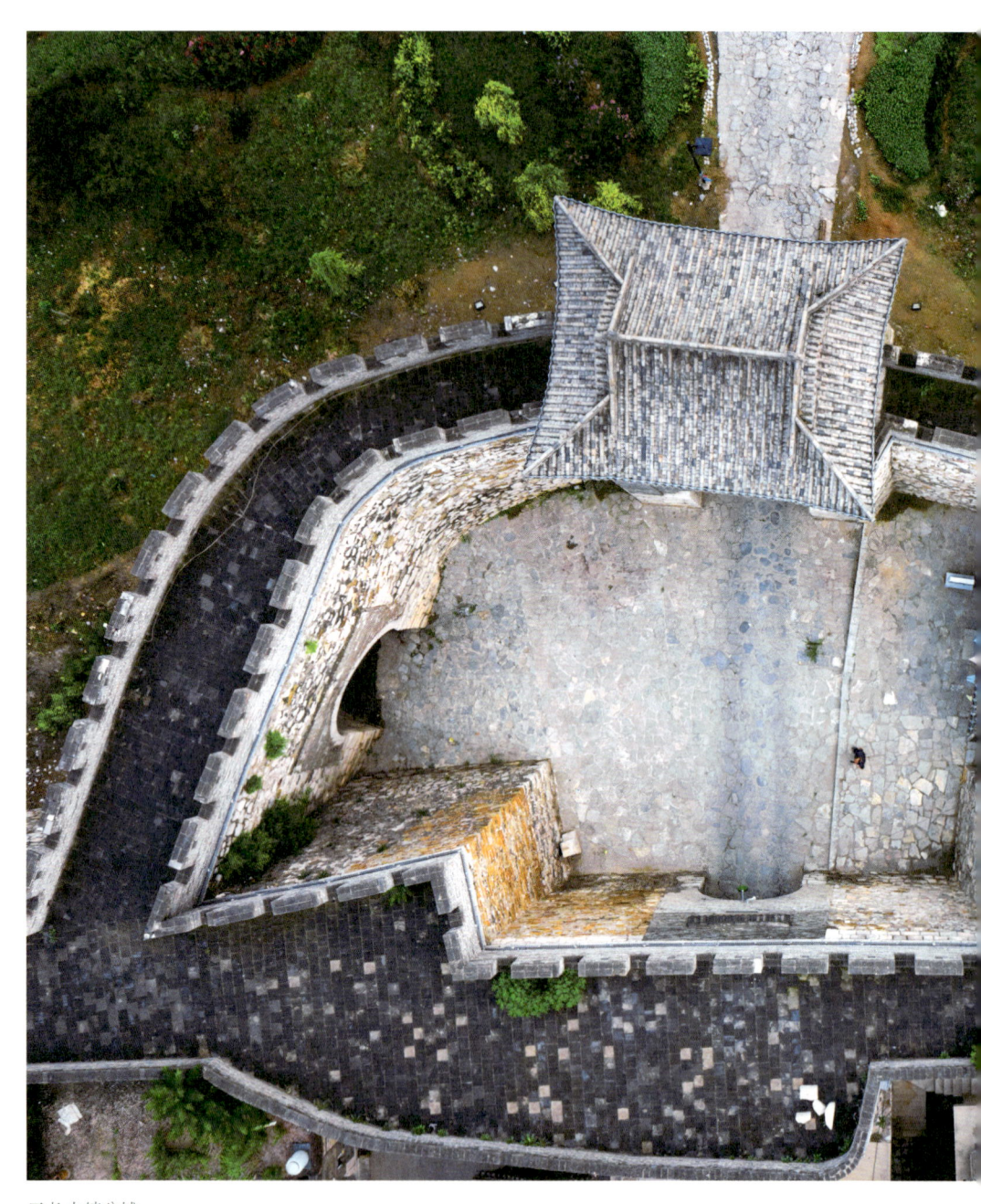

天长古镇瓮城

一步地了解封建时代地方统治者的政事活动场景。

井陉古驿道是我国保存下来最早的古驿道之一，是全国著名的古驿道。在古驿道的沿线有40多个村庄，与驿道文化相关的遗存近200处，包括驿道遗址、关阁、桥梁、驿站、寺庙、戏楼、店铺、石窟碑刻、古树木、历史民居等。驿道上的关阁往往建在村庄的两端，这些阁楼有的与村墙相连，有的与自然的沟壑形成天然的屏障。至今现存的关阁有30余座，其代表有土门关三阁、北横口西阁、核桃园东阁、西阁等。驿道上的关阁还有一个明显的特点，就是阁庙一体，即下面为通行关阁，上面是百姓供奉的庙宇，在庙宇内供奉着各路神仙。

据记载，小龙窝村始建于隋代，村边的龙窝寺石窟是古龙窝寺遗址上仅有的遗存，建成于北宋时期，主殿的下方是1座过街拱洞，井陉古道原来就穿拱洞而过。现存主殿内有1座方形小石窟、12个摩崖佛龛。石窟四壁共凿坐佛38尊,并有宋代造像题记。除龙窝寺外,小龙窝村内和山上曾有古庙10余座。观音庙、三官庙、双龙桥和樊氏宗祠配有的戏楼都建于明代,但于清乾隆年间重修。村内保存较好的民居院落有20多处,整体体现了村里明清古建筑群的风格。

通济桥位于天长古镇北石桥头村,于宋元丰八年(1085)建成,造型与赵州桥相仿,为敞间独拱桥,拱券为纵向并列砌筑。

乏驴岭铁桥于20世纪初由法国人设计建造,是一座正太铁路桥,比兰州黄河铁桥还要早,是中国第一座真正的铁桥。钢架单跨75.5米,高7.5米,宽5.5米,桥面至谷底30米。有关部门曾酝酿拆除此桥,但因为它是乏驴岭村民出行的唯一通道而被保留了下来,至今仍在使用。

古镇内还有一大批由明清官吏和豪富所建的府第、宅院及民居,也是古城保存较好、最能体现古城建筑特色及传统的文物遗产。其中郝家巷、蔡家巷,李府、蔡宅等,大都为构建严谨、清一色青砖灰瓦的明清四合院,每个庭院均依山形水势而建,布局讲究,构思精巧,轴线分明,左右对称,饰有精致的砖雕、石雕、木雕,丰富多彩。这些建筑均成为古镇中十分重要的文物遗存。

井陉拉花类属北方秧歌,源于民间节日、庙会、庆典、拜神之时的街头广场花会,是一种当地特有的民间艺术形式。中华人民共和国成立后,井陉拉花经过多次挖掘、整理、发展,享誉国内外。2006年,井陉拉花入选第一批国家级非物质文化遗产名录。

同里古镇
——古宫闲地少，水巷小桥多

君到姑苏见，
人家尽枕河。
古宫闲地少，
水巷小桥多。
夜市卖菱藕，
春船载绮罗。
遥知未眠月，
乡思在渔歌。

唐人杜荀鹤的这首《送人游吴》正是对同里的生动写照。

同里古镇，旧称"富土"，唐初改为"铜里"，宋时将旧名拆字为"同里"。同里古镇位于江苏省苏州市吴江区，始建于宋代，至今已有1000多年历史，风景优美，镇外四面环水，镇内由15条河流纵横分割为7个小岛，由49座桥连接。镇内家家临水，户户通舟；明清民居，鳞次栉比；宋元明清的古桥均保存完好，单是保存完好的明清建筑就达6.5万平方米，占总建筑面积的61%。

同里"小桥多"，有思本桥（1253）、吉利桥（建筑年代无考，1987年重建）、富观桥（1353）、普安桥（1369）、长庆桥（1470年始建，1704年重建）、泰来桥（1746）、中元桥（1755）、乌金桥（1811）等。思本桥为南宋宝祐年间同里人叶茵建造，至今已有700多年的历史，为全镇保存最完善、最古老的拱桥。该桥除栏板已失、石阶经后人整修时部分更换之外，仍为宋代原构。

同里古镇水巷

《同里镇志》记载，自1271—1911年，镇上先后建成宅院38处，寺、观、庙47座，明清时期以及民国初期建成的民宅多数是木楼、木梁、椽子的框架结构，砖墙瓦顶，坐北朝南，加以走马楼、砖雕门楼、明瓦窗、过街楼、棚、水阁等，这些依水而立的建筑散发出幽静而古远的韵味。

同里古建筑最为典型的是"一园、两堂、三桥"。退思园又称任家花园，取《左传》中"进思尽忠，退思补过"之意。该园建于清光绪十一年至十三年（1885—1887），为安徽兵备道任兰生花10万两白银建造，设计者为同里著名书画家袁东篱。2000年，退思园被联合国教科文组织列入世界文化遗产。全宅占地面积近6700平方米，亭、台、楼、阁、廊、坊、桥、榭、厅、堂、房、轩一应俱全，以池为中心，诸建筑如浮于水上，园林专家陈从周称之为"贴水园"。退思园因地形所限，更因园主不愿露富，建筑格局突破常规，改纵向为横向，自西向东，西为宅，中为庭，东为园。宅分外宅与内宅，外宅有轿厅、花厅、正厅三进。轿厅、花厅一般作接客停轿所用，遇婚嫁喜事、祭祖典礼或贵宾来临之时，则开正厅，以示隆重。

"两堂"为崇本堂和嘉荫堂，其中崇本堂的特色是各种雕刻工艺，嘉荫堂最吸引人的是高大宽敞的建筑设计。"三桥"为太平桥、吉利桥和长庆桥，这三座桥相距不足50米，呈"品"字形排列，有"桥中一品"的美称，是同里古镇的桥中之宝。同里人也有走三桥的风俗，是老百姓避灾、祈子、求福的祈禳活动。

同里是明代造园家计成的故乡，他提出了著名的"虽由人作，宛自天开"的造园理念，并撰写了被誉为世界造园学最早的名著——《园冶》。

同里的特色美食同样为名家所爱，明代画家沈周曾赋诗《咏芾头饼》赞美曰："香剂圆从范，青膏软出蒸。女工虚郑缟，士宴夺唐绫。"

同里宣卷是用吴江或同里方言进行说唱的一种表演形式，流传于吴江各乡镇，并辐射至苏州、上海等地。清同治、光绪年间（1862—1908）即已盛行，2018年入选第四批国家级非物质文化遗产名录。

同里古镇水巷　陈欣／摄

万安古镇
——松萝映月茶烟袅

却忆清宵抱膝时,
秋风吹漏故迟迟。
松萝映月茶烟袅,
黄叶声中夜咏诗。

明代名臣程敏政曾经两次回到故乡万安古镇常住,故乡的山山水水让他沉溺其中,称颂不已。松萝山更是他交朋会友的绝佳所在,因此佳作频出。但最能形象描绘万安特色的诗句,却是清人汪廷桂的这句"松萝映月茶烟袅",可谓神来之笔。

万安古镇位于安徽省休宁县东部,迄今已经有1700多年的历史,为徽州四大古镇之一。三国吴永安元年(258)至隋开皇九年(589),万安一直为休宁县县治所在地。明清时期,随着徽商的崛起,万安成为重要水陆要道;依横江而建的五里街衢,店铺有400余家,行业有100多种,街长2500米,成为明清时期休宁九大街市之首。清末民初,古镇仍有南北杂货、茶庄、丝绸、文房四宝、布匹、酱园、国药、罗经等行业50余种,店铺近150家。

万安的文物古建筑以明清时期及民国初期为主,是徽州历

万安古镇民居天井

史上重要的水陆码头、商业贸易重镇的真实遗存。镇区现存明清时期的古塔3座、古桥4座、民居（含店铺）38处、古水埠码头12处；清末和民国期间的传统民居（含店铺）130余处，一条基本保持明清时期历史风貌的老街。近年来，先后有《血战落魂桥》《新四军》《王稼祥》《大转折》《徽州女人》《聊斋》等影视剧在这里取景。

古镇的街巷呈鱼骨状格局，东西向仅有一条主街——万安老街，垂直其街衍生出10余条巷子，仿佛是鱼的肋骨。临江高数米、长1000余米的护岸用红砂岩石砌成，为滨水区提供了坚实的建筑基础。滨水区由水体、古水埠码头、古桥、岸线的内

万安古镇街景

凹外凸、滨河古建筑及渡口、渡船等共同构成，形成万安秀丽宜人的滨河景观。

万安老街长度为1000余米，基本保持了明清时期的历史风貌，街面上现存亦店亦宅的旧有店铺100余家。两侧店铺80%以上的建筑为木排门，店铺基本格局大致可分为前店后宅式、前店中坊后宅式、下店上宅式和坊宅混合式4种。前店后宅式房屋的主人大都是做贩运、批发生意的，需要较多的储藏空间。前店中坊后宅式房屋是一些自产自销的商号，拥有自己的作坊。下店上宅式房屋结构紧凑，楼下经营部分高大而宽敞，楼上较为矮小，临街开窗。坊宅混合式房屋多为手工艺人所有，场地大多有限。2012年，万安老街被评为"中国历史文化名街"。

罗盘是传统地学仪器，相当于古代的指南针。中国古代罗盘按产地划分有沿海型和内地型两类。其中沿海型以福建省漳州和广东省兴宁为中心，其功能主要是用于航海指向。内地型则以安徽省休宁万安为中心，其主要功能为测定房屋建筑和墓葬的方位及平面布局，亦即堪舆之用，是旧时风水先生的必备工具。

万安罗盘的传统制作工艺已沿袭600余年之久，工艺流程严格规范，技艺精湛缜密，所制罗盘、日晷等产品规格全、品种多、精度高，对原料和工艺的要求极严。它的地盘为特种木经开坯、车圆、磨光而制成，大者直径尺许，小者能置于掌心，在历史上称为"徽盘"。2006年，万安罗盘制作技艺被列入第一批国家级非物质文化遗产名录。吴鲁衡、方秀水等罗经店制作的罗盘，曾获1915年巴拿马万国博览会金奖。

松萝茶因产于万安古镇附近的松萝山而得名，历史悠久，为中国最早的名茶之一。松萝茶的采制技术，早在400多年前的明隆庆年间就已达到精湛的程度，并扩展到浙、赣、闽、鄂等省。

明代饮松萝茶已成时尚，当时徐渭将其列为30种名茶之一。

每年的四月初十，古镇上都会举办水龙庙会，届时各店家聚会，并将"水龙庙"内的消防设备进行一年一度的检修，同时请来戏班连续演出三昼夜，称"火烛戏"。戏目多与水有关，如"水漫金山""水淹七军"等。

"秋冬季节，雨雪增多，做饭取暖，用火用电，小心火烛；保护环境，禁放爆竹；夜深人静，关好门窗，防火防盗。"从2022年开始，万安老街恢复"打更"，每天上午、下午、晚上3次巡逻打更，以提醒老街沿线居民注意防火防盗。

万灵古镇
——一路林园有瘦肥

海棠香国开晴霭,
步履逍遥踏翠薇。
青鸟往来鸣客至,
黄鹂上下傍云飞。
两江兰桂多森秀,
一路林园有瘦肥。
唯爱翁村真乐处,
衡门无日不春晖。

  明朝刑部尚书喻茂坚为官刚正不阿、清廉有为,在当时就有"汉庭老吏、当代法家"的美誉。为了抵制权臣严嵩,喻茂坚辞官回重庆荣昌老家安度晚年。75岁时,他写下了这首《题敖处士幽居诗》,尽情挥洒着对家乡宁静生活的热爱。而"一路林园有瘦肥",堪称借景抒情的佳句,让人心驰神往。

  万灵古镇位于重庆市荣昌区,因曾有万灵寺而得名,建制1000多年,建场200多年。清嘉庆五年(1800),修筑大荣寨。民国元年(1912),设为路孔乡。之后先后称高店、路孔人民公社、路孔乡、路孔镇。2013年,"路孔镇"更名为"万灵镇","路孔古镇"也随之更名为"万灵古镇"。

  万灵境内的濑溪河,是旧时大足至荣昌、荣昌到泸州的主要交通运输通道。宋、明时期,在万灵古镇白银石滩形成水码头。南宋时期,万灵出产的宫廷贡品蜂蜜、蜂王浆,以及宫廷

中国古镇经典

万灵古镇老桥

美容用品花粉都在沱湾码头装船，然后顺流而下进入沱江，沿沱江行至泸州汇入长江，再沿长江出三峡，直达南京、苏州、杭州。据史料记载，贡品船每天顺流可行400里。船工们到了江南后，再带回茶叶、陶瓷、金银玉器。漕运繁忙的万灵古镇，也因此客栈、商铺林立。

万灵古镇是目前中国西南地区少有的、保留完整的，且有原住民居住的"汉寨"，也是川渝之间典型的以水兴市、以市兴镇的寨堡式古镇。古镇青山环抱，依山就势，建设时分阶筑台、临坎吊脚，呈现出层楼叠宇的整体风貌。

古镇内有尔雅书院、湖广会馆、赵氏宗祠、小姐绣楼等体现巴渝独特文化的古建筑。

尔雅书院位于万灵古镇大河街。明嘉靖二十七年（1548），喻茂坚因支持弹劾严嵩而获罪的谏官夏言，受到夺俸处分。次年，喻茂坚辞官回荣昌，定居万灵，并修建了这座"尔雅书院"，以耕读教习子弟。数百年来，喻茂坚后代子孙以诗书继世，贤者辈出。《喻氏族谱》记载，明清两朝重庆喻氏族人取得功名者共计322人，高中进士者多达27人，入仕者也都廉洁公正，官声很好。以喻茂坚为代表的古镇传统家风家训文化，已被中纪委全国推广，成为央视大型纪录片《记住乡愁——万灵镇：风清气正》的拍摄主线。

尔雅书院为穿斗木结构两层小楼，屋顶飞檐翘角，一楼为讲学的教坊及生活用房，二楼为藏书楼。后来尔雅书院被拆除，如今复建的尔雅书院与原貌基本一致，只是把建筑的木结构换成了小青砖，现整个书院占地面积323平方米，总建筑面积638平方米。

赵氏宗祠系赵氏族人填川至此地后，于清嘉庆九年（1804）建成。该祠几经修葺，保留了三进四重堂的规模，一重供族人

中国古镇经典

万灵古镇老桥

聚会；二重供子弟课读；三重供家族议事，严肃家规；四重供奉两宋十八帝君及祖宗灵位，以行祭祀隆典。

万灵的吊脚楼又称"望夫楼"，为水乡古镇的特色建筑。古时每当船夫们运送货物远行后，因路遥滩险、风高浪恶，他们的妻子就特别盼望丈夫能早日平安归来，常在临河的窗户边守望，故得名。

湖广会馆是乾隆年间"湖广填四川"时湖广移民修建的，占地面积600平方米，正殿为木结构，两侧廊庑相连，上下两层，有走廊相通，中间为天井式青石铺面广场，正门上部为戏台。会馆里祭祀大禹，因此又名"禹王宫"。湖广会馆在当时是一座极为雄伟的建筑，充分显示了湖广移民的实力和智慧。

荣昌安陶为我国四大名陶之一。荣昌陶器朴素大方、实用美观，通过刻花、点画花、剪纸贴花、雕填、模印贴花等装饰手法，结合其特有的朱砂和西绿釉，制成的工艺陶产品叩之清脆悦耳，体形秀丽精巧，釉质光润，"薄如纸、亮如镜、声如磬"，大量出口欧洲、非洲、拉丁美洲、东南亚等10多个国家和地区。

五夫古镇
——天光云影共徘徊

半亩方塘一鉴开，
天光云影共徘徊。
问渠那得清如许？
为有源头活水来。

　　传说朱熹在五夫古镇读书时，见方塘中的云彩有感而发，遂作《观书有感》。

　　五夫古镇位于福建省武夷山市东南部，始于晋代中期，原名五夫里。《五夫里志》记载"东晋有蒋氏者，官至五刑大夫，故有五夫之名"，迄今已有1700余年的历史。五夫古镇自古就有"邹鲁渊源"之称，朱熹既是五夫刘家人的养子，又是刘家人的女婿，在此从师、就学、定居有40余年，因此五夫也被认为是朱子理学的形成地。

　　五夫古镇较好地保存了宋代直至民国时期的古街古巷，其街道呈鱼骨状布局，由兴贤古街贯穿整个镇区，串联起横向的街道。古镇建筑多为明清时期庭院式民居，建筑的平面布局中，面阔以"三间"为主，纵深三至五进，以庭院和天井为核心组织向心围合。建筑特点与"闽派"和"徽派"民居近似，但马头墙

五夫古镇兴贤书院

比徽派的更坚实厚重、丰富多变。

兴贤书院位于兴贤古街，始建于南宋孝宗年间（1163—1189），朱熹曾在此讲学，清光绪二十四年（1898）重建。书院门牌高耸，构筑精巧，造型古朴，全部建筑共分三进，前进为正堂，二进为书院，三进为文昌阁。兴贤书院曾是朱熹弘讲理学、以文论道之所，现今在书院内可欣赏到仿朱熹笔体而写的"继往开来"等堂匾和各式楹联。

朱子社仓坐落在凤凰巷内，因社仓地址在五夫里，又名"五夫社仓"。南宋乾道四年（1168），五夫古镇所在地区因灾荒出现匪情，朱熹应邀出面主持社仓构筑事宜。乾道七年（1171），社仓投入使用。明嘉靖《建宁府志》载："社仓，前贤创之，后人因之，皆惠政也。"社仓虽不是朱熹首创，但却在朱熹的实践和力倡下发扬光大，他制定的《社仓事目》，后来成为国家推行社仓制的基本模板，被誉为"先儒经济盛迹"。

现朱子社仓为光绪十五年（1889）修建，由朱熹裔孙朱敬

五夫古镇航拍图

熙主持，面积约1400平方米，其粮仓至今仍在使用。

兴贤古街有刘氏家祠、彭氏家祠、王氏家祠、詹氏家祠、江氏家祠等古家祠建筑10余处，均为国家级重点保护文物。作为宗族精神的象征物，它们是村中最华丽的建筑和各种工匠技艺的集中体现之地，而"三雕"（砖雕、木雕、石雕）艺术更是其中最为突出的技艺体现。

在五夫古镇的家祠建筑中，尤以刘氏家祠的门楼砖雕最富气派、最为壮观。刘氏家祠是朱熹义父刘子羽、恩师刘子翚的家祠，为清光绪六年（1880）移建。古色古香的门楼上以雕花装饰，门额上还题有"宗儒"字样，显出其儒士世家身份。家祠中保留有明代或清代的田碑、木刻、楹联和匾额等文物。刘

公神道碑立于淳熙六年（1179），是现存朱熹撰并书的碑刻中内容最完整、字数最多的碑刻。

朱子巷因朱熹而闻名，朱熹求学五夫期间每次外出都要经过这条小巷，全长原300米，现仅存138米，其路面全部用鹅卵石铺成且多曲折，两侧皆是古屋高墙。

紫阳楼建于南宋绍兴十四年（1144），朱熹在这里居住近50年。紫阳楼构筑风格庄重典雅，一楹两进，前进为朱熹的书斋及寝室。朱熹不忘父老，以父号取名，将寝室命名为"韦斋"，将书房命名为"晦堂"。中堂悬匾曰：紫阳书堂，表示不忘其祖籍徽州婺源（今属江西省）的紫阳之意。

五夫的民间信仰氛围浓厚，每个村庄都有数个庙宇供民众祭拜，仅在兴贤古街就有玉皇庵、土地庙、鸣山庙、奶娘陈靖姑庙、新兴社、三圣庙，以及不远处的妈祖庙等一系列社区信仰场所。其中最为兴盛的是陈靖姑信仰，主祭主管妊娠、分娩的陈靖姑，2008年入选第二批国家级非物质文化遗产名录。

五夫龙鱼戏原为"莲鱼戏"，源于五代，盛于两宋，至今已有千余年的历史。南宋绍兴十八年（1148），19岁的朱熹高中进士。于是乡人便在"莲鱼戏"的基础上，加入了"鲤鱼跳龙门"的情节，鼓励后辈向朱熹学习。自此每逢士子中举和应试入贡时，五夫的乡民便进行此项表演予以庆祝，相传辛弃疾的名作《青玉案·元夕》即由此而发。在五夫古镇的古建筑中，还留存有不少的"龙鱼"图案。

西屏古镇
——微云片片坞云闲

微云片片坞云闲,
偃月波开图画间。
花暗小桥通幽径,
屏依孤寺出南山。

清顺治年间的《松阳县志·卷一》著录了这首《西屏山》诗作,诗中形象地描绘了浙江省松阳县西屏古镇的气候特征。

西屏古镇俗称松阳老城,因地处浙江省松阳县西屏山下而得名,自唐贞元年间(785—804)作为松阳县城所在,至今已有1800多年的历史。

松阳明清老街的核心线路长1900米,是目前浙江省最长的县城老街。街区规划范围总面积约7.68万平方米,核心步行街区总长度约640米、北直街、南直街、横街等整体格局保护完好。老街建筑多为清代至民国年间建造的土木结构的二层楼房,至今仍有铁匠铺、金银铺、裁缝铺、草药店、修篾店、剃头店、打棕铺、钉秤店、小茶馆、刻字店等传统业态,被誉为"活着的清明上河图"。

叶氏宗祠占地面积989平方米,正堂建筑面积520多平方米,为三开间、三进大堂,规模宏大、祠貌巍峨、雕梁画栋、飞檐挑角、绘画重油。

江南叶氏于东汉建安二年(197)从山东青州举家南迁至浙江松阳卯山,至今已历经1800余年。松阳县的叶姓人口占该县23万人口的13%,可以说"无叶不成村"。

汤兰公所建于清嘉庆十四年(1809),是当年汤溪、兰溪籍布业染坊商人在松阳集资兴建的会馆,总面积超过1100平方米,具有装修豪华、面积大、保存完整的特点。

詹氏兄弟进士牌坊建于明弘治九年(1496)。全坊用青石建筑仿木结构,方形石柱为整石制作,重数十吨。2019年成为全

西屏古镇航拍图

国重点文物保护单位。詹氏贩盐起家，于宋绍兴年间（1131—1162）在此安家，传到第七代时出现兄弟进士，詹雨于明成化二年（1466）29岁时中进士。时隔30年后，詹雨弟詹宝于明弘治九年（1496）51岁时中进士。

明清两朝，詹氏族人读书成风，贡生、监生、庠生数不胜数，"或由恩拔而秉铎州邑，或由明经而司训郡县，或以功取而为州牧，或以行选而为邑侯。元明之世，难以枚举"，詹氏也因此成为松阳一大望族。

西屏古镇还有一位历史名人，就是"宋代四大女词人"之一的张玉娘。张玉娘的诗词多属深闺之中的低吟浅唱，既有在电

西屏古镇民居

视剧《甄嬛传》中反复出现的"汝心金石坚,我操冰雪洁"的低回婉转之句,也有"愁绝惊闻边骑报,匈奴已牧陇西还"这样饱含家国情怀的诗句。

　　松阳高腔是浙江省现存最古老的剧种之一,始于明代,在清乾隆至光绪年间达到鼎盛时期。松阳高腔现在主要流行于以松阳为中心的浙西南农村地区,远及闽、赣、皖等地。自创建班社起,松阳高腔艺人代代相传,至今已传承23代。2006年,松阳高腔入选第一批国家级非物质文化遗产名录。

西塘古镇
——漫尽溪桥是绿苔

许时无暇出城来，
漫尽溪桥是绿苔。
寄语山中旧猿鹤，
紫薇花欲为谁开。

明代西塘人周鼎官不过一典吏，以修《杭州府志》而得以青史留名。他的这首《寄陈叔庄》写尽了西塘的葱茏水汽，堪称神来之笔。

西塘古镇位于浙江省嘉善县境内，地处苏、浙、沪三省市交界，总面积83.61平方千米，是闻名全国的江南六大古镇之一。杨秀泾、西塘市河、十里塘、来凤港、三里塘、里仁港、烧香港、六斜塘、乌泾塘这9条河流交汇于此，形成网状水系。

西塘历史悠久，4000余年前已有人类在此生息。春秋时期，这里属吴越两国的边界，素有"吴根越角"之称。相传吴越相争时，伍子胥曾出兵于此，凿运河，兴水利，世称"伍子塘"，又称"胥塘"，因方言"胥"与"西"谐音，后遂称"西塘"。唐开元年间（713—741），这里即建有村落，至元代时开始形成集市，明清时期已成为江南手工业、商业重镇。明正统十二年

西塘古镇烟雨长廊与九曲桥

西塘古镇

（1447）置税课局，明弘治称斜塘市，明正德称西塘镇，由此定名。2003年被联合国教科文组织授予"亚太地区文化遗产保护杰出成就奖"，2006年列入中国世界文化遗产预备名单，2017年入选国家5A级旅游景区。

西塘的建筑布局和风格与其他集市型古镇类似，既遵循"天人合一"的理念，构建出人与自然和谐共生的居住环境，又因地制宜，注重人与社会的相互关系。其"前店后宅""下店上宅"和"前店后坊"的镇建面貌，融商业、居住与生产功能为一体，在中国规划与建筑史上具有重要的地位和价值。古镇街道最具代表性的是塘西街和塘东街，有着水乡极为典型的街道格局，成为西塘一道别有韵致的古镇风景。

西塘沿河而建的长达1000米的廊棚，宽2~3米，清一色用黑瓦盖顶，砖木结构，绵延不绝，是沿河店铺为方便路人雨天通过，自行连接各家屋顶而形成的。河南灵宝仰韶文化遗址中也有类似功能的建筑。

西塘的廊棚具有防雨防晒、扩大经营空间的功能，但多数情况下并未作为经营空间，而是作为公共功能性建筑使用，这是一种和睦邻里、注重共享共存的美德体现。

西塘的桥也是一道亮丽的风景。河道水面上分布有大小石拱桥100多座，著名的有卧龙桥、安仁桥、安境桥、安善桥、仁桥、五福桥、望仙桥、永宁桥、清宁桥、万安桥、渡禅桥、环秀桥、送子来凤桥等。据史料记载，明清时期的西塘就出过19名进士和31名举人。18世纪中叶以来，西塘的文人先后成立了"师竹社""锦云墨社""闻龄会""胥社"和"平川书画社"等，留下了不少以西塘水乡古镇为题材的诗词作品。

嘉善田歌流行于嘉善县环绕汾湖的姚庄、陶庄、西塘等地。明代冯梦龙所编《山歌》记载，嘉善田歌系从明代吴歌直接承继而来，20世纪50年代初期正式定名为"田歌"。嘉善田歌除在嘉善当地流传外，还传入江苏吴江、上海青浦等毗邻地区。《五姑娘》是嘉善田歌的代表作。

西沱古镇
——云梯一架江面开

云梯一架江面开,
直上云层接雾来。
夕阳落入波涛中,
血染千山涌天外。

这是西沱古镇土家族诗人巴曼的作品。唐代白居易赴忠州（今重庆市忠县）任刺史，途经西沱，诗兴大发，遂作诗"蓄草席铺枫叶岸，竹枝歌送菊花杯。明年尚作南宾守，或可重阳更一来"，盛赞西沱美景。清末民初秦淮月有诗《赴京顺江舟过西界沱》："旧志曾登西界沱，郡章管理到江河。是间尚有乡云在，吩咐舟人缓缓过。"读来总不如巴曼之诗更能代表西沱古镇。

西沱古镇位于重庆市石柱土家族自治县，是长江上游重要的深水良港，古为"巴郡之西界"。作为古巴国重地，西沱因盐而兴，依道而建，是古代巴盐古道的起点。早在新石器时代，土家族的先人就在西沱古镇繁衍生息。北魏郦道元的《水经注》将西沱称为"界滩"，即古时巴州和益州的分界地，巴州之西界益州之东界。又因长江在此拐了一个近90度的弯，形成了一个天然回水沱，因此又称之为西界沱，简称西沱，这便是西沱地

西沱古镇

西沱古镇民居

西沱古镇民居

名的由来。秦汉时期，川东盐业兴起，西沱成为当时川东南地区的商业重镇。唐宋时期，西沱是川东、鄂西边境物资集散地之一。清乾隆时期，《石柱直隶厅志》记载："水陆贸易、烟火繁盛、俨然一郡邑。"

古镇的大部分区域因在三峡库区175米水位线以上而得以保留，只有20%左右的区域被没入了水底，使得这一珍贵明清古建筑群基本得以保全。

西沱打破沿江设市、顺河成街的格局，而是采取依附山脊层层往上延展的方式，是长江沿线唯一垂直于江面的街道，专家称之为"万里长江第一街"。

西沱古镇民居建筑群、明清商铺、宗教建筑、会馆驿站、特色民居等历史古迹保存完好，古道两旁还分布着盐铺、编织铺、打铁铺等多家传统老店。

云梯街始建于东汉末年，是川盐济楚——巴盐古道的起点，由土家族的吊脚楼建筑群与汉族传统风格的古建筑群组成，是长江三峡库区保存最完好的古镇和古建筑群。西沱古镇的形成与发展与巴盐密不可分。东周时，巴国就拥有渝东的巫山盐泉、奉节东岩碛坝盐泉、云阳卤泉、开县温汤井盐泉、万县长滩盐泉、忠县蔓井溪盐泉等众多盐泉。西沱自古以来作为古蜀地区最西边的码头，自然担负起了蜀盐外运的重任。

要把川盐运到湖北的利川、恩施等地，必须由人肩挑背扛，自江边上山顶，通过独门嘴进山。这就为西沱古镇形成独特的建筑风格提供了客观的地理条件。

当地人和一些盐商看到了这个独特的运输方式带来的商机，便在江边搭起栈棚，为来往盐商提供饮食和住宿服务。随着生意越来越兴旺，精明的商人便沿着自江边到独门嘴长达2500米的山坡逐级修建栈房。到了北宋年间，西沱已成为"川盐销楚"的盐运大道起点和商品集散地。自汉朝到清末，西沱最终形成了一条完整的云梯街。云梯街西起长江岸边，沿山脊蜿蜒而上，全长约860米，宽2～6米，共有89个平台，692级石阶梯，海拔高度从江边码头145米到山顶独门嘴321米，高差为176米，分为上、中、下三段，最陡处的石阶几乎垂直。云梯街顶端的独门嘴黄桷树，便是忠县中兴乡、石柱县（现重庆市石柱土家族自治县）西沱古镇和万县（现重庆万州区）上复兴乡的分界点，"一树遮三县"因此而得名。

明末女将军秦良玉长期带兵驻扎在西沱，紫云宫即秦良玉当年的居住地。她的部队纪律严明，对百姓秋毫无犯。据说因队伍中有女兵训练，她还特意建起了一座绣楼，供西沱的年轻姑娘和媳妇们登楼观看。这座绣楼经历风风雨雨，被完好地保存了下来，成为云梯街最具传奇色彩的古建筑。有趣的是，现在镇上人们对于这幢绣楼的观赏也有不成文的规定，即男宾只能在外观看，不能登楼，女宾则不受限制。

石柱土家啰儿调是流传于渝东南本土汉族和土家族的啰儿调山歌，蜚声海内外的《太阳出来喜洋洋》就是石柱土家族啰儿调民歌的代表作之一。2006年，土家族啰儿调被列入第一批国家级非物质文化遗产名录。

玩牛属于土家族传统舞蹈，主要流传在石柱土家族自治县的西沱、下路和南宾等地，是一种与农事相关、用于喜庆场面的典型民间传统舞蹈。2014年，玩牛被列入第四批国家级非物质文化遗产名录。

新安所古镇
——韵艳朱颜竟不同

几年封植爱芳丛,
韵艳朱颜竟不同。
从此休论上春事,
看成古木对衰翁。

这是唐代诗人柳宗元所作的《始见白发题所植海石榴》,之所以用来形容新安所古镇,一是因为新安所是蒙自石榴的主要产区;二是因为新安所古镇的景色,当得起"韵艳朱颜竟不同"。

新安所古镇位于云南省蒙自市,西汉元封二年(前109)建立贲古县,设县治于新安所一带;明正德三年(1508)在新安所设立守御千户所;明正德十二年(1517)建新安所古城,之后地名一直沿用新安所;清康熙二十六年(1687)取消千户所,归蒙自县管辖。2000多年的历史沧桑,孕育了新安所光辉的历史和灿烂的文化,区域内的文化古迹更是星罗棋布,现有国家级文物保护单位3个,省级文物保护单位7个;明清历史街道5条;军事遗址3处;古寺庙9座、古民居120余座、古墓葬800多座、古石碑23个,以及古戏台、古商铺、古驿道等众多物质文化遗产。2019年，新安所古建筑群入选全国重点文物保护单位。

　　新安所的地名有显著的军屯特点，诸如南屯街、扎下街、乱物营、将台、校场等，新安所人的祖籍多是山东、江西、江苏、湖北、四川等地，因此在风俗、食品、方言中还有中原文化的痕迹。在扎下街有一处自明朝保存至今最为完整的民居建筑，也是当时驻扎在此的士兵与其家眷的生活栖息之所，采用了云南省所特有的建筑形式——"一条枪"式土木建筑。由于营房建设之初便规定每户营房占地宽度不得超过"一条枪"长，故人丁增加后只得向房后延伸扩建，若干年后就形成了向后纵深发展的一间间小屋和通道。大门进去四五米，是一间被称为过厅（也称前厅）的空间，这个空间既是到正屋的过道，也是会客待友的地方。继续进入，过厅后面是正屋的大门，连接着过厅和正屋的是一个仅长约2米的小天井，正屋采取"三间两耳下八尺"的布局，一律建成楼房，房屋较高，因而天井周围

的假重檐成功地起到了遮阳避雨的功用。穿过隐藏在这间正屋后墙上的秘门，又是一间与其完全相似的正屋。如此构造，既利于军事隐蔽，又利于组织管理。

石榴从元代开始传入蒙自，迄今为止新安所古镇石榴种植已有700多年的历史。许多建筑的门楣廊柱上都悬挂有匾额和楹联，主题大都与石榴文化相关。滇菜之中的"吃花"已是民众菜系之首，石榴花当然也成了其中的一道菜。石榴花分雌雄，雌花坐果，雄花脱落。脱落的雄花经焯水之后就可入菜，或炒或拌，味道鲜美。

蒙自晒烟，俗称"土烟"，又名"刀烟"，约于明代由吕宋传入我国，1620—1627年传入新安所种植，是云南省种植最早的烟草。清同治八年（1869），响水河村的周氏兄弟第一次用菜刀把烟叶加工成烟丝，新安所刀烟问世；1870年，周氏兄弟制造

新安所古镇夜景

出烟板凳，刀烟加工工艺迈出了关键性的一步；1883年，周氏兄弟在烟板凳基础上，改用木榨推刨加工烟丝，提高了工效。至此，新安所独特的"木榨推刨"烟丝加工工艺形成。

蒙自刀烟丝为手工制作，丝条细致、油分充足、品质优良，具有一种独特的味道，是蒙自著名的土特产品。特别是新安所的白泥沟、多法勒壮族乡八家人村、红寨乡陈家寨和沙沟边村所制的烟丝被称为"刀烟之花"，享有较高的声誉。

蒙自晒烟的调制方法是晒晾结合。烟叶分4～5次采收，采收后即利用自然温度促使烟叶干燥，作为烤烟型和混合型卷烟的增香配料。国家烟草专卖局也在2003年将新安所刀烟丝收入《名晾晒烟名录》中。

2014年，蒙自过桥米线制作技艺被列入第四批国家级非物质文化遗产名录。蒙自过桥米线还被中国烹饪协会授予了"中华名小吃"称号，蒙自也被授予"中国过桥米线之乡"称号。2017年11月，蒙自过桥米线小镇在新安所正式开街，是云南首家饮食文化主题小镇。

新场古镇（成都）
——春夜一街灯

花外斜阳晚，
云峰暗几层。
人声三里市，
春夜一街灯。

清光绪年间（1875—1908），云南学政张锡荣途经新场古镇，用"春夜一街灯"生动地概括出了新场古镇的繁华景象。

新场古镇位于四川省大邑县境内，建于东汉时期，始称清源。新场古镇兴旺于明嘉靖年间。清康熙年间，店铺、街道、会馆、教堂、寺庙等建筑陆续建成，到清光绪年间已经形成了"人声三里市，春夜一街灯"的盛况。数百年来，这里的木材、煤炭、茶叶、大米和杂粮等物资的吞吐量极为壮观，素有"五大市场"之称，是茶马古道和南方丝绸之路上的重镇之一。至今这里的人们仍然保留着传统的赶集习俗。

新场古镇是茶马古道上的历史文化名镇之一，也是目前四川规模最大、保护最为完好的西蜀水乡古镇。

古镇北面的西岭雪山有丰富而充足的水源，流经头堰河、二堰河、三堰河穿镇而过，将新场古镇环绕，因此走在新场古

新场古镇（成都）陈氏民居碉楼

镇的任何地方都可以听到潺潺的流水声,"小桥流水人家"的美景处处可见。

古镇拥有古街道7条,分别为下正街、上正街、太平正街、太平街、太平横街、香市街、河坝街;还有6条古巷,分别为水巷子、张翼庙巷、谢家巷、猫市巷、桶市巷、上字库巷。古镇中仍保留着二纵二横的井字形格局,现存古建筑面积达20万平方米,房屋大都为清代与民国时期所建。

新场正街宽度约4.2米,平行于河道呈蜿蜒状。由于湿热多雨的气候影响,沿街建筑都有1.3~1.5米的类似风雨廊的过道。

刘成勋故居位于下正街49号,沿着狭长的过道进入前院,随处可见富有川西特色的木雕和泥雕,图案内容丰富,工艺精湛,具有浓厚的传统审美韵味和川西民间特色。刘成勋是新场人,家境殷实,曾任川军总司令兼四川省省长。他毕业于四川陆军武备学堂,参加过辛亥革命、护国战争,后成为四川军阀熊克武的爱将,被刘湘击败后,通电下野。他下野后在新场生活了15年时间,陆续置办了一些产业,自己则吃斋念佛,希望借此逃脱刘湘的仇视。因此,他的住所并不像其他达官显贵那样规模宏大,反倒有一些局促。

李氏旧宅建于1921年,是一栋西洋风格的华丽建筑,共两层楼高。整个建筑为砖木结构,檐柱雕花、翘角粉墙,所有西洋风格的柱子和立面装饰无不极尽精雕之美,华丽非常。

璧山寺也被称为新场人的"感恩寺",建于明代万历年间(1573—1619),相传为大邑县敦义毕朋成等商人为纪念璧山县令李万春所建。其原因是毕朋成等在璧山县经商时惹上了麻烦,而李万春因维护新场商人利益蒙受了不白之冤。为证明自身清白,李万春携妻投江而亡。毕朋成等人回乡后,在上正街建起

新场古镇（成都）街景

庙宇，供奉李万春。庙宇最初叫"毕山寺"，以示主建者为毕朋成。到了清康熙年间，康熙皇帝专程派人到毕山寺下旨，把"毕山寺"改为"璧山寺"以示更好地纪念李万春。李万春夫妇就是璧山爷和璧山娘娘。

自古四川人知快行慢，崇尚闲散安逸的生活方式，形成了独特的休闲文化。而且成都地区茶文化盛行，是盖碗茶文化的起源地。在此背景下，茶馆空间应运而生。明清时期，四川的茶馆尤为兴盛，在新场也随处可见大大小小的茶馆，成为小镇中不可或缺的休闲聚会场所。

玩友即川剧坐唱，又叫"摆围鼓"，一般都在茶馆清唱，俗称"板凳戏"。清唱的剧目短小精悍，群众喜闻乐见，但只能听声，无动作表演。逢年过节及庙会等活动时，玩友常被邀请去"摆围鼓，闹花夜"。

中华人民共和国成立前，新场在春节、春分或庙会期间都会在村落院坝、街道庙堂或茶馆设台宣讲"圣谕"（讲书前须讲康熙皇帝治理国家的六条谕言）。用一张方桌和几条板凳搭成讲台，讲台上放着一面是"圣谕"、一面是"格言"字样的黑色金字小木牌，一人站在凳上，以说书形式向群众宣讲忠、孝、节、义和因果报应之类的民间故事，深受群众喜爱。

新场古镇（上海）
——蟾影波光一色秋

百步长桥高并楼，
闻人夜月咏来游。
凭栏笑指东流水，
蟾影波光一色秋。

千秋桥在新场古镇洪东街，建于清康熙年间（1662—1722）。桥身高广，月夜登桥，自有别样风情。清人姚春熙的这首诗，就再现了"千秋夜月"这一景观。

新场古镇位于上海市浦东新区，因李安执导的影片《色·戒》在这里取景而声名大噪。新场素有"浦东第一镇"的美誉，被赞为"小小新场赛苏州"。

清光绪《南汇县志》记载："新场镇，邑西南二十四里，名'石笋滩'。南宋建炎年间（1127—1130）有两浙盐运司署，后迁盐场于此，故得今名。"可见，新场的得名源于下沙盐场之南迁形成新的盐场，故名"新场"。元初，两浙盐运司署松江分司迁徙于此，是一座因盐而成、因盐而兴的江南古镇，其繁华程度曾一度超过上海县城，是当时浦东平原上的第一大镇。后来因盐场变迁以及战乱等，新场古镇曾几经兴衰，但其仍是一个不乏文化气息的江南水乡古镇。

洪桥港、包桥港、后市河和东横港4条河道两横两纵，把古镇划分为"井"字形格局，河道上共有各式水桥河埠70余座，其中马鞍水桥有10余座，水桥系舟石刻有精细的暗八仙、如意图形，小巧精致，极富江南水乡情韵。

新场古镇现保存有15万平方米的成片古建筑，1200平方米元、明、清时代的石驳岸，以及69座古代仪门，具有珍贵的历史价值、艺术价值和观赏价值。

新场古镇现有古民宅100多幢，其建筑风格为白墙、黛瓦、雕花门窗，古镇老宅的风味油然而生，其中最具代表性的就是张厅和奚家厅。

新场古镇（上海）水榭　微博博主：pierrechow/摄

新场古镇（上海）洪福桥边

特别值得一提的是张厅东西合璧的建筑特色：东方传统的四进三开宅院，仪门上的罗马立柱、精美的马赛克地面，无不体现出建造者的匠心独运。这座古宅共有房屋48间，其"前店中宅，跨河花园"的布局，代表了过去新场古镇典型的宅院布局特色，目前是新场古镇风貌的重要展示片区。

1910年张厅建成后，地面上铺着精美马赛克瓷砖的正厅是新场镇上第一个开舞会的地方，其摆设有彩色玻璃屏风、紫檀木雕的茶几、红木的条桌、红木架的镜子、西洋的吊灯、名人字画，十分奢华。楼上有进口的沙发、法国的牌桌、咖啡壶、杯具、留声机等。上海滩上的时髦物件，这里都有。古城保护专家阮仪三教授认为，张厅是浦东仅存的几处中西合璧风貌建筑中最好的一座，极具研究价值。

奚家厅位于新场古镇洪东街122弄，始建于明代。奚家厅系世代奚姓婚丧大典活动的主要场所，有房屋35间，占地约1300平方米，坐北朝南，砖木结构。电视剧《三十而已》第28集中，王漫妮因为在上海经历了情感、事业的双重打击，因此决定回老家发展。王漫妮家的取景地即是奚家厅。

奚家开设"奚长生药店"，自产自销中成药"紫金锭"，其祛风、除热、镇惊厥功效独特，1915年曾在巴拿马万国博览会上荣获金奖。

古镇上的其他清代建筑，如崇修堂、张信昌宅、行素堂、叶凤毛宅第、郑生官宅均保存完好。

新场第一楼书场始建于清同治末年，20世纪20年代时翻建为三层楼房，时为镇上第一高楼，俗称"第一楼"，30年代起这里即已开设书场（曲艺演出场所）。书场为砖木结构，占地面积266.28平方米，建筑面积648.39平方米，四坡顶，二三层为连排玻璃窗，五架梁。该楼临南北大街，融桥、水、楼、街为一体，地理位置独特，周边环境古朴典雅，具有浓厚的水乡风格。1940—1943年，中国共产党的地下组织联络站曾设于此。2004年，书场整体修缮，现建筑一层仍保留了书场的使用功能，二三层成为装修考究的茶楼。

民间舞蹈《卖盐茶》诞生于元代。当时盐民们受尽官府、盐霸的欺压，为生活所迫，便冒险贩卖"私盐"。后逐渐演变为民间表演，一般出没于民间庙会、传统节日，风行于南汇和浦东各地，而尤以下沙、新场特别盛行。

新市古镇
——村歌社舞更风流

春光都在柳梢头，
拣折长条插酒楼。
便作家家寒食看，
村歌社舞更风流。

宋代诗人杨万里的《宿新市徐公店·其一》，是描述小镇风貌的佳作之一，想必是新市古镇的美景使诗人文思泉涌吧。

新市古镇位于浙江省德清县东部，位于杭嘉湖平原腹地，德清、桐乡、余杭、湖州市区的交界处，西晋永嘉二年(308)始有新市之名，北宋太平兴国三年(978)置新市镇，建镇历史为江南古镇之冠。镇区内明清建筑鳞次栉比，街巷逶迤，家家临水，户户通舟，形成江南水乡古镇独特的"小桥、流水、人家"的"水乡泽国"自然景观。

新市自古就是一个商业重镇，商贸文化可上溯到两晋，是中国古代丝绸之路的发源地之一。明嘉靖年间的《德清县志》记载，宋、明时新市即有"琳宫梵宇之壮，茧丝粟米之盛"之誉。明代时，居民日益增多，商业日趋繁荣。民国，抗战爆发之初，沪、杭、嘉、湖等地市民来新市避难，经商者大增，时有

新市古镇水巷

新市古镇

新市古镇水巷

工商企业500余家，职工3000余人。市场之繁荣，为当时杭嘉湖一带所罕见，曾被人们称为"小上海"。

新市古镇保存较为完整的成片古民居主要集中在觉海寺、西河口、南栅3个区块。

新市古镇上现保存有直街、南昌街、南汇街、朱家弄、觉海寺路、寺前弄、胭脂弄、甘河弄等20余条传统街巷，民居多为清代建筑，部分为民国时期建筑，古建筑总面积8万多平方米。另有12座古桥梁，3座寺庙，明清驳岸1500米，保留较完整的古河埠码头130个。古运河与传统街弄、古桥梁、古民居，以及古刹、驳岸等共同构成了古色古香的江南水乡古镇。电影《林家铺子》《蚕花姑娘》中都留下了新市古镇的画面。

新市古镇同样人文荟萃，南宋有状元诗人吴潜，清代有影响日本一代画风的画家沈铨，现代有著名神学家赵紫宸和他的女儿翻译家赵萝蕤、中国古桥古船专家朱惠勇等。

沈铨字衡之，号南苹，是清代著名的花鸟画家。其友黄行健在《赠沈南苹先生并序》中记述："予友南苹先生，精绘事，偶作《百马图》，贾客携至日本。时日王喜写生，设馆招致画士，有庆山者称鉴别巨擘，客以《百马》进。王大悦，使以厚币聘。先生遂航海往，时雍正己西也。及至授餐供帐，备极优渥。先生每一挥洒，馆中人相顾以为弗如，留三载归。"沈铨的到来，使得日本绘画界开始流行写实之风。

由江南养蚕风俗演变而来的"蚕花庙会"被誉为江南一绝。每年清明节，蚕农们祈求蚕神为蚕宝宝清病祛灾，祈祷丰产而举行蚕花庙会。当天新市邻近县镇的蚕农都涌到古刹觉海寺、司前街、寺前弄、胭脂弄、北街一带，佛教信徒往灵前山拜佛，祈祷"五谷丰登"。妇女们怀装蚕种，头插各式蚕花，引得人们前来观看，人山人海，你轧我轧，故曰"轧蚕花"。庙会结束后，人们就开始了一年的春耕育蚕活动。

兴城古城
——犹有当年旧勒铭

此地曾开细柳营,
荒台空见草青青。
只疑一片城边石,
犹有当年旧勒铭。

释函可是一位著名的诗僧,其父韩日缵是明朝最后一位礼部尚书。他笔下的宁远,别有一番滋味。

兴城古城位于辽宁省兴城市老城区中心,背倚辽西丘陵,南临渤海,雄踞辽西走廊中部"咽喉"之地,是辽东地区通往中原的交通要道。辽统和八年(990)始称兴城;明宣德三年(1428)明政府在此设卫建城,赐名"宁远";清代称宁远州城;民国三年(1914)重新启用兴城之名,沿用至今。

兴城古城是我国唯一一座方形卫城,与西安古城、荆州古城(今江陵县城)和山西平遥古城同被列为我国迄今保留完整的四座古代城池,为全国重点文物保护单位。

兴城古城呈正方形,城墙高8.8米,周长3200米,四城设四门,城门外有半圆形的瓮城。城墙基砌青色条石,外砌大块青砖,内垒巨型块石,中间夹夯黄土。城门上方各有两层楼阁、

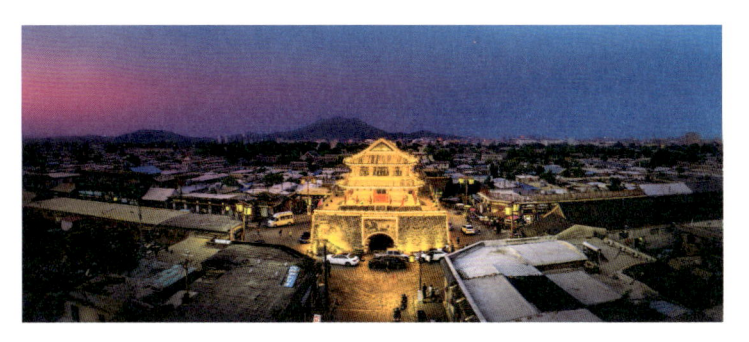

兴城古城俯瞰

围廊式箭楼，以及坡形砌登道。城墙四角高筑炮台，突出于城角，用以架设红衣大炮，其中东南角建魁星楼一座。

兴城古城以前包括外城和内城，但现在外城已倒。内城的钟鼓楼高17.2米，分为3层，其基座平面为正方形，下砌通向四条大街的十字券洞，全部由大青砖砌成，并分东、西、南、北各筑拱形通道，四周围廊，歇山卷棚顶、飞檐凌空、西北开涵洞小门，有石阶可上下。

兴城文庙是东北三省保存最古老的一座文庙，占地1.68万平方米，内有状元门、状元桥、大成殿、论语墙、圣迹图等，还有植物奇观，如古柏育桐、卧桐成林，为全国重点文物保护单位。

蓟辽督师府是明代北方最高军政领导机构，管辖辽东（今辽宁大部）、蓟镇（今河北大部）、天津、山东登州及莱州等地，清朝时改为宁远州府，亦称宁远正堂。袁崇焕遇难后，明朝廷先后任命了11位蓟辽总督，明末守将吴三桂也曾驻扎于此。后来吴三桂奉旨勤王，为了不给清军留下只椽片瓦，下令放火烧毁了蓟辽督师府，现在的督师府是于2002年复建而成。复修后的蓟辽督师府南北宽84米，东西长125米，总建筑面积2363.27平方米，绿化面积2359.77平方米。整体建筑分为三个

中国古镇经典

兴城古城航拍图

兴城古城

功能区，即主体建筑督师府办公区，督师府箭道区，督师府花园、点将台区。

城内有两座"祖氏石坊"，南坊建于明崇祯四年（1631），系为纪念明前锋总兵祖大寿而立，名为"忠贞胆智"坊。该坊于1969年拆除，1988年重建，高约11.5米，宽约15米，为仿木结构，用青石建造。牌坊明间有两根石柱，南北各有一对巨型石狮相抱，拱背侧首、东西相对凝视，造型逼真，栩栩如生。石坊上雕刻有《双龙图》《骏骑出征图》《侍从图》和人物、花卉、海兽、鸟、莲纹等精美图案，雕工精湛，令人赞叹。北坊建于明崇祯十一年（1638），系为祖大寿的堂兄弟、明边关大将援剿总兵祖大乐而立，名为"登坛骏烈"坊。该坊为仿木结构，其形制与"忠贞胆智"坊相似，只是更高一些，高约16.5米，宽约13米，用赭色石料建造，额枋上雕有双龙、海马、牡丹、莲荷、秋菊等图案，立柱上镌有楹联，柱下部有4大4小石狮子，造型生动逼真。

郜家住宅也称"将军府"，位于兴城古城东南隅，始建于1926年。其主人郜汝廉曾任张学良的中将参谋长，奉军中将师长。1928年卸甲回乡后定居此处。郜家住宅占地面积5000平方米，建筑面积575平方米，共有房屋18间，分住宅与花园两部分。西院住宅，为两进院落。郜家住宅是古城内保存较为完好的民国时期建筑，建筑形式为中西合璧的四合院，具有典型近代东北地区上等官绅宅院的建筑风格。郜家住宅与沈阳张氏帅府并称辽宁省两大民国将领故居建筑群，号称"北张南郜"。

周家住宅建于民国初年（1912），是一座典型的具有辽西特色的囤顶民宅四合院建筑，中间高、前后低，冬暖夏凉，还有非常罕见的城市庭院，原主人周永吉是兴城的富庶大户。老宅分为前后两进院落，中轴线上依次为门房、垂花门和正房，其中门房6间、正房7间，正房带有前廊，两侧配以厢房各3间，大门、正房、东厢房、门厅、门房等处的彩绘与石雕彰显出老宅的建筑工艺精湛，出梁抱柱、青砖砌筑，构思精巧、结构严谨，宽敞明亮、实用美观。周家亦农亦商亦官，但住宅并不奢华，而是特别重视人文元素，大门上的"耕""读"两字更是融入了上进与务实、抱负与追求的家文化。1947年，周家人迁往北京，1949年后周家住宅收归国有，2004年在"欧盟援助亚洲城市项目"的资助下进行修缮，现已基本恢复原貌，作为小型民俗博物馆对外开放。

宁远驿馆始建于唐朝，名"柳城驿"。该驿站兴旺于宋辽金元时期，是中原建筑与满族、蒙古族建筑文化相融合的产物，也是仅存的辽西明清时期驿馆建筑遗迹。明代曾作为国宾馆使用，清代则成为皇家驿馆，先后有康熙、乾隆、嘉庆、道光4位皇帝东巡驻跸于此。民国以后，宁远驿馆被废弃，建筑被严重损毁。2013年，国家文物局批准复建后的宁远驿馆占地面积约1.6万平方米，建筑面积1万余平方米，地上建筑7920平方米，地下建筑2200平方米，近似于方形。宁远驿馆包括14座独立院落，建筑布局采用北京四合院形式，由正房与东西厢房组成，为我国北方明清建筑风格，主要体现在囤顶、封檐、外廊等建筑上。宁远驿馆的配套景观采用江南小桥流水设计，体现建筑与周围环境和谐之美，堪称北方明清院落的孤本。

兴坪古镇
——果然佳胜在兴坪

春风滴水客舟轻，
夹岸奇峰列送迎。
马跃华山人睇镜，
果然佳胜在兴坪。

这是叶剑英在1963年畅游兴坪时所作的《由桂林舟游阳朔》，这首诗与第五套20元人民币一道，成为兴坪古镇的两张名片。

兴坪古镇位于广西壮族自治区阳朔县东北部，早在三国吴甘露元年（265）即为熙平县治，治所在今兴坪古镇的狮子崴村。隋开皇十年（590），熙平县治迁往阳朔镇，熙平经年深日久被讹传为兴坪，至今已有1700多年历史。

兴坪的古建筑规模有3万多平方米，主要集中在圩上的兴坪古街及离圩场约1000米的渔村。仅兴坪古街就有老街、新街和湖南街等古建筑，均已有数百年的历史，多具有明、清和民国时期桂北民居"青砖、青瓦、木楼"的建筑风格，完好程度达90%以上，其建筑雕梁画栋，栩栩如生。其他如古桥、古渡、古亭、古戏台、古庙、古寨、古树和古村落等古建筑群，

兴坪古镇街景

兴坪古镇航拍图

也都比较完整地保持了原有的历史风貌，身临其境，仍可领略"老街长长，古巷深深"的意趣。

兴坪渔村始建于1506年，传说为兴坪圩上的达官显贵为择贵地而迁居此地。村中房屋与兴坪古镇的建筑风格相近，青砖黑瓦、坡屋面、马头墙、飞檐、画栋、雕花窗，鳞次栉比，结构独特，具有典型的明清时期桂北民居特色，距今虽已近500年的历史，但仍保存完好。整个建筑群占地1.5万平方米，有传统民居48座。村前漓江环绕，江对岸一带重峦叠嶂，鲤鱼山、金瓦山、元宝山、剑刀山、笔架山风采各异；村后奇峰罗列，五指山挺拔俊秀，马颈山、天水寨雄奇险峻。1921年，孙中山北伐，从广州沿水路准备到桂林建立北伐大本营时，路过渔村，曾在此停驻。其实自建村以来，这里的将官、富绅即层出不穷。明代有进士赵海吾，清代有进士赵卫卿、赵际隆、赵儒迁、赵克进、赵日卿、赵克勤、赵克诚等人，并有多人中举。另外，还有清末维新派首领康有为的弟子、参加"公车上书"的赵春台；追随民初非常大总统孙中山革命的黄埔一期生赵丹瑶；有富甲阳朔的赵家堂；有留学海外并寓居加拿大的造船主赵元典博士；等等。

兴坪的"黄布倒影"被称为国宝级景点，在中国驻联合国总部大使馆悬挂的两幅巨画中，一幅是代表中国人文景观的"万里长城"，另一幅就是代表中国自然景观的"黄布倒影"。而"黄布倒影"俊秀的群峰中，最引人注目的就是被选作20元人民币背景图案的元宝山。

富里桥位于遇龙河上游500米处，石结构单孔，桥长30米，高10米，宽5米，建于明代，已有500多年历史，是观赏田园风光的最佳处。

遇龙桥建于明代，桥长36米，宽4.2米，高9米，是广西最大的单孔石拱桥。遇龙桥采用青石干砌而成，未用任何灰浆填缝，却历经数百年的风雨剥蚀和洪水冲刷仍屹立不动。

兴坪圩市至少已有1800年的历史。圩市中最有特点的商品自然是兴坪特有的木制品——兴坪木板鞋，其制作材料全部采用苦楝木，非常适于人们在洗澡时和在家休闲时穿着。

许村古镇
——文峰透碧落

> 新安故郡,古歙世家。
> 祥生太岳,脉接黄山。
> 襟飞瀑而带双溪,跨渔梁而枕箬岭。
> 名高望重,义侠人豪,文峰透碧落之墟;武曲下兑金之榻。

这是北宋政治家、思想家、文学家王安石对许村许氏大族的评价。诚如斯言,许村古镇当得起"文峰透碧落"之誉。

许村古镇位于安徽省歙县西北21千米处,源于东汉,历史悠久,古名富资里、昉溪、任公村。南梁天监年间(502—519),新安太守任昉行至此,看中这里的山水,后村更名为"昉溪"。唐大中九年(855年),歙州刺史卢潘为避任昉的名讳,将昉溪更名为"任公村"。唐末,许姓迁居于此,许氏日盛,更名为"许村"。

整个村落总长5000米,"皆许氏居焉",故有"许村十里许"的美誉。许村山川灵秀,烟村十里,甲第联翩。明代"许村十二景诗"之《幽窗夜读》的首联即是:"锦里人称许,诗书自一村。"它不仅点明许村外在的风光与内在的特质,还巧妙地将"许村"二字嵌入其间。现保存较为完好的元明清时期古建筑

许村古镇民居

有200余处，其中石牌坊8座、砖门坊3座、亭阁1座、廊桥1座、石拱桥2座、祠堂与古民居多处。2006年，高阳廊桥、五马坊、许社林宅、薇省坊、大观亭、大邦伯祠、双寿承恩坊、大郡伯第门楼、大墓祠、大宅祠、三朝典翰坊、观察第、双节孝坊、许声远宅、云溪堂这15处古建筑组成的许村古建筑群，被列为全国重点文物保护单位。

许村古建筑大致分为三类：

一是古民宅。许氏族人的民宅中，明万历年间（1573—1619）建设的昭德堂和许社林宅属于砖木结构的代表作，雕拱走花，十分考究。许声远宅建设于清光绪年间（1875—1908），其布局完整,木雕精致,已被东南大学定为皖清民居的范本。

二是古牌坊。薇省坊,建于明嘉靖年间(1522—1566),四柱三间五楼式,宽8.8米,高11米,直柱用花岗岩,梁柱花板采用砂岩,雕刻精美。该坊为嘉靖末年进士许琯所立,他曾官至湖广参政,持官清正。

五马坊为明洪武年间(1368—1398)汀州知府许伯升之坊,原为木坊,明成化年间(1465—1487)被焚,现存为明正德二年(1507)所建。该坊是四柱三间五楼的石坊,宽8.2米,高9.7米,由砂岩雕刻而成,雕工十分精美。牌坊上的"哺鸡兽"图案是明代早期建筑的重要标志,在民间较为罕见。

三为古廊桥。高阳廊桥又名廊桥,始建于元代,明弘治年间(1488—1505)改为石拱桥,明嘉靖年间(1522—1566)重修时增建了桥廊,清康熙年间(1662—1722)再修形成现在的模样。廊内有7间,各间开方窗和六棱窗,且越靠廊门窗洞越小,据说这是设计者调和廊内气压的一种方法。人们可凭窗观赏许村四周的绿水青山,墙上和天花板上彩绘游龙飞凤图案。

许村人文荟萃,历代名人辈出,先后共出进士48人,为徽州古村落之最。近代以来,许村继承发扬优良的教育传统,出现了"一门五博士""四院士"的盛况,为共和国贡献了一大批人才,成为闻名遐迩的中华古村落典型。

许村所在的歙县是徽州三雕的发源地。安徽省政府网站称,徽州三雕是指具有徽派风格的砖雕、石雕、木雕三种民间雕刻工艺的简称。徽派"三雕"以歙县、黟县、婺源县最为典型,保存也相对较好。主要用于民居、祠堂、庙宇、园林等建筑的装饰,以及古式家具、屏联、笔筒、果盘等工艺雕刻。"三雕"的历史源于宋代,至明清而达极盛。明代雕刻粗犷、古朴,一般只有平雕和浅浮雕,借助于线条造型,缺乏透视变化，但强调对称，富于装饰趣味。清代雕刻细腻繁复，构图、布局吸收了新安画派的表现手法，讲究艺术美，多用深浮雕和圆雕，提倡镂空效果，有的镂空层次有十余层，亭台楼榭、树本山水、人物走兽、花鸟虫鱼集于同一画面，玲珑剔透、错落有致、层次分明、栩栩如生，显示了雕刻工匠高超的艺术才能。

砖雕是在质地坚细的青灰砖上经过精致的雕镂而形成的建筑装饰，它是明清以来兴起的徽派建筑艺术的重要组成部

许村古镇大郡伯第门楼

分，有平雕、浮雕、立体雕刻，题材包括翎毛花卉、龙虎狮象、林园山水、戏剧人物等，具有浓郁的民间色彩。

石雕主要用于寺宅的廊柱、门墙，牌坊、墓葬等处的装饰，属浮雕与圆雕艺术，享誉甚高。徽州石雕题材受雕刻材料本身的限制，不及木雕与砖雕复杂，主要是动植物形象、博古纹样和书法，而人物故事与山水则较为少见。

徽州木雕用于旧时建筑物和家庭用具上的装饰，遍及城乡，其分布之广在全国屈指可数。宅院内的屏风、窗楹、栏柱，日常使用的床、桌、椅、案和文房用具上均可一睹木雕的风采，几乎是无村不有。徽州木雕的题材广泛，有人物、山水、花卉、禽兽、虫鱼、云头、回纹、八宝博古、文字锡联，以及各种吉祥图案等。明代初年，徽派木雕已初具规模，雕风拙朴粗犷，以平面淡浮雕手法为主。明中叶以后，随着徽商财力的增强，炫耀乡里的意识日益浓厚，木雕艺术也逐渐向精雕细刻过渡，多层透雕取代平面浅雕成为主流。

2006年5月20日，徽州三雕入选第一批国家级非物质文化遗产名录。

崖州古城
——偏爱崖州小洞天

丁相沉吟叹凤缘，
卫公精爽亦凄然。
古今惟有毛知郡，
偏爱崖州小洞天。

崖州古城即现在的海南省三亚市崖州区，这里自南北朝建制崖州，宋朝以来为历代州、郡、县治所在地，到了明清时期已具有"弦诵声黎民物庶，宦游都道小苏杭"的盛况。古崖州城在宋朝以前为土城，南宋庆元四年（1198）始砌砖墙，后经元、明、清三代扩建，使之成为海南岛上规模较大的一座坚固城池。历经时代变迁，崖州古城原城门及城墙几经损毁，现只修复了城门部分。

历代文人政客的流配谪居，广东、浙江、福建等发达地区的商贾留居落籍，对崖州城的兴盛具有重要的影响。由于条件艰苦，又是贬谪之地，古代文人政客对崖州的印象并不好。唐代的韩愈说："僸文未揣崖州炽，虽得赦宥恒愁猜。"白居易说："昨日延英对，今日崖州去。"宋代的陆游说："崖州万里窜酷吏，湖南几时起卧龙？"明代的李东阳说："崖州一死差快意，遗恨

崖州学宫

施郎马前刺。"清朝将贬谪、流放地改为苦寒之地，才使人们对崖州的恐惧渐渐消退。

贬谪和做官，当然是两种不同的心态。南宋淳祐年间（1241—1252），毛奎所作的《小洞天》就充满生机意趣：

丁相沉吟叹夙缘，卫公精爽亦凄然。
古今惟有毛知郡，偏爱崖州小洞天。

毛奎带领属僚开发了大小洞天景区，并数次作诗对其不吝赞美，使洞天胜景逐渐闻名于世。因感其功绩，人们后于南山铺前立祠祀之。

崖州古城共有各类型的文物点65处，具有代表性的古代建筑和近现代建筑有17处，如崖州古城池、崖城学宫、盛德堂、迎旺塔、广济桥、三姓义学堂、孙氏祠堂、民国骑楼街等；清

崖州古城城门

代民居134座，建筑面积达2万平方米；摩崖石刻8处；古墓葬6处；革命先烈故居、革命活动旧址、烈士陵园、纪念碑等12处。

在中国传统建筑实例中，崖州古城中历史传统建筑的两种形式具有原创性和唯一性。一是独特的山脊形式。崖州学宫的两庑山脊非常独特，其脊式为海南特有的叠式脊与半垂脊结构。二是独特的坡面"接檐"形式。崖城古民居屋面常见的是"接檐"形式。"接檐"一般在前坡厅房屋面下直接衔接，形成了"一剪三坡三檐"的风格。这种"接檐"的建筑形式在中国传统建筑中独树一帜，为崖州古城所独有，丰富了中国传统建筑中的结构形式。

保平村是古崖州的边关重镇、海防门户，已有1100多年的历史。保平村保存完好的明清古宅是崖州古建筑中最有代表性、又最集中的古代民居建筑群。至今保存尚完好的陈氏古宅，其雕花梁墩、绘画墙体、神龛雕刻、龙凤麒麟、鹤松梅竹，图案精美、工艺精细。这些古民居世代记录着保平村的建村史，见证了保平村的兴盛繁荣。保平村无论从经济文化发展史、革命斗争史，还是民居本身的建筑艺术、历史价值来看，都曾经闪耀过独有的光辉。保平书院、九姓祠堂、关帝庙、文昌庙、天后庙、保平桥、毕兰村遗址，更是为其赢得了"文教昌盛、人才辈出"的美誉。

崖州古城是历代封建朝廷贬谪、流放"罪犯"之地。先后贬逐到这里的朝廷官员有40多人，仅皇子、宰相和内阁大臣就多达14人。著名的有唐高祖第十九子李灵夔、唐相韦执谊、李德裕，宋相卢多逊、赵鼎、丁谓和名臣胡铨，元代参政王仕熙等。贬逐至此的官员之多、官阶之高、名气之重在全国十分罕见。由于历代均有当时顶尖的知识分子"空降"，古崖城的文化教育昌盛，人才辈出。自宋至清，崖城的儒学、学宫、书院、社学、义学、学堂等各类学校齐备，通过科考中进4人，中举30人，212人纳贡，181人入监。

唐天宝七年（748），高僧鉴真和尚第五次东渡日本时，遭遇强台风袭击，致使其乘坐的帆船漂流到了崖州城。他在这里帮助当地人修建了大云寺，并留下了一批准备带去日本的佛教经典，成为崖州古城文化史上带有神奇色彩的宝物。元代女棉纺织革新家黄道婆，也曾在崖州古城的水南村居住近40年之久。

崖州民歌是海南民歌的古老歌种之一，2006年入选第一批国家级非物质文化遗产名录。崖州民歌有明显的佛教"斋歌"和唐诗格式影响的痕迹。唐代时，佛教传入海南，最早在今三亚市崖城镇(古崖州)建有大云寺，崖州民歌的嗟叹调就出自"斋歌"，当与寺庙中的念诵吟唱有一定关系。

打柴舞是黎族民间最具代表性的舞种，2006年入选第一批国家级非物质文化遗产名录。打柴舞黎语称"转刹"，起源于古崖州(今三亚市)黎族群众的丧葬活动，系黎族古代人在死时用于护尸、赶走野兽、压惊及祭祖的一种丧葬舞。

演变至今，打柴舞已经形成一套完整的跳法，其舞具由两条大竹竿和数对小竹竿组成。跳舞时将两条大竹竿相对隔开2米左右平行摆放于地面上，上架数对小竹竿。竹竿两端分别由数人执握，姿势有坐、蹲、站三种，变化多样，两两相对，上下、左右、分合、交叉拍击，节奏感强。舞者跳入"竹竿阵"中，要在竹竿分合的瞬间敏捷地进退跳跃，而且要潇洒自然地做各种优美的动作。当一对对舞者灵巧地跳出竹竿时，持竿者会高声地呼喝出"嘿！呵嘿！"声，娱乐性强，气氛热烈。

盐官古镇
——地捲银山万马奔

怒势豪声迸海门,
州人传是子胥魂。
天排云阵千雷震,
地捲银山万马奔。
高与月轮参朔望,
信如壶漏报朝昏。
吴争越战成何事,
一曲渔歌过远村。

古往今来,咏颂钱塘潮者不计其数,唯独米芾这首《绍圣二年八月十八日观潮于浙江亭书》,借景抒情,情景并茂,气势非凡。

盐官古镇位于浙江省海宁市,是良渚文化重要发源地之一。2200多年前,吴王刘濞所置司盐之官于此,地以官名。盐官古称"海宁",属杭州府管辖,为历代海宁州(县)治所在,它既是享誉海内外的钱塘江大潮最佳观潮胜地,也是中国唯一的潮乡。

盐官古镇过去曾有"一座古塔十所庙,五大城门四吊桥,七十二弄三大街,庭院寺阁九曲桥"的恢宏旧貌。但在沧桑岁月和历史变迁中,大部分旧貌已被历史尘封,仅留的吉光片羽,依稀再现古镇的旧时荣光。

陈阁老宅是清朝大学士陈元龙的故居,距今已有400余年的历史。陈元龙入阁后,进行了大规模的扩建,在原有基础上,增建主轴线上的轿厅、爱日堂、大楼三进主要建筑。轿厅大门为黄扉黑框的竹扉门，显示出其"宫傅第"的显赫地位。中路三进主要建筑均坐南朝北，体现心向朝廷的忠臣风度。雍正十一年（1733）陈元龙退居故里后，添建了东路建筑，规模达到鼎盛。东、西两路建筑及中轴线南部的旧屋均坐北朝南。东路有祠堂、筠香馆、双清草堂，西路为大厨房、下人房、伶人房等。两条纵向深邃的东西陪弄将建筑连缀起来，建筑构思可谓匠心独运。

海宁陈氏号称"海内第一望族"，300年来中进士者200余人，位居宰辅者3人，官至尚书、侍郎、巡抚、布政使者11人，素有"一门三阁老，六部五尚书"的美誉。明代陈与郊、陈祖苞和清代陈之遴（清顺治朝宏文院大学士）、陈诜、陈元龙（清代雍正朝文渊阁大学士）、陈奕禧、陈邦彦、陈世倌（清乾隆朝文渊阁大学士）等均为其族人。

王国维故居坐落在盐官西门直街周家兜，南隔城墙与钱塘江相望，北临市河，总面积529平方米。1886年，王国维的父

盐官古镇航拍图　吴盛／摄

盐官古镇街景

亲王乃誉建造了这座"娱庐",是一座木结构庭院式建筑,粉墙黛瓦、古朴庄重,故居坐北朝南,共二进。第一进平房为厅堂陈列,在门厅之后的寝楼为三楹,楼中为厅,寝楼上为王氏学术成就、对王国维的评论文章及书籍、文献、手迹、拓片、照片等展示。中厅悬有沙孟海先生题"广业甄球"的匾额,表达了对王氏博学多才的敬仰。楼后为花园,园内种植花草树木,并设有假山古井。

占鳌塔于明万历四十年(1612)建成。砖身木楼,为楼阁式塔,平面呈六边形,外观七层,内为八层,飞檐垂铃,围廊翼栏,有石阶木梯可登七级之巅,是浙江沿海诸塔之最。占鳌塔为风水塔,陈扬明的《占鳌塔碑记》中有"耸玉柱而擎天,奠金鳌而驾海"句,由此可知占鳌之名寓意镇海安澜。

盐官古镇航拍图　吴盛/摄

钱塘江海塘始建于1700多年前，以工程浩大、布置周详、结构精巧、管理有序著称。南北朝时，已有被称为"防海大塘"的土堤了；隋唐、南宋与北宋都以土为堤；明代用木柜、竹络修筑石塘；清康熙年间，为保国泰民安，始筑"鱼鳞石塘"。

海宁潮又称"钱江潮"，是世界一大奇观，其以磅礴的气势和壮观的景象闻名于世。海宁观潮始于唐，盛于宋。海宁观潮以前在杭州，明代以后，由于江槽北移，江流、海潮改道，至海宁城外海塘占鳌塔下，形成南北一线的奇景，被誉为"天下奇观海宁潮"，盐官遂成了闻名天下的观潮胜地。

海宁皮影戏自南宋时期传入，并成为浙江省海宁地区汉族民间婚嫁、寿庆、祈神等场合的常演节目。2011年年底，中国皮影戏（含海宁皮影戏）入选联合国教科文组织人类非物质文化遗产代表作名录。

海宁祭祀潮神的最早文字记载出现于南宋程珌的《盐官祷海》。宋、元、明、清至民国，钱塘江海宁段海塘屡毁屡建，因此历朝历代政府都非常重视潮神祭祀活动。祭祀最初由沿江百姓积习成俗，一般以敬香祈祷为主，后来逐渐演变成祭神祈安、弄潮示勇的大型民俗活动。潮神祭祀于2014年入选国家级非物质文化遗产名录。

杨柳青古镇
——津鼓开帆杨柳青

村旗夸酒莲花白,
津鼓开帆杨柳青。
壮岁惊心频客路,
故乡回首几长亭。

明嘉靖二十九年（1550）春，吴承恩在进京途经天津杨柳青时所作的这首《泊杨柳青》印证了杨柳青古镇昔日的秀美、富庶与繁华。

杨柳青古镇隶属于天津市西青区，初名"流口"，后名"柳口"，金贞祐二年（1214）置"柳口镇"，为该镇行政建制之始，元末明初更名为杨柳青镇。

杨柳青古镇历史沉积久远，文化底蕴深厚。元代，通惠河开凿，并与济州河、会通河相连，恢复大运河全线通航，漕运重启，沿河而居的村落正式形成。明代，移民被安置在杨柳青地区的运河岸边，使杨柳青地区人口剧增，加之流经本区域的南运河为漕运的必经之转运地，使得杨柳青古镇成为中国北方商贸流通的重要集散地，曾有"先有杨柳青，后有天津卫"的说法。

杨柳青古镇街景

津门石家原籍山东，祖辈以漕运发家。清雍正年间（1723—1735），石氏先人即从山东来到天津一带操船营运。清乾隆五十年（1785）落户杨柳青，颇善经营，家资日丰。清光绪十年（1884），石元士成为石家的代表人物，他不仅注重家产积累，更善于扩大政治势力，努力结交权贵，子女多与天津官绅、豪门结姻，他自己的夫人即是两广总督张之洞的族侄女。清光绪二十六年（1900），八国联军入侵，石元士带头出资在家乡开办"支应局"，使地方减轻了祸乱之害，因而得到清政府赏识，先后被李鸿章和慈禧接见，并赏给他一个四品卿衔，一时名重津门，当选为天津议会、董事会委员，从而确立了他集地主、官僚、资本家于一身的社会地位。

石家大院是石元士的旧宅，1875年开始大规模的建设，至今已有近150年历史。它占地7200余平方米，其中建筑面积

2900多平方米，有12个院落，所有院落都是正偏布局，四合套式，院中有院，院中跨院，院中套院；从寝室、客厅、花厅、戏楼、佛堂到马厩，无论是通体格局、建筑风格，还是艺术装饰，都反映了清末民初的文化遗存和当时的民俗民风。进入大门是一条60米长的甬道，构成大院的中轴线，甬路上分布着形式各异、建筑精美的5座门楼。门楼从南向北逐渐升高，寓意为"步步高升"，而每道院门前都有3级台阶，寓意为"连升三级"。道路东西两边各有5进院落。东院为内宅，有内账房、候客室、书房、鸳鸯厅、内眷住房等。西边的院落为接待贵宾的大客厅、暖厅、大戏楼、祠堂等，现已基本恢复了原有陈设。与内宅相比，西院的建筑用材更为考究，做工更为精细。大客厅院内有高近5米的天棚，可挡风避雨。大戏楼宽敞华丽，可供200人听戏饮宴，是华北民宅中最大的戏楼，京剧名家孙菊仙、谭鑫培等都曾在此献艺。

董家大院位于古镇中心的猪市大街上，始建于清光绪三年（1877），占地面积1200平方米，建筑面积686平方米。一条中轴线将整个院落划分为东西两部分，中轴线开设4个便门，连接各个院落。各院落均为杨柳青地区常见的前檐封老檐形式建筑，青砖下碱，糙砌墙体，和瓦屋面，室内吊顶。大门楼为金柱大门，门楼内下碱丝缝，上身抹灰，现存一花鸟花板。整个建筑充分反映了董家以实用为主，不追求奢华的建筑风格，为杨柳青地区仅存的反映旧时大家族生活的建筑实例。

安氏祠堂始建于1720年，原为住宅。1934年，该建筑改为家祠，后几易其主。祠堂建筑面积为630平方米，由两进四合院共24间房屋组成。四合院中间设有穿堂，

杨柳青古镇

杨柳青古镇街景

将建筑分为南北两个院落，建筑的外立面均为传统的青石磨砖对缝饰面。所有的房屋都采用四扇五抹隔扇门，次间和梢间下部设有海棠池式槛墙，上部设有支摘窗，地面铺设青砖，是一座典型的清代天津合院民居风格建筑。

杨柳青火车站老站房位于现在的杨柳青火车站候车室西侧，始建于1912年，为京浦铁路竣工时建造，占地面积575平方米。车站的正面有3扇大门、4间木制月台，两侧边门是拱券式券门，为仿日耳曼式建筑，保存基本完好。如今，这座百年老站已经成为天津近现代史上重要的代表性建筑。

清咸丰年间（1851—1861）开始，天津大兴砖雕。杨柳青砖雕与天津砖雕一脉相承，但又有其特殊的韵味，当时被称为天津砖雕艺术的一个分支，是和当地民俗民风紧密结合的一个特殊品种。杨柳青砖雕的表现手法大量地借鉴了杨柳青年画，因此形成了区别于其他地方砖雕的独到之处。比如砖栏板上的《百合降福》刻制的就是在两枝蓬勃开放的百合花上，一只展翅飞翔的蝙蝠从天而降，画面生动，栩栩如生。用百合花象征和气和谐，以蝙蝠象征福气，寓意"和气和谐能生福"。《五福平安，福在眼前》画面的上方和左右分别刻着5只蝙蝠自上飞下，中间捧抱着一只花瓶，下面吊着两枚铜钱和流苏。5只向下飞的蝙蝠寓意五福自天而降，捧抱的花瓶象征平安，两枚铜钱谐音为眼前之意。画面中几件物品的结构美观合理，寓意吉祥，迎合了人们趋吉纳祥的心理需要。

杨柳青木版年画产生于明崇祯年间（1628—1644），清雍正至光绪年间（1723—1908）为鼎盛期，产品行销东北、内蒙古及新疆各地，曾出现"家家会点染，户户善丹青"的兴旺景象。杨柳青年画继承宋代和元代的绘画传统并采纳明代的木刻版画等工艺美术形式，结合了木板套印和手工彩绘等方法，对河北武强年画、东丰台年画，山东潍县年画、高密年画及陕西凤翔等地年画都产生了一定的影响。在中国版画史上，杨柳青年画与苏州桃花坞年画并称为"南桃北柳"。

杨柳青剪纸艺术自清朝兴起，至今已有300多年的历史。剪纸的产品有窗花、刺绣花样子、喜花、吊钱等四大类。杨柳青剪纸就如同这座民俗风情强烈的小镇一样，虽然历史并不特别悠久，但特色却十分鲜明。

杨柳青剪纸的题材十分广泛，受杨柳青年画的影响，造型优美、刻制细腻、线条流畅、玲珑剔透、秀美可观。杨柳青剪纸对蔚县剪纸、察哈尔剪纸都曾产生了深远的影响。

2019年5月19日，中国邮政发行《中国古镇（三）》特种邮票1套4枚，其中编号4-1为杨柳青古镇。

尧坝古镇
——天生阆苑一瑶珠

宋瓦明砖气象殊，
天生阆苑一瑶珠。
故人车马川黔道，
新月烟岚水墨图。

今人翟红本的这首诗，基本概括出了尧坝古镇的特点：原为"瑶坝"，地处川黔交界，景色优美，宛如一幅水墨画。

尧坝古镇位于四川省合江县，始于北宋，兴于明清，是古江阳到夜郎国的必经之道，有"川黔走廊""茶盐古道"之称。根据考证，唐宋时期，尧坝居住的主要是瑶族民众，当时的尧坝为瑶家坝子，古名"瑶坝"。后随着汉族人从北方南进，尧坝人口渐渐增多，少数民族人口逐渐向云贵高原山区迁徙，又因汉族人崇拜尧帝，便将"瑶坝"的"瑶"改为"尧"，尧坝故而得名。

古镇汇集了川、黔两省浓厚的历史文化和古风民俗，形成独具特色的中国西部川黔古镇文化，是《狂》《大鸿米店》《泸州起义》《英雄无界》《功夫骄子》《酒巷深深》《红色记忆》《截拳道》等10余部影视剧的取景地。

尧坝古镇大鸿米店

尧坝古镇依山傍水，民居群及古街道的总面积近6万平方米，其中民居建筑大多是典型的川南民居四合院风格。古镇房屋高低错落，分为上街和下街，上街房屋依山而建，高低起伏、错落有致，下街宁静平和，屋脊连成一线，形成有节奏、有韵律的民居群落。古街道呈南北走向，北街为周氏家族修建，南街为李氏家族修建，略呈"S"形，总长1000米，最宽处7.5米，最窄处3.5米。街面为垂带式青石板铺成，石板街下面是宽1.5米、深1.2米的排洪沟。街道两侧是木结构建筑商贸店铺，店后为四合院民居生活建筑群，计有小青瓦房屋2000余间。尧坝古镇建筑群为全国重点文物保护单位。

大鸿米店位于尧坝古镇中央临街的17级台阶上，因电影《大鸿米店》而声名远播，为清嘉庆朝武进士李跃龙的府邸，保存完好。该建筑为全木质，坐东向西，四合院布局，建筑面积近2000平方米，分为上下两层，上层护栏串花雕刻，下层廊道精致典雅，建筑两侧的封火墙仍完好如初。大鸿米店是尧坝古

中国古镇经典

尧坝古镇民居

尧坝古镇街景　微博博主：我的小人儿1016/摄

镇在历史上作为川黔粮食贸易重要集散地的古建筑遗存，是研究川黔经济史、交通史和建筑风格的重要实物资料。

进士牌坊坐落于古街道的南端，为川南所独有，是清嘉庆十五年（1810）特敕武进士李跃龙修建，其匾额、题对保存完好。牌坊坐西北向东南，为仿木石结构，三重檐歇山式建筑，通宽8.8米，通高7.8米，进深2.1米。

美学大师王朝闻故居位于古镇进士牌坊的下方，立木结构，具有川南典型四合院特征，面积500平方米。故居内设置有戏楼、正堂、客厅、卧室、天井、作坊、偏房等，其中正堂供奉神龛、神案，左右置太师椅。

尧坝古镇生产的泸州油纸伞已有400年以上的历史，一把伞的工序有100多道，即使开关3000多次，并浸泡在清水里24小时也不会脱骨，如今已成为国家级非物质文化遗产，被誉为"中国民间伞艺的活化石"。

瑶里古镇
——瑶流祇抱浮梁水

瑶流祇抱浮梁水，
青料还购金华巅。
祁门采石捣泥细，
淳村披沙结胎坚。

清乾隆朝左都御史吴省钦虽然官声较差，但学问极好，其《观景德镇所造内窑瓷器》一诗可谓道尽景德镇瓷器的特色。

瑶里古镇位于江西省景德镇市浮梁县，古名"窑里"，因其是景德镇陶瓷的发祥地而得名。西汉末年，辗转来此的刘氏是这块盆地的最早居民，距今已有2000余年的历史。唐代中叶，这里就有生产陶瓷的手工作坊。直到20世纪初，瓷窑外迁，"窑里"因瑶河穿镇而过才改名为"瑶里"。作为景德镇陶瓷的发祥地，瑶里古镇素有"瓷之源、茶之乡、林之海"的美称。

瑶里高岭山是闻名世界的陶瓷胜地，也是世界高岭土矿物的产地，盛产制瓷原料高岭土，至今仍蕴藏可观。浮梁产茶历史悠久，自汉代始即有僧人种植和采集茶叶。至唐代，瑶里的茶叶加工和贸易开始兴盛。唐元和年间(806—820)，浮梁已是赣北、皖南茶叶的主要集散地。《元和郡县志》记载，唐元和八

瑶里古镇

瑶里古镇民居局部

年(813),浮梁"每岁出茶七百万驮,税十五余万贯"。唐朝诗人白居易在其名著《琵琶行》中就有"商人重利轻别离,前月浮梁买茶去"的描写,说明当时浮梁茶叶市场已颇有名气。

古镇现保存较为完整的历史文化街区有明清商业街、河东街区、河西街区等,古建筑群有程氏宗祠、狮冈胜览民居等,还有267幢古民居建筑保存较完好。古民居都是面河而开,几乎家家都"枕山,临水,屏山",依其建筑风格而言,飞檐翘角的屋顶,高大的马头墙,粉墙黛瓦,四水归堂的天井,幽幽的青石板街道和砖石木雕装饰艺术,具有较浓厚的赣东北和皖南地方风格。

明清商业街是古徽州大道上最为繁华的商业街之一,全长1000多米,分为上街头、中街头、下街头三段。昔日有上百幢店铺鳞次栉比地分布在街道两旁,大部分建筑至今仍保存较好。

程氏宗祠始建于明代中叶,清道光年间(1821—1850)重新整修过,其建筑风格不同于其他祠堂的是上、中、下三堂的朝向各不相同。建筑内砖雕、石雕和木雕的题材丰富、玲珑剔透、层次分明、栩栩如生,显示了雕刻工匠高超的艺术才能。

徽饶古道历来是古徽州通往饶州(今江西省上饶市)的交通要道,昔日徽商享誉大江南北,徽州古道功不可没。浮休大道是现存徽饶古道中最为完整的一条,从瑶里梅岭村前的河对岸一直通向虎头山,连接皖、赣两省,长10千米,全部由麻石铺砌而成。

水碓是利用水流力量来自动舂米的机具,以河水流过水车进而转动轮轴,再拨动碓杆上下舂米。瑶里水碓作坊群始建于宋代,是用来粉碎矿石的。在瑶里等地,仍有不少农户在闲暇时间利用水碓营造技艺生产瓷土,因此此项技艺也在浮梁代代相传。2021年,由浮梁县申报的水碓营造技艺(景德镇瓷业

瑶里古镇远眺

水碓营造技艺）入选第五批国家级非物质文化遗产名录。

  2022年5月19日，中国邮政发行《中国古镇（四）》特种邮票1套4枚，其中编号4-1为瑶里古镇。

迎水桥古镇
——大漠孤烟直，长河落日圆

单车欲向边，
属国过居延。
征蓬出汉塞，
归雁入胡天。
大漠孤烟直，
长河落日圆。
萧关逢候骑，
都护在燕然。

  唐开元二十五年（737）春，诗人王维赴任河西节度使府判官，路过宁夏中卫市沙关驿（沙坡头）时，写下了这首流传千古的不朽诗篇。沙坡头因同时拥有高山（香山山脉）、大河（黄河）以及沙漠和绿洲，成为我国西北地区唯一能够体现"大漠孤烟直，长河落日圆"自然奇观的地方。

  迎水桥古镇位于宁夏回族自治区中卫市沙坡头区，其东连陕晋，西通甘新，北抵内蒙古，南达川滇，是"丝绸之路"上的边陲要塞；前有黄河之险，后接贺兰之固，扼守宁夏西大门，自古为西北地区兵家必争之地。据相关资料记载，早在3万多年前就有人类在这里繁衍生息。春秋时，为羌族和戎族杂居之地。秦吞并六国后，中卫属北地郡，自此有10代王朝在此设郡建县。清代时修建有"沙坡底公馆"，专为丝绸之路上的商客提供食宿。2003年，设立中卫市沙坡头区。

迎水桥古镇

迎水桥古镇南长滩村

迎水桥古镇沙坡头景区

　　沙坡头景区位于天沙尽头的东南前沿，北接浩瀚无垠的腾格里沙漠，南抵香山，东邻中卫经济开发区，西达黄河黑山峡。包兰铁路、石营公路横跨东西，区域辽阔，景观优美，交通便利。

　　从沙坡头景区北区入口进入后，有一条仿建的沙关古道。由于沙坡头是古丝绸之路北道必经的"咽喉"重地，这里也成了古商道上著名的驿站，被称为"沙关驿"。古道由木板铺成，路不长，古道尽头是大型的驼场，被称作"宁夏第一驼队"，从这里乘骆驼可进入腾格里沙漠深处。

　　北长滩古村落有一处石器时代古文化遗址，其分布面积约4万平方米，包含北方细石器狩猎文化和甘肃马家窑农业文化两种特征。根据北长滩当地农民在榆树台子发现的春秋时期的青铜短剑、青铜镞等遗物，说明西周至春秋战国时期，西戎少数民族曾在这里放牧狩猎。秦汉时期，北长滩的先民逐步转向以农耕为主的定居生活。自隋唐开始，这里又成了水运的必经之地，从西部来的货物多用筏子沿黄河顺流而下运送，使北长滩成了当时水路运输的驿站码头。

北长滩古村落包括黄石漩、榆树台、下滩村和上滩村4个自然村，这里融北方土木结构的传统建筑、军事防御和原始古朴生态于一体，仍保留了明清时代当地传统的"四梁八柱式"土木结构建筑风格，而院墙则是用石块堆砌而成。这里的传统民居建筑群是目前宁夏回族自治区境内既具有地方特色，又保存完整、集中的房屋。曾经轰轰烈烈的"大跃进"和"文化大革命"给这个平静的小山村留下了深刻的印迹，至今走进村子，依然可以看到许多墙体、门窗、木柜上清晰的语录、图像以及各类标语等。这里每户院落的布局和房屋结构均保留了传统建筑风格，大多为三合院式。院门向南开，院墙多用石块砌筑或用栅栏围护，北面正中为三间堂屋，是主人的主要居室，堂屋左右两侧各建1~2间耳房，作为厨房和用于储藏粮食等杂物，耳房南是对称的2~3间厢房。房屋的门窗均为花式木格。民居底部垫有高出地面的毛石基础，其上为长方体土坯垒砌的墙体，墙体四角及前后墙共竖立对称的8根立柱，并砌于墙体之内。

南长滩村人多数姓拓，有西夏学专家考证是元朝灭了西夏国后，西夏党项贵族拓跋一支逃难至此，隐姓埋名留下的遗民。为了再现拓跋人的生活场景，沙坡头景区修建了中国首个党项民俗村——拓跋山寨。山寨中房屋的建筑风格融合了西夏建筑特色和中原建筑风格，分为党项民俗文化展示区、游客餐饮区、休闲住宿区和观景台。门牌上一律标有西夏文字和汉字，并且在每个院落里用地图展示了党项人的迁徙路径。

羊皮筏子旧称"革船"，"九曲黄河十八弯，筏子起身闯河关"。兰州羊皮筏子从清光绪年间（1875—1908）就已经兴起，距今已有100余年的历史，之后这项古老的羊皮筏子制作手工艺一直传承不断。

今天，皮筏作为摆渡工具已被淘汰，但在兰州和宁夏沙坡头仍有少量的皮筏保留了下来。"吹牛皮，渡黄河"这一新奇刺激的妙用是将渡河者装入牛皮袋中，充气扎口后，艄公趴在牛皮袋上，一手抓袋，一手划水，只十几分钟便可将渡客送至黄河对岸。

在新中国的历史上，沙坡头曾经轰动了整个世界。这里创造了人类治沙史上的奇迹——"麦草方格"固沙法，结束了长久以来"沙迫人退"的局面，成功遏制住了沙漠化，将沙漠逐渐变为绿洲。

余东古镇
——檐牙相接一线天

南北长街东西道，
檐牙相接一线天。
市招飘摇遮晴日，
无怪行人肩并肩。

这首诗形象地描绘了南方小镇余东的繁华过往。

余东古镇古称"余庆"，又名"凤城"，位于江苏省海门市，是一座有着1300多年文字记载的历史古镇。余东系江海冲积平原，于南北朝时期开始露出水面；唐开元年间（713—741）设盐亭；唐乾符年间（874—879）设余庆寨，是当时南通5个兵防要塞之一；北宋时设余庆盐场；元代设余东盐场；明朝建立余东城；清以后设置余东镇。

明洪武年间（1368—1398），信国公汤和奉命在此建城，余东由一个自然集镇成为官方建制镇。因余东城总体格局形似凤凰，故得名凤城。虽在明正统至嘉靖年间（1436—1566）余东城几经修建，但其格局和主体建筑一直保存至清朝初期。

余东石板街始建于明初，距今有650多年的历史，其由2146块石板铺成的南北长街（兼下水道、藏兵洞）仍保存至今

余东古镇南城门

的共有876米，当年街巷两侧的商铺旧宅多数仍在；古护城河除南运河段于20世纪80年代被改为水泥马路外，其余3段均保存完整，河岸的自然风貌仍在；另有古桥2座、古井10多口，显示了古城原有的基本框架。现存的古运盐河和两个盐码头，体现了余东因盐成邑的城镇体系。

余东古镇中现保存尚好的10余处明清民居包括明武进士故居、范氏宅院、江村故居、郭家银楼、郭家宅院、张氏私塾、大夫第宅院、王家宅院、震丰恒布庄、江家客栈等，以建筑单体遗存为主，少数几个有独立院落，建筑的规格等级普遍较低，但其木质柱础、牛角形屋脊（当地又称"凤尾"）、屋面坡度等建筑形制体现了南通地区建筑特有的古朴遗风及其明清至近代的演变过程。张氏私塾、江村故居、范氏宅院、武进士故居等余东明清古民居具有"过渡性"的特征，既受到南北民居做法的影响，如山西民居的硬山做法，徽州的月梁做法，扬州的穿斗、抬梁木结构等，同时又继承了元代以后的多种建筑技术，并逐步在漫长的历史发展过程中形成了自己独特的建筑风格。

大夫第宅院始建于明代，于清代重修。院落当中为南向3间7架头瓦房，中间为会客厅，两边为书房，后面是后院、天井，后堂为9架进深，是"明三暗五"的大堂，因程氏祖先的"大夫第"匾额而得名"大夫第宅院"。

始建于清嘉庆年间的郭利茂银楼，由徽商郭利茂兴建。银楼为典型的徽派建筑，上下两层，集商用、加工为一体。楼后有小院和附属房屋，为居住用房。郭利茂银楼是余东古镇辉煌一时的标志性建筑，历经数百年风雨，其墙砖虽已经严重风化，但高耸的山墙依然让整个建筑看上去雄伟挺拔、气度不凡。

运盐河开凿于唐天祐二年（905），距今已有1100多年的历史。运盐河西起利和镇，经余西、四甲、余东、包场、六甲到达吕四，主河道全长30千米。余东是古代盐场和盐业的集散

余东古镇街景

地，运盐河发挥了重要的盐外运作用，它在流经余东时，古镇东、西、北三面被运盐河环绕，因此又是余东古城提防倭寇的护城河。

以通东壁画为代表的本地农民画，是余东村农民引以为豪的乡土文化。他们用不拘泥于传统的思维方式，探索创新造型手法，在夸张、变形的画面中，采用非传统的混合、叠加、错位、裂变等手法，创作出了《余东农家》《橘林深处捉乾隆》《秋山图》《雄鸡图》等佳作。

清代中叶后，江南移民带来了吴歌，并渐渐地演变成为海门山歌。海门山歌分为两类，一类为即兴山歌，大多是人们在田间劳动或劳动之余，随口编成，歌词有四、六、八句不等，如《东南风爽急悠悠》等，另一类是叙事山歌，歌词有十几句、几十句，乃至几百句不等，如《摇船郎》等。2008年，海门山歌入选第二批国家级非物质文化遗产名录。

元通古镇
——犹不失芳甘

芎穷生蜀道，
白芷来江南。
漂流到关辅，
犹不失芳甘。
濯濯翠茎满，
愔愔清露涵。
及其未花实，
可以资筐篮。
秋节忽已老，
苦寒非所堪。
铲根取其实，
对此微物惭。

　　苏轼在《和子由记园中草木十一首》中记述了一味中药：川芎。川芎的主产地就是今日的元通古镇。白云苍狗，历经千载，今日的元通古镇仍旧魅力无穷，像川芎那样"犹不失芳甘"。

　　元通古镇位于四川省崇州市区，地处文井江、味江、泊江三江汇合处，水陆交通畅达，地理位置优越，过去是成都西北隅的重要盐集散地，产于自贡与乐山的井盐由水陆运抵至此，更是直接催生了元通的经济繁荣。

　　元通古镇最早见于文字记载当追溯至东晋时期（317—420），其建置已有1600多年的历史，原名是水渠乡。明正统年间（1436—1449）有圆通寺始建于水渠乡，由于此地居水陆要冲，僧侣商贾云集，买卖居家渐聚于此而繁华起来，就有了"良田数万亩，烟火数千家"之说。至清代时便有"小成都"之称，在此兴场建镇，以寺名为场名，"诸市俱全，为一州货财之薮。"其后于民国初期改称"元通"，遂定名。

镇内古建筑众多，如黄氏故居、罗氏故居、王国英故居、天主堂、汇江桥、永利桥、陈家大院、黄氏宗祠、古当铺等，而且还有集镇内约10万平方米的古民居，这些建筑大多依照明、清《工部法则》所构造。古镇内有大小茶馆50余家，充分体现了"垒起七星灶，铜壶煮三江"的风貌。

王国英故居建于清康熙年间（1662—1722），道光年间（1821—1850）重修。王国英为抗英名将，在鸦片战争中驰援宁波并率敢死队与英军激战，不幸被俘后誓不投降，终被英军杀害。故居位于增福街南侧、坐北向南，整座建筑为二门砖石结构，牌坊式，门柱上有四川省著名经史学者罗元甫的题联，文辞书法俱美。

黄氏宗祠在麒麟街南侧，建于1914年，为元通大姓黄家祠堂。该祠堂的院落门厅为拱脊临街，面阔四间，门厅后以落天过道与后院连接。二门为砖石结构，门柱上有四川省著名学者林思进所题写的对联。正厅后为小院，正厅前右侧建有五间厢房，整个院内布局疏朗，宽敞明亮。

国民党统治期间，黄家是元通显赫的大家族。当时，四川政局不稳定，战乱连连，演变出官、商、黑社会三位一体的新

元通古镇

元通古镇远眺　樊均萍/摄

元通古镇古当铺　　樊均萍/摄

形态。黄氏家族兄弟六个加上子侄，清末民初从军的有司令、旅长、团长；做官的有中央立法委员、省议员、县参议长、县长、团练总局长；做袍哥的有县唐安总社社长。时任县长把黄氏家族的核心地盘元通场称为"元通国"，平时都要避让三分。

永利桥横跨泊江河，下临文井江，始建于明代，重修于清嘉庆年间（1796—1820），民国二十七年（1938）再次修缮。桥身为砖石结构三孔拱桥，桥长29.3米，宽8米，拱高1.15米。该桥为崇州市仅存的一座石桥，在川西亦属罕见。

汇江桥是川西有名的铁索桥，原在增福街南口，曾于清光绪二年（1876）重修，1986年7月移至双凤街口，但仍按原貌建造。桥身设有三墩四孔，墩上建有桥亭，还有30米长的引桥，引桥端的石狮可固定钢绳并承托桥绳之上的路板。

元通城隍会自清康熙年间形成，迄今已有300余年历史。古代四川的三大集会，分别是成都青羊宫的百花会、乐山的炎帝会、崇州元通的城隍会。元通城隍会的组织方是当地的民间社会组织，往往要选定城隍会会首，统筹大小事务。戏班巡游时，要把城隍爷、城隍娘娘抬出来进行巡游，还要唱戏给城隍爷、城隍娘娘听。整个城隍会的时间长达一周甚至半个月。除了本地的老百姓，成都府以外的行商、小贩都来参加，盛况非常，是一个典型的物资交易会。

改革开放之后，元通城隍会定名为"清明会"，时间往往持续一周以上。截至2021年，元通清明会已举办268届。

元通古镇航拍图

永和古镇
——景物因天巧，轩窗占地悭

心得高明趣，
楼开井邑间。
巡檐风与月，
隐几水兼山。
景物因天巧，
轩窗占地悭。
寒暄俱可至，
徒倚不知还。

这首《永和镇曾坌季高明秀楼》是周必大晚年定居家乡江西省吉安市永和古镇的应酬之作，奈何精神到处文章老，反而成了吟唱永和的精品之作。

永和古镇位于江西省吉安县中部，闻名遐迩的吉州窑所在地。东汉为东昌县治；南齐朝为焦度将军的封邑；唐、宋、元、明、清时，隶属庐陵县儒林乡。1994年，永和撤乡改镇。

永和古镇自古以来就是庐陵文化和江右文化的代表。明永乐年间（1403—1424）的《东昌志》称："异时谈吉安之盛，萃于庐陵，故庐陵为郡之望；谈庐陵之盛，萃于永和，故永和为天下三镇（注：当时另两大镇指佛山镇和汉口镇）之一。"

古镇内除有保存完好的古窑遗址24座之外，还有明清建筑117栋，亭台楼阁、祠宗寺塔等名胜古迹有40余处，其中最著名的有15处，称为"东昌十五景"：唐代的有本觉寺塔、清都观等；宋代的有吉州窑、东昌井、金钱池、莲池街、东坡井、凤凰精舍、绿野坊、智度寺、秀水沟等。名人遗迹是永和文化的最耀眼之处，"苏黄台"是苏东坡、黄庭坚讲经论道的地方；"明秀楼"有宰相周必大的诗咏；"金钱池"有状元罗洪先的诗咏；"东坡井"与苏东坡结下了不解的缘分。

吉州窑是全国重点文物保护单位，是目前世界规模最大、保存最完整的古窑遗址群之一。"吉州窑"又称为"东昌窑""永和窑"，兴于五代、北宋，极盛于南宋，而衰于元末，迄今已有1200多年的历史，是我国古代一座举世闻名的综合性窑场，其产品种类繁多、风格多样，以黑釉瓷和彩绘瓷最负盛名，行销国内外。黑釉瓷中的木叶天目、剪纸贴花、窑变釉纹等产品更是器走天下、誉满世界，有一些瓷器还被日本、韩国、美国、英国等列为国家级文物收藏。

在吉州窑中，最成功的装饰方法是剪纸贴花和木叶纹。剪纸是中国民间常见的艺术形式，一张纸一把剪刀就能在妇女的手上创造出一个艺术天地。吉州窑是民间窑场，窑业以户为生产单位，妇女大多参与制瓷，文献中有（舒）"翁之女号舒娇，尤善陶"的记录。妇女一般参与装饰、彩绘、施釉等较轻的工作，因此理所当然地把剪纸引入了瓷裱装饰中。

清都观位于永和古镇桐木桥村，建于五代十国的南唐年间（937—975）。"清都观"三字为北宋建中靖国元年（1101）春，64岁的苏东坡游永和时的手书。周必大是永和古镇周家村人，幼年失怙，随伯父四处漂泊求生。但他勤奋好学，饱读诗书，南宋绍兴二十年（1150）考中进士，南宋淳熙十一年（1184）后，周必大历任参知政事、右丞相、左丞相，三朝元老，位极人臣。南宋庆元元年（1195），周必大以观文殿大学士、益国公致仕，在青原山从事著书、刻书活动。周必大刻本以其校勘精

永和古镇航拍图

良而在中国书史上一直享有盛誉，备受推崇。他举全力雕版印刷的《欧阳文忠公集》153卷，以印装精美、校勘准确而著称，是宋版图书中的上品。《欧阳文忠公集》和《文苑英华》最为著名，代表了他的刻书风格与刻书成就。周必大是继毕昇之后第一个试验胶泥活字印刷并获成功的人，他的活字印刷术对中国印刷业的发展做出了贡献。

南宋教育家欧阳守道是进士出身，学识渊博，先后受聘于吉州白鹭书院和长沙岳麓书院讲学，培育了许多人才，南宋状元宰相、文学家文天祥便是他的得意门生之一。

干麦船为永和古镇白沙村一带古时举行二王庙"端阳庙会"的主要活动项目之一，至今约有900年历史。早年，白沙村一带以种植麦粮为主，每年农历五月是当地的麦收季节，村民们开展干麦船祭祀巡游表演活动，一为庆贺端午佳节和麦粮丰收，二为感谢各路神仙的庇护。

永和豆腐属赣菜系赣南客家菜，是永和古镇的特色菜。早在南宋时期，永和古镇制作的豆腐就已闻名遐迩，至今已有800余年历史，后因其具有"细腻、淳厚、爽滑、筋道"的优点，而被列入"十大赣菜"之一。相传1083年，文学家、书法家黄庭坚游罢青原后，于十月十五日早来到永和清都观的逍遥堂，参谒真武大帝。参拜完毕，黄庭坚享用了一顿丰盛的"豆腐宴"：豆腐脑、煎豆腐、豆腐乳、红烧豆腐、水煮豆腐等，大快朵颐，信手写下了这首《十月十五早饭清都观逍遥堂》："心游魏阙鱼千里，梦觉邯郸黍一炊。蔬食菜羹吾亦饱，逍遥堂下叶辞枝。"

云顶古镇
——若渊明到此，亦应结庐

菱可食，莲可采，随景乐事，竿可钓，苇可航，任意化居。香气袭人衣，时发先贤之迹；清光流洞口，常停长者之车。倘子云遇之，终将构宅；若渊明到此，亦应结庐。

清康熙朝贡生郭卓有一篇《墨溪赋》，对家乡云顶寨的风光极尽赞美。

云顶古镇位于四川省隆昌市南部，素有"古寨之乡"的美誉。云顶寨占地16万余平方米，始建于明洪武四年（1371），至清咸丰十一年（1861）建成，距今已有600多年的历史。寨墙总长1640米，墙高7.4米，寨墙宽4.5米，现存庄院13座以及炮台、兵棚、哨楼，是川南地区有名的城堡式家族建筑群。

云顶寨具有独特的家族文化渊源。郭氏家族在云顶寨聚居600多年，曾出过20多名举人，100多名秀才。现金墨湾还有一座"正直名臣"的石碑，就是为郭氏第三代的郭廉明所立。郭廉明为当地历史上的第一个进士，官授文林郎，任云南监察御史。他为官廉洁，卸任回家时，所存银子不到

云顶古镇街景

20两，被誉为"正直名臣"。郭氏家族曾在隆昌创办知耻中学（隆昌五中的前身），在成都开办广益书局、书池书局、书池印刷厂等。在抗日战争中，云顶郭氏家族参战的军人有30余人，参加青年远征军的有5人，在抗美援朝战争中参战的有14人。

云顶寨的寨内建筑形式多样，有川南民居、客家民居、徽派民居及中西混合式风格。每个庄园都有名字，如金墨湾、竹林屋基、新竹林屋基等。金墨湾建于明末清初，是当时寨主的房屋，这个庄园今天成了云顶寨民俗文物陈列馆。馆藏木雕、瓷器众多，许多物件巧夺天工，令人叹为观止。进入其中，首先映入眼帘的是镂空雕花的梁柱，至今镏金上彩的痕迹仍依稀可辨。最让人称奇的当数明代的六柱床，床沿下有一平台，上面的椅子分别置于床头床尾，中间放一圆桌，圆桌可拆分，分开后又成为单独的半圆形桌子，可分别放在椅子的旁边，吃饭、喝茶、看书都可在这个床上完成。椅子又被称作

云顶古镇云顶寨寨门　常威/摄

云顶古镇

金柜儿、银柜儿，因为椅子上有抽屉，是存放金银珠宝的地方，相当于今天的保险柜。

泸田铺是坐落于云顶古镇新桂村的一座大型古民居建筑群，占地面积约1.2万平方米，内有数百间房屋、48口天井、碉楼与戏台，为内江市现存年代最久、面积最大的宅院，为云顶寨郭氏家族于明末清初所建。

云顶寨外的云顶场离寨子大约1000米，由跑马道与古寨相连，呈"丁"字形，本地人说场上的房子90%以上为郭氏所建，其兴旺时，从酒店、茶馆到钱庄字号，再到山货铺、绸缎铺、药铺、米铺等，一应俱全。夜市是为满足当时寨主夜间购物、进餐的需要而设，后来附近的乡人就半夜进场进行集贸交易，形成"夜半相聚，鸡鸣则散"的"鬼市"，天亮时人们才散场回家，这个风俗延续至今。

据媒体报道，2022年6月14日，四川省隆昌市举行了一场"遥感牌坊街——南关沉浸式演出"活动，使游客沉浸式体验到曾经的隆昌"鬼市"场景。该活动还原中国最早的夜市——云顶鬼市，穿越历史，从明代开始，集中展现隆昌的驿道、土陶、烧酒、夏布、青石、牌坊、书院、川剧，并演绎了以《肃庆开仓放粮》为主的德政清廉故事。

寨英古镇
——波心夜半鱼龙舞

郎宿高明香雾起，
客星华耀烛花低。
波心夜半鱼龙舞，
都转天风入鼓鼙。

宋人林宗放的这首《陪郡守游西园》，原本与寨英古镇毫无关系——彼诗问世200年后，此寨方开始动工。不过"波心夜半鱼龙舞"一句，却把寨英古镇作为"中国滚龙艺术之乡"的特色一言道尽，并无突兀抵牾。

寨英古镇位于贵州省松桃苗族自治县西南部，始建于明洪武年间（1368—1398），明万历年间（1573—1619）的贸易达到鼎盛时期，成为"裕国通商"口岸，是迄今为止贵州省保存较完整、梵净山区域规模最大的古建筑群，有"梵净古都"之称。

寨英古镇在总体布局上依山就势、自然得体，是一座苗汉文化交融且具有典型建筑风格的古镇。"城如葫芦"，一墙七门，五街六巷，丁字结构的街道系统构成寨英古镇别具一格的显著特征。

寨英古镇的社会、历史及文化背景决定了其建筑群必然受四个方面因素的影响：汉族建筑、苗族建筑、经济功能、军事

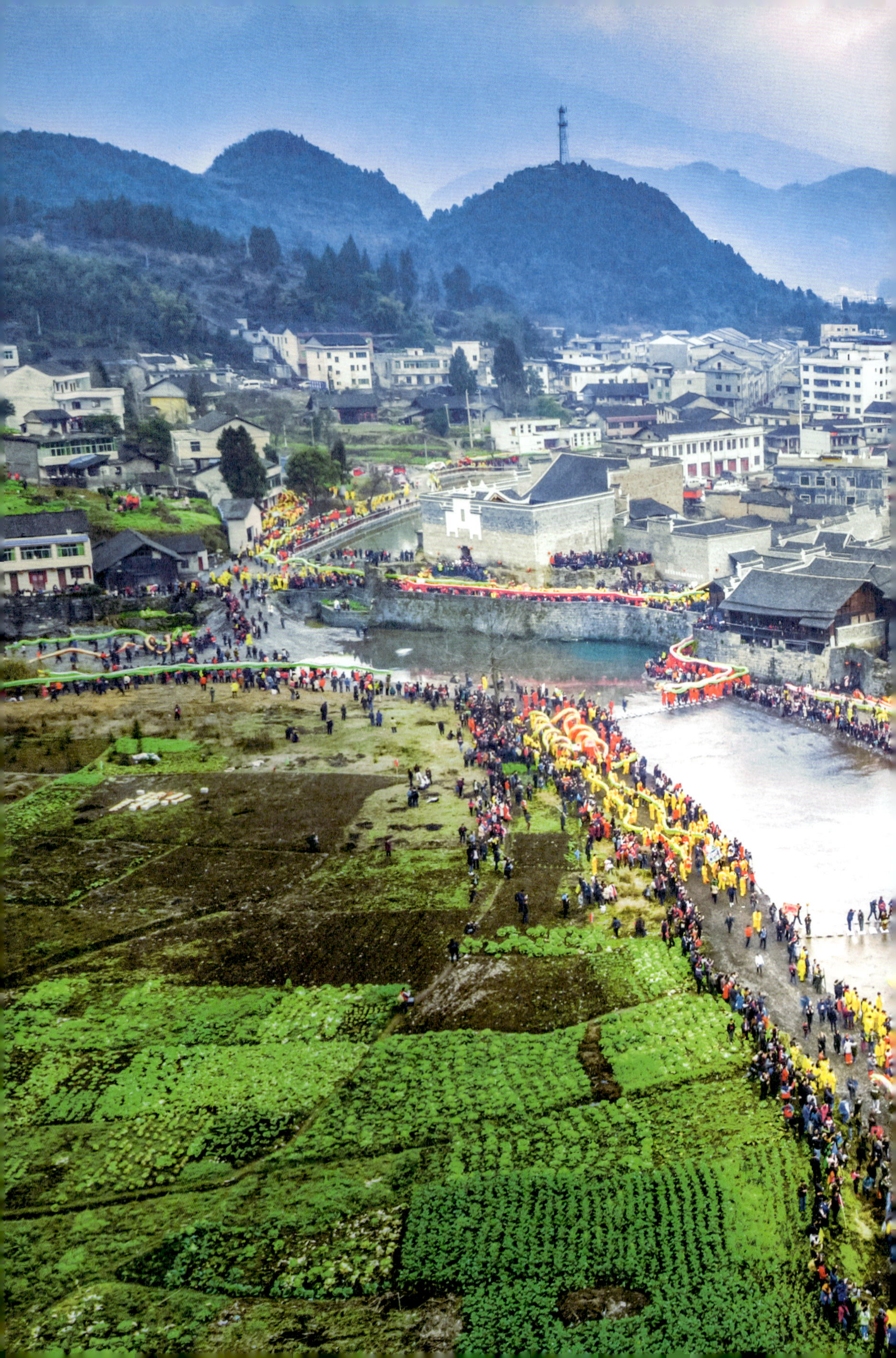

寨英滚龙

防御功能。古镇的地理布局很符合旧时民间俗语"苗家住山头，夷家（指布依族）住水头，客家（少数民族对汉族的称呼）住街头"的描述。古镇的民用建筑具有鲜明的地方特色和民族特色，现存四合院式、三合院式、苗族吊脚楼等民居建筑86栋。靠近河岸的居民建筑多为前铺后宅的格局，而且在建筑结构上多采用苗族穿斗式结构的吊脚楼。在靠近镇中心的地段多是富裕人家修建的宽大住宅，空间结构造型丰富，从空中俯瞰整个古镇宛如一个聚宝的葫芦，西侧的寨英河如玉带般缠绕着葫芦，然后蜿蜒远去。

古镇的建筑主要采用木石作为主要材料，天井的铺设、门、门楣、台阶、柱基、屋基等多用石材，而房屋的主体结构以木材为主，3～5户建筑为一小筑群，筑群间高筑防火墙，远远望

寨英古镇码头

去犹如古城堡。

古镇的公共建筑方面，有会馆类建筑2处，古井2口，商铺50余处，城门4个，城墙全长673米，码头4处，其建筑风格深受当地苗族文化的影响，大量使用鹅卵石垒砌墙裙，作鱼骨形。鱼文化实为苗族先民渔猎、农耕生活在传统理念中的生动反映，是具有悠久历史的苗文化的重要组成部分。古镇内街巷的地面皆由梵净山青石镶嵌，锃亮光洁。

寨英古镇周围区域有明代遗存观音山古寺庙群遗址，金山寺僧墓塔、落满至梵净山朝山古道、雷家大院、真武堡古建筑群、石棺墓群等。这些文物古迹地域性极强，大多规模宏大，至今保存较完好，具有较高的历史价值、科研价值和旅游观光价值。

寨英古镇及附近村寨的苗族、土家族、仡佬族、侗族等千百年来以梵净山区的土特产为原料，制作生产生活用品，如制取蓝靛、浆染布料、印制花饰、挑花刺绣、造纸、制药、酿酒、熬糖、木雕、石刻等，工艺源远流长，产品远近闻名，对研究南长城外围各民族尤其是"生苗"的经济状况、生产方式、传统工艺等具有较高的历史、科考、艺术价值。各类民间艺术人才遍及全镇10多个村，仅花灯艺人就有40多人。另外，这里还有风格独特且活动正常的傩祭（戏）班子10多个，傩文化底蕴极为深厚。

独树一帜的寨英滚龙集编扎、剪纸、蜡染于一身，构思奇特，造型完美，工艺精湛，已有600多年的历史。滚舞招式变幻莫测，简练明快，一气呵成，令人眼花缭乱，具有浓厚的民族文化底蕴。2003年3月，寨英古镇被文化部授予"中国滚龙艺术之乡"称号。

张堰古镇
—— 只羡清闲不羡仙

安能郁郁常居住，去自萧然。
归亦安便。
且作移家葛稚川。
人生到处堪留恋，
琴写篱边。
鸟和林间。
只羡清闲不羡仙。

1907年，因叛徒出卖，同盟会领袖、南社创始人之一高旭被迫回到老家张堰古镇避祸。从这首《采桑子·移居留溪》中可以看出，在南社成立之前，张旭在故乡的生活是悠闲的。

张堰古镇位于上海市金山区，旧名赤松里，相传汉留侯张良追随赤松子游曾居此，故又称留溪、张溪。晋朝时这里已形成商市，时称留溪镇。唐代为抵御海潮置华亭十八堰，其中之一为张泾堰，镇袭堰名，俗称张堰，时设浦东场大使署于镇。张堰镇之名从唐末五代沿袭至今有1000余年，明朝设金山巡检司署和税课局于镇，清朝设有金山分府署。

张堰老镇区原有大小弄巷29条，有保存较好的清代以前建筑群：石皮弄建筑群、政安弄建筑群、西河沿建筑群、南社纪念馆建筑群。

石皮弄为张堰镇最古老的弄巷和街区，旧以石板铺设路面

而得名，弄口即为张泾堰故址，弄内有一、二层砖木结构房屋50多户，大多为清代所建。政安弄原名官营弄巷，清代因张堰营汛驻扎在弄底而得名。

张堰公园原为元代当地望族吴良用的私宅，经数代经营，至明代吴梁时已扩建为远近闻名的"吴家花园"。清乾隆时期（1736—1795），吴氏家道中落，花园卖给钱家成为钱氏义庄的一部分，俗称"钱家花园"。民国时钱氏家境渐衰，花园又卖与别家，但人们仍称之为钱家花园。

张堰古镇街景

张堰古镇居民

第一楼距今已有100多年的历史，系张堰一范姓人家傍南湖跨街而建，下可行人，上为茶楼，倚街临水，闹中有静。清末改名为"松风水月楼"，后改名为"第一楼"，一直沿用至中华人民共和国成立后。清代诗人王丕曾的《留溪杂咏》中就有"南湖结伴荡斜曛，无限烟波接暮云"的诗句，其中所描绘的就是"张堰八景"之一"南湖望月"的最佳观赏地"第一楼"。

南社纪念馆位于新华路139号，建于清光绪十七年（1891）前。该宅院坐东朝西，砖木结构，粉墙黛瓦，共二层，四进院落，内设厅堂、天井、穿堂、厢房、后院等，计有58间房，建筑面积近1800平方米，占地面积近1700平方米。

陈家老宅为清代建筑，呈"回"字形结构，二楼有四周可通行的走廊，取上通下达、一团和气的寓意，是一座具有明清风格的江南民居，距今已有近130多年的历史。宅院的多个房间内还保留了百余年前进口的彩色刻花玻璃，红黄绿蓝间隔，一派清末大户人家的风貌。

钱家祠堂于清光绪年间修建，初为钱氏义庄，砖木结构，四合院式布局。钱氏故居原为黄氏所居，占地面积977平方米，建筑面积732平方米，有房屋17间。清咸丰十一年（1861），该宅院毁于兵乱，后由县丞钱培名所购，并在此编辑了《小万卷楼丛书》。金山钱氏刊刻古籍，在上海出版历史上具有重要地位。

卢家祠堂亦被称为"大镜堂"，建于清代后期，共400多平方米，整座建筑坐西朝东、砖木结构、雕梁画栋、黛瓦白墙。2010年，张堰古镇在申报中国历史文化名镇时，经上海专业验收部门认定，如此大体量、大进深、单层高敞的独栋祠堂在上海市范围内实属罕见，亦是金山区仅存的三处古祠堂之一。

张堰文风鼎盛，据清《重辑张堰志》记载，明清两代籍属张堰的进士有23人、举人55人、贡生54人、武举人6人，其他知名人士100多人。

张堰有着腌制酱菜的传统，当地不少人家习惯于以面粉为主要原料，辅以豆粉，制成糕状或饼状蒸熟，放凉，让其自然发酵，随后辅以甘草、盐水，从而成为农家自制酱菜的酱料。

张堰酱菜用料精细，做工考究，色香味鲜。《金山县供销合作商业志》记载，尤以创办于清道光三十年（1850）的闻万泰酱园最为出名。近百年来，闻万泰酱菜风味独特，既保持瓜果蔬菜的清香味，又有浓郁的酱香味，食之鲜香脆嫩、咸甜适中。该酱园以历代相传的制作工艺和精湛的配料而享誉上海，是上海仅存的一家纯手工酱菜厂。

昭化古城

——高通荆门路，阔会沧海潮

西辕自兹异，东逝不可要。
高通荆门路，阔会沧海潮。

桔柏渡位于昭化古城东门外1000米的两江（白龙江、嘉陵江）汇合处，是战国以来古驿道上连接南北的重要渡口。杜甫途经此地时，触景生情，作此《桔柏渡》诗。陆游也有诗记述："乱山落日葭萌驿，古渡悲风桔柏江。"可见昭化古城位置之重要。

昭化古城位于四川省广元市昭化区昭化镇，在战国时期是古蜀国开明十二世给其弟葭萌的封地，故名"葭萌"；秦灭巴蜀后，在此置葭萌县；三国时，蜀汉改葭萌为汉寿；晋改名晋寿；隋唐复名葭萌；宋开宝五年（972）改为现名。昭化是中国古代最早推行郡县制管理的县治地之一，是名副其实的"巴蜀第一县"。

同时，昭化古城由奴隶制时期的苴侯国都邑到秦汉、三国时蜀汉的重要郡县，到唐、宋、元、明、清历代川蜀古驿道上

昭化古城牌坊　微博博主：金兰爱九九／摄

昭化古城牌坊　金小勇／摄

的重要郡县，再到新中国的昭化县，1953年改为昭化镇，完整地经历了中国地方政权连续不断的建制历史，其4000多年的文明历史脉络清晰，殊为罕见。

"巴蜀第一县，蜀国第二都"，为著名古建筑专家、中国文物学会原会长罗哲文生前考察昭化后亲笔所题。昭化古城的历史脉络一目了然：在四川省建县最早，连续建县历史已有2300多年，故称"巴蜀第一县"；战国时蜀王的弟弟葭萌曾在此建苴国，故称昭化为"蜀国第二都"。

古城景区面积达20平方千米，是迄今为止国内保存较好的一座古代县城城邑。昭化古时的城墙全长1525米，目前遗址仅余324米。昭化古城内的秦葭萌古城遗址清晰可辨；大量的三国古遗址，诸如古驿道、葭萌古关、费祎墓、武侯祠、费敬侯祠、战胜坝、天雄关、牛头山、姜维井、桔柏古渡、关索城、鲍三娘墓等国家、省、市级保护文物保存完整；汉代的古城墙和明清时期的古城门、八卦井、龙门书院等古建筑保存完整。另外青铜石器、船棺墓葬、秦陶汉砖等在此地也多有发现。

城内建筑群布局合理，现存的4条大街、5条小巷均用当地青砂石板按三横两纵、中间高两侧低的瓦背风格随坡就势而成，且街巷之间以"丁"字相连，具有"道路交错相通，城门不相对"的军事防御特色。大街小巷均有着良好空间格局和适宜的尺度。

建于清咸丰年间（1851—1861）的怡心园至今保存完好，它是原国民党昭化县党部书记鲁光华的祖业。该园一进三院，中有走廊，穿斗结构，造型别致；从外到内共4层，分为前厅、天井、中厅和正厅，前厅后面为长方形天井，两侧分别有厢房4间，上有阁楼木地板；过天井至中厅无正门，为砖墙及椭圆形木门罩，门开在两侧，为椭圆形门框，供人出入；中厅俗称"旱船天井"，左侧现存有清光绪年间（1875—1908）的石质鱼缸一个；最后为正厅，两侧为平房2间，平房上有阁楼。从该园的建筑结构、雕刻工艺、室内布局格调等，无不可以看出园居主人当时的富裕和悠闲。

费祎墓是一座保存完整的三国墓葬，现存墓碑为清光绪三十三年（1907）昭化县令吴光耀所立，碑铭是"蜀汉大将军录尚书事城乡敬侯费祎之墓"，其字由吴光耀长女吴正敬11岁时书写。碑文字迹娟秀伶俐，是不可多得的石刻珍品。

数千年的古文明孕育了大量传统民俗，昭化古城拥有川主庙会、城隍会、娘娘会、舞狮、牛牛灯、采莲船、走高脚、吹唢呐、哭嫁等传统节日、传统风俗近20种。源于本地并广为流传的张飞挑灯夜战马超、何易于腰笏挽纤、唐明皇摆宴坝摆宴、姜维兵困牛头山等传说故事30余个。《娘送子》《嫁歌》等200余首昭化民歌，在民间广为流传。起源于昭化射箭乡的提阳戏，又被称作花花愿戏，是由酬神、娱人的傩祭、傩舞发展而成的宗教与艺术相结合的民间祭祀戏剧。相传唐皇梦游地府时，目睹人们在阳世作恶而在阴间接受酷刑的惨状，决心创立一种规劝世人向善积德的愿戏，这便是射箭提阳戏。

射箭提阳戏的演出分天戏和地戏。天戏即神仙戏，共有32戏，42像，全部用提线木偶，表现出一个神的世界。地戏共32戏，分折子戏和大幕戏、文戏和武戏。射箭提阳戏的剧目体系完整，内容丰富，具有独特的学术价值和实用价值，堪称"中国傩戏的活化石"。2014年，射箭提阳戏入选国家级非物质文化遗产名录。

赵化古镇
——风折过桥烟

古寨西门路,
苍苍暮色连。
日暄穿石水,
风折过桥烟。

清光绪十二年（1886），作为"戊戌六君子"之一的刘光第因母丧守制于四川省富顺县赵化镇的家中，感叹于家乡的美丽景色，兴而作诗《玉石溪夜步》。

赵化古镇是四川省自贡市因盐而兴的著名古镇，也因丝绸生产而闻名，其镇名的得来是源于赵宋王朝的文治武功感化了这里的人民。

赵化古镇历史悠久，建于宋，兴于明，盛于清。自古以来就是自贡"东大道下川路"运盐的重要驿站和水码头，是历史上自贡赵化长江运盐船之必经之地，也是自贡隆昌重庆的陆路要冲。当时，赵化古镇的渡船码头有永济桥码头、肖家码头、正码头、七十二梯码头、中渡口码头、沙湾码头。历经几百年的风雨沧桑，随着井盐运销方式由水路向铁路、公路的转变，古镇中现仅有中渡口码头仍在使用。

赵化古镇民居

赵化古镇区的建筑面积约为24万平方米，其中约70%为明清时期的历史建筑，"九街四巷""九宫九庙""九码头""九口十人摊"等至今格局完整。古镇街道两侧的民居多为一层或二层商业、居住混合的形式，加上街道不宽，使空间尺度更显亲切。站立高处眺望赵化古镇，只见完整成片的传统川南民居、街巷与众鳌高翘、硬山高帽的会馆、宗祠等古建筑群交相辉映，如诗如画。

"四巷"为米市巷、肖家巷、文昌巷、丝绸巷，总长约260米。"九口"为花园口、丁字口、狮子口、马门口、桥儿口、十字口、中渡口、鱼市口、新街十字口，其中部分街巷仍保留有当年的石板路，街巷相通，给人以幽静深远之感。

刘光第的出生地（刘光第故居——闽产公房）、中晚年故居（普安寨三星堂，又称晚晴书屋）、蒙馆（明月楼）、会友楼（隆兴寺藏经楼）、主讲（文昌书院，今赵化小学）、灵堂（隆兴寺、龙潭公所）、衣冠冢（普安寨东门下，罗汉寺侧）、裴邨中学门厅8处遗址，目前基本保存完好。如此系统、完整保存的名人故迹，实属罕见。

赵化古镇的栽桑养蚕历史悠久，有"蚕桑之乡"的美誉。民国时期，赵化古镇已是川南各县的生丝主要市场，跨越川、滇两省经营生丝的"茂恒""永昌祥"商号，在赵化古镇设庄收购，运到宜宾加工整理后贴上"赵条丝"商标，从陆运经云南省腾冲市销往东南亚诸国，经水路从上海销往西欧等地。目前，古镇区内尚有丝织厂、江阳绸厂两处工业遗址。

赵化古镇至今还保留着川剧座唱、舞龙灯、划龙船以及秸秆画、竹器编织、土漆、缫丝织绸、酿酒制醋等传统民俗和手工艺。"赵化嫩豆花"更是美名远扬。据介绍，过去商贸繁荣之时，前来吃饭的客人没有耐心等豆腐成型，要店主卖给他们锅

赵化古镇民居

内还在加工的嫩豆腐，因为没有充分凝固，无法按传统的煎炒方法制作，只能用盐兑水蘸着做"下饭菜"，结果大家惊喜地发现，这种吃法比起煎炒过的豆腐更加鲜美可口，因此流传开来。

中和古镇
——兹游奇绝冠平生

参横斗转欲三更,
苦雨终日也解晴。
云散月明谁点缀,
天容海色本澄清。
空余鲁叟乘桴意,
粗识轩辕奏乐声。
九死南荒吾不恨,
兹游奇绝冠平生。

宋绍圣四年(1097),年已60岁的苏轼被一叶孤舟送到了徼边荒凉之地儋州(今海南省儋州市)。直到宋元符三年(1100)6月20日离开,苏东坡在海南共作诗300余首。这首《六月二十日夜渡海》,就是他在海南所作的最后一首诗。可以说苏东坡一人,成就了儋州一城。

中和古镇位于海南省儋州市西北部,从唐武德五年(622)至20世纪20年代初,中和古镇一直被作为儋州州治和儋县县治所在地,历时1300年之久。唐代前,中和古镇称高坡。622年,儋耳郡改称儋州,州治迁至高坡。1819年,儋州新设32里,州城始称中和里。1912年,州治改成县治,因此州也随之改为县。

中和古镇的历史文化旅游资源丰富,镇圩上原有30多处文物古迹,以东坡书院最为著名。

东坡书院最初是由儋州州守张中和黎族读书人家黎子云兄

中和古镇载酒亭　薛宵嫄/摄

弟共同集资，在黎子云住宅边新建的一座房屋，既可作为苏东坡及其少子苏过的栖身之处，也可作为其以文会友的场所。苏东坡根据《汉书·扬雄传》中"载酒问字"的典故为房屋取名"载酒亭"。此后，苏东坡便在载酒亭里会见亲朋好友，并给汉黎各族学子讲学授业，传播中原文化。当时不光是儋州本地的百姓，许多海南其他地方的人也都慕名而来，听苏东坡讲学。后来"载酒亭"经过历朝历代的不断重修和扩建，成为现在的"东坡书院"。而海南历史上的第一个举人和第一个进士都是苏东坡的学生，是从这里走出去的。

儋州故城位于中和古镇区的西部，主要作用是军事防务、防范洪水和利于排水。它是海南省目前保存年代较早、沿用时间较长、分布面积最大的一座故城城址，也是我国古代中央政权管辖海南的历史见证。故城内现存有魁星塔、宁济庙、关岳庙、西门古道、太婆井、分司井、州属遗址和传统民居，以及

中和古镇载酒亭 韩甯婳/摄

具有南洋建筑特色的骑楼等。

东坡井位于东坡村内,始建于宋元符元年(1098),相传为苏东坡谪居儋州期间亲手所凿,占地126平方米,井面呈圆形,现保护较好。

宋绍圣四年(1097),苏东坡被贬为琼州别驾。他先住在儋州官舍里,后被逐出,便在桄榔林里买地盖了几间茅屋居住,命名为桄榔庵。茅屋四周竹林幽茂,自然环境较好,其后侧面还有一个3000多平方米的莲花池。桄榔庵建成时,苏东坡题有《新居》诗一首:

> 朝阳入北林,竹树散疏影。
> 短篱寻丈间,寄我无穷境。
> 旧居无一席,逐客犹遭屏。
> 结茅得兹地,翳翳村巷永。
> 数朝风雨凉,畦菊发新颖。
> 俯仰可卒岁,何必谋二顷。

表达了诗人随遇而安、知足常乐、超然物外、旷达乐观的情怀。

州署遗址是古儋州州治所在地,面积3万余平方米,始建于唐武德五年(622),明洪武二十九年(1396)建堂原库、狱吏舍、迎宾馆等。

中和古镇上的传统民居主要以一层坡屋顶为主,大多为一主两厢的三合院格局,主屋内左右两侧各设厢房,并于主屋上方设有神龛。主屋前方多有一照壁,主人多在大门口放置石狗,在主屋顶上放置陶罐,罐口正对大门,最初是为镇宅避凶之用,这种习惯后来逐渐演变为一种传统的建筑装饰。

南洋风格骑楼建筑位于复兴街历史街区,是中和古镇上一条非常古老的具有南洋建筑风格的历史街区，始建于民国十二年（1923），民国十七年（1928）建成。老街的街道路面均用青石铺砌，长约250米，宽约7.5米。街道两旁的骑楼目前大部分仍保留原来的风格，整体风貌保存较好，其楼面上的灰泥浮雕图案及镂空纹样均清晰可见，只是因年代已久，而变得陈旧老化。

"寿苏会"是儋州、眉州、南京、黄州等地纪念苏东坡的独有节日，迄今已有900多年的历史。每逢苏东坡诞辰，人们便通过燃烛焚香、敬献鲜花、朗诵东坡诗词等方式虔诚祭拜苏东坡。清康熙三十九年（1700），江苏巡抚宋荦首先举办了寿苏雅集活动，到嘉庆、道光年间，寿苏会已是一种常见的文人消寒雅集活动，举办寿苏会的地域也拓展至边疆地区。此后，寿苏活动一直延续不断，至民国年间仍兴盛不衰。

20世纪初，日本的东坡迷共举办了5次"寿苏会"，中国近代著名学者罗振玉、王国维等还曾参加过在日本举办的"寿苏会"。

冢头古镇
——竹树村村如画里

龙头熊耳佳山水,
竹树村村如画里。
府君无事日鸣琴,
坐见闲云生女几。

仝轨为清代诗人,他一生中几乎所有的时间,都是在他诗中所描述的这个美丽的地方——冢头古镇度过的。

冢头古镇位于河南省郏县东北部,是一个有着2000多年历史的中原名镇。《郏县志》记载:"汉薄后,郏人。"汉文帝刘恒之母薄姬死后,文帝遵照母命将其灵柩埋葬在此,朝中皇亲显贵年年都来拜谒,出于供养需要,墓院南兴起了集市,居民也随之渐增,冢头因此得名。

镇内现保存完好的明清古建筑面积为3万余平方米,多为四进四合院,主房为两层楼房,方形的雕花木窗花纹细美、工艺精湛,院内红石作阶,青石铺路,现整体院落保存完好。

解学士故宅是学士解保祥的官宅,占地2800平方米,现存历史建筑面积550平方米。该宅院坐北朝南,二进主房是会客厅,除两边山墙以外全部为木柱结构,6个立柱支撑着整个

冢头古镇民居　孙海森/摄

建筑，为镂空雕花格子门，屋内有木质雕花屏风，上有"福禄寿"三个梅花篆字。

秦都司宅第是清康熙朝武生随征都司秦可都的府宅，坐北朝南，占地面积3700平方米，现存建筑面积700余平方米，多为砖木结构。宅中一进有房屋三间，其中两间作为商铺使用；二进是客厅，红石做基，木雕为门，上刻凤凰、麒麟等图案花纹，形象逼真，寓意吉祥；三进为三层楼房，红石基础，青砖砌墙，楼房无主门，进出由两边厢房通行。

刘思和宅是甘肃道台刘思和的故居，坐南朝北，建筑面积3000平方米，现存1100平方米，主房五间为二层楼房，砖石木结构，且每进都有东西跨院。

明末清初时期，李渡口村受益于蓝河漕运的繁盛，逐渐发展成远近闻名的商贸集散地，至今已有600多年历史。村中现存传统建筑830间，其中明清建筑630间，总建筑面积2万多平方米，代表性建筑组群有20多处，且大部分保存完整，如"文

冢头古镇民居　孙海森/摄

秀才"李泽之故居、李南娃花行、宏运屠行、兴隆酒行等，堪称一座内容丰富的"明清古建筑博物馆"。

李渡口村的民居大部分为清代建筑，仅有小部分为民国时期所建。这些民居中既有一进二的宅子，也有一进三的宅子，面积大者有700多平方米，最小的也有200多平方米，保存最完好的主要集中在李渡口村主街两边。至今一些商铺的墙壁上还保留有拴马石。村里的明代建筑与清代建筑风格总体相似，仅个别地方有差异，如明代民居大门在房屋正中，且门向屋内缩，留有约1米宽的房檐，据说是为了雨雪天容留流浪者或乞丐。

村里老宅的窗户比较独特，除了工艺细腻的透雕花门木窗户，还有简单小巧的石窗。清末及民国时期，常有盗匪流窜作案，因此很多人家都装有石窗以防备盗贼，相当于今天的防盗网。

古人云"有钱难买金镶玉"。我国的金镶玉制作技艺历史悠久，始于商周，兴盛于汉唐时期，明清时期发展到十分成熟的程度。

郏县的金镶玉制作技艺即始于明初，至今已有500多年的历史。作品以五大名瓷、玻璃、紫砂器、金、银、铜、锡等为主要原料，经过包边、打花、修刻、镂雕、抛光等几十道制作工序，将金银铜锡镶嵌于玉、瓷、紫砂、玻璃等器皿之上，栩栩如生，浑然天成，令人赏心悦目，具有鲜明的民族文化特色和强烈的艺术魅力，是研究中原文化和民间艺术发展的重要载体。

2021年，郏县金镶玉制作技艺入选国家级非物质文化遗产名录。

冢头古镇民居　孙海森/摄

周庄古镇
——乘月泛舟沽绿酒

秦淮落落大渔家,
看破浮云似暮霞。
乘月泛舟沽绿酒,
感君从我问丹砂。

传说中的张三丰确有其人,不过他不是文学作品中张无忌的师公,而是明代周庄巨富沈万三的道家师父。他的《游金陵赠沈万三》诗作中,"乘月泛舟沽绿酒",一笔挥就周庄三大特色:夜色、轻舟、美酒。

周庄古镇位于江苏省苏州东南38千米的昆山境内,总面积约36平方千米,自古有"水乡泽国"之称。古镇四面环水,有澄湖、白蚬湖、淀山湖和南湖等30多条大小河流围绕,吴淞江、娄江横穿东西,构成"井"字形的河道骨架,具有典型的江南水乡特征。

周庄历史悠久,古称贞丰里,春秋时为吴王少子摇的封地,曾称"摇城"。据史料记载,北宋元祐元年(1086),当地人周迪功信奉佛教,将庄田赠给全福寺作为寺田,百姓感其恩德,将贞丰里称为"周庄"。

周庄古镇水巷　金小勇/摄

元代末年，周庄经济出现了繁荣景象，形成了南北市河两岸以宫安桥为中心的商业大镇。至明初，在江南第一大富豪沈万三及其家族的带动和影响下，古镇经济长期保持着快速发展，镇廓不断扩大，之后又经历了明清时期的稳固发展，逐渐成为江南名镇。清康熙年间，贞丰里正式更名为周庄镇。

目前，周庄有60%以上的民居仍为明清建筑，在不足半平方千米的古镇集聚地中，矗立着近百座古典宅院和60多个砖雕门楼，虽历经几百年，仍气势非凡，风姿卓然。

沈厅是沈本仁于清乾隆七年（1742）所建，位于周庄南市街，为七进五门楼，有100多间房屋，占地面积2000多平方米，整个厅堂是典型的"前厅后堂"建筑格局。张厅是明正统年间（1436—1449）徐孟清后裔所建，雕梁画栋，金碧辉煌，至今已历时500多年，清初时转让给张姓人家，俗称"张厅"。该宅院前后共七进，房屋70余间，占地面积1800多平方米。

在周庄古镇交错的河道上，静卧着14座建于元明清各代的古石桥，这些古桥形态各异、别有风致，其中最典型的当数双桥。双桥建于明代，由世德桥（石拱桥）和永安桥（石梁桥）构成，横跨南北市河和银子浜两条河流，桥面一横一竖，桥洞一方一圆，错落有致，宛如一把大锁将两条小河紧紧地锁住，又称"钥匙桥"。

周庄是一个极富文化艺术气息的地方。历史上西晋文学家张翰、唐代诗人刘禹锡等都曾寓居周庄，近现代著名画家陈逸

周庄古镇水巷　尤紫璇/摄

飞、吴冠中等常流连于此，特别是陈逸飞在《故乡的回忆》中所描绘的周庄双桥，引起了极大的轰动，也使周庄享誉世界。吴冠中也曾在周庄精心创作48幅画作，并深情地赞曰"黄山集中国山川之美，周庄集中国水乡之美"，使得周庄声望日增，令人心驰神往。

周庄水纯米香，素有高超的酿酒工艺。清代，镇上曾有14片酿酒作坊，年产上万瓮米黄酒，所酿的白酒"十月白"也颇负盛名。所谓"灯红酒绿"是指江南地区至今仍保留的用传统酿酒工艺酿造的低度酒，因其色泽微绿，故古人用"绿蚁""绿酒""绿液"来形容美酒。

周庄的"阿婆茶"堪称中国最早的"女性沙龙"。早在十二三世纪的元代，以周庄为主要代表，江南农村就流行着一种妇女专属的喝茶风俗"阿婆茶"，尤以农村地区更为盛行。农闲之时，妇女们聚在一起喝茶、聊天、做女红，成为一种习俗，茶点为咸菜苋、酥豆、酱瓜、菊红糕等。

昆曲发源于14世纪的苏州昆山，在2001年被联合国教科文组织列为"人类口头和非物质遗产代表作"，2006年入选第一批国家级非物质文化遗产名录，2008年被联合国教科文组织纳入人类非物质文化遗产代表作名录。

周庄常年与江苏省演艺集团昆剧院合作，聘请专业昆曲演员每周来演出6天昆曲，每天6场，免费对外开放，每年的游客接待量在200万人次，为弘扬昆曲艺术做出了一定的贡献。

朱家角古镇
——雨挟涛声急，云濛树势疏

烟沙回驭日，香海逗帆初。
雨挟涛声急，云濛树势疏。

董其昌的这首《泖塔夜坐》，是他隐居上海老家时的诗作之一。他从35岁走上仕途到80岁告老还乡，其间为官18年，归隐27年，可见故乡山水对他而言有着无穷魅力。

朱家角古镇位于上海市青浦区中南部，地处江、浙、沪交界处，在宋元期间形成小集镇，名朱家村。明万历四十年（1612）因水运交通便利，商业日盛，朱家角成为大镇，遂改名为珠街阁，又名珠里、珠溪，俗称角里。明末清初，朱家角米业突起，"长街三里，店铺千家"，商贸往来遍及江、浙两省百里之外，遂又有"三泾（朱泾、枫泾、泗泾）不如一角（朱家角）"之说。

全镇占地面积共47平方千米，镇内河港纵横，9条老街依水蜿蜒，36座石桥栉风沐雨，21万平方米的古建筑群诉说着岁月悠悠。

朱家角古镇水巷

朱家角传统风貌区中90%以上的建筑都是中国传统建筑风格，其年代跨度从明代一直到民国时期，继承了传统建筑形式的特点，一是传统的木构形式，砖墙无承重作用；二是布局为纵向的传统院落式；三是屋顶、墙体及墙面处理、门窗形式、铺地形式等细节处理都采用了中国的传统建筑形式。

中西合璧式历史建筑主要建成于清末民初，其时，受海外文化的影响，在建筑风格上呈现出中西夹杂、护卫倚重的特

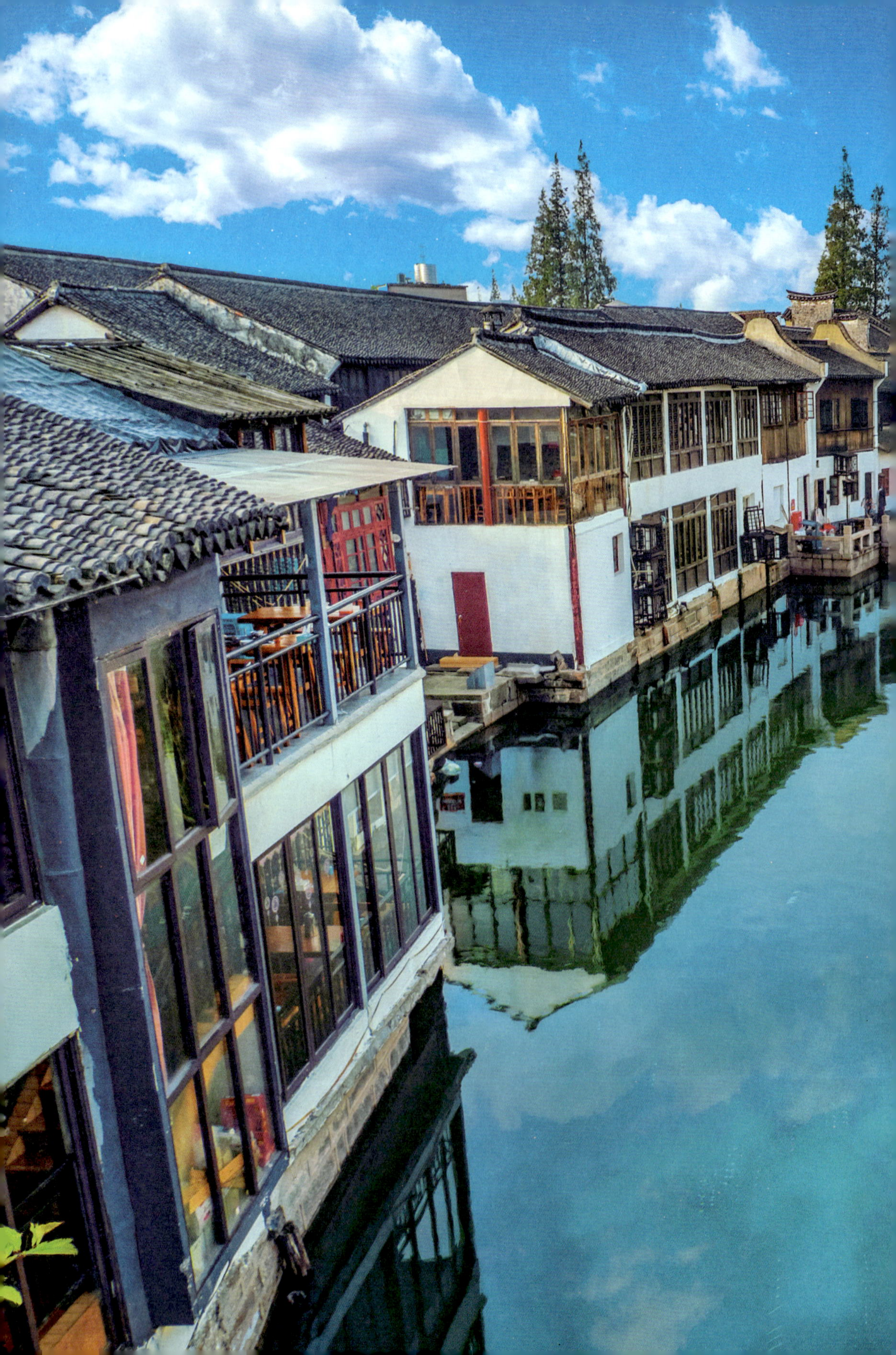

朱家角古镇水巷

点。但在数量上来说此种建筑并不占有优势，只在个别厅堂宅第出现，建筑形式也发生了变化，比如改以砖墙、混凝土承重等。在布局上受上海近代建筑风格影响的里弄式布局，建筑呈"一"字形排列，在细节处理上一方面保留了一些传统的建筑构件，如挂落、仪门等；另一方面，西式山花、卷草雕饰、水刷石线脚等细部处理开始出现，并对建筑立面及装饰风格产生了一定的影响。

与其他商业型古镇相同，朱家角古镇最有特色的是亦店亦宅的建筑布局形式。这类临街、临河而建的二层建筑，底层面街多为整间的店板门，随时可以打开，便于经商、运货。这是适应当地地理、气候、文化、经济各方面因素而形成的建筑布局形式。它一般可以分为以下三种：

下店上宅类建筑，由于受地基影响，无法在纵轴线上发展，因而形成了这类结构紧凑的形式。楼下商店部分往往十分高大宽敞，而靠街的二层开窗，有些甚至设有敞廊。这些建筑多为零售业式小型服务业所用，一些主要的商业街，如北大街、漕河街、大新街等沿街及沿河一侧的建筑都属于这种建筑形式。

前店后宅类建筑，主人大都从事仓储贸易，如木行、竹行、米行等，需要较多的贮藏空间。沿街一进或二进建筑作为店面，后面几进作为住宅。这种形式的建筑门面偏小型的为一开间，作坊式；大型的门面为三开间，最多有达四开间的。前店后宅式建筑由于空间需求较大，因而通常远离一些主要的商业街道分布，这点与下店上宅式建筑正好相反。

坊宅混合类型建筑，主人一般从事手工业活动或者生产性商业活动，民国时期甚至加入了工业生产的性质，如朱家角油脂厂的前身元号、全号油厂，漕河街的珠浦电灯厂等。这些坊宅混合式建筑规模大、占地广，对交通条件要求较高，因此一般分布在朱家角的主要黄金水道——漕港河的两岸。

席氏厅堂建于明嘉靖年间(1522—1566)，有400余年历史，是典型的明代宅第建筑，占地面积广，坐南朝北，北对东湖市河，南临祥凝浜。该宅院原有六进深，现仅存四进，一进临街为轿厅，三开间楼，七架梁，一式花格窗；二进为大厅，正墙门前分竖两座扁圆形石礅，雕有麒麟仙桃；三进为正厅，整厅通风采光良好，冬暖夏凉；四进则朝南三开楼台，上有雕栏凉台走廊，在这里登高远望，四周田如锦绣、树如烟云，水乡野景一览无余。头厅仪门上的砖雕是席氏古宅中最为精华之处，上方中央有"乐且有仪"四字，两边雕有"石榴喜鹊""祥云仙鹤""莲花海棠"等富贵吉祥图案，造型生动逼真，雕刻细腻入微。天井围墙上用水磨方砖贴面，四周均有精细砖雕。

泖塔坐落在朱家角张家圩村的太阳岛上。据传为唐乾符年间(874—879)，僧人如海在泖河中筑台造寺时建造，历时5年建成，"作井亭，施汤茗"，为过往船只提供休憩之处，因建在泖河中故俗称"泖塔"。时泖河浩渺宽广，塔顶"标灯为往来之望"。佛寺屡遭兵火，至中华人民共和国成立时仅存泖塔，1997年被国际航标协会列为世界历史灯塔遗产，并列入"百座世界著名灯塔"名录。2002年5月15日，为了展示中国历史悠久的"世界航标遗产"，中国邮政局发行了《历史文物——灯塔》特种邮票1套5枚，其中编号5-1为泖河。

每年的农历七月初七是旧时朱家角古镇上独有的民间节日——泖河滩香讯，也称"珠里兴市"。珠里兴市其实就是一年一度的摇快船比赛，或曰赛龙舟。只不过古镇上的赛龙舟非同寻常，其起源与规模系由松江、浦东一带进香船只自泖河滩三官堂进香归来，途经朱家角古镇歇夜而形成。每到节日，各地商贾都会提前六七天赶来镇上设立临时店铺，还有拉洋片、卖膏药，以及各种杂耍等也都齐聚于此。农历七月初六晚上，活动达到高潮，各地进香船只留宿本镇大小客栈，本地乡民集于镇上，外地乡民也都纷纷前来投亲赶集，街上行人如织，摩肩接踵；各商铺店面灯火通明，通宵达旦，顾客盈门；沿街小吃，吆三喝四，香气四溢。

田山歌是我国江南地区的一种颇具地域特征的民歌形式，主要流传于朱家角古镇的淀峰村、庆丰村、龙星村、山湾村、盛家棣村等，可分为情歌、劳动歌、生活歌、传说歌、儿歌等多种。因大多为农家在田间劳动时所唱的山歌，故总称为田山歌。2008年，田山歌入选国家级非物质文化遗产名录。

2016年5月19日，中国邮政发行《中国古镇（二）》特种邮票1套6枚，其中编号6-4为朱家角古镇。

濯水古镇

——沧浪之水清兮，可以濯吾缨

> 沧浪之水清兮，可以濯吾缨；
> 沧浪之水浊兮，可以濯吾足。

在重庆的濯水古镇，同样孕育出了如古人般散淡自然的生活情趣。

濯水古镇位于重庆市黔江区濯水镇境内，兴起于唐代，兴盛于宋代。元明时期，濯水隶属酉阳州，为酉阳宣慰使冉土司辖地，初称"白鹤坝"。明清时期，湖南等地的商人来到濯水定居，开设商号，使这里逐渐形成了繁华的商贸市场。同时吸引了上海、宁波、厦门、广州、南京、武汉等地的客商，他们将山外的风琴、口琴、自鸣钟、汽灯、手摇留声机等洋货带到了濯水，转而将濯水的蚕丝、桐油、茶、漆等产品远销山外。

清代后期，该地已成为川东南驿道、商道、盐道的必经之路，商贾云集，店铺鳞次栉比。清末，还有日本人来此经商，把"光顺号"的生漆和"同顺治"的药材销往日本。商贸的发达促进了当地与外界的物资交流，创造了最为繁盛的历史，其繁

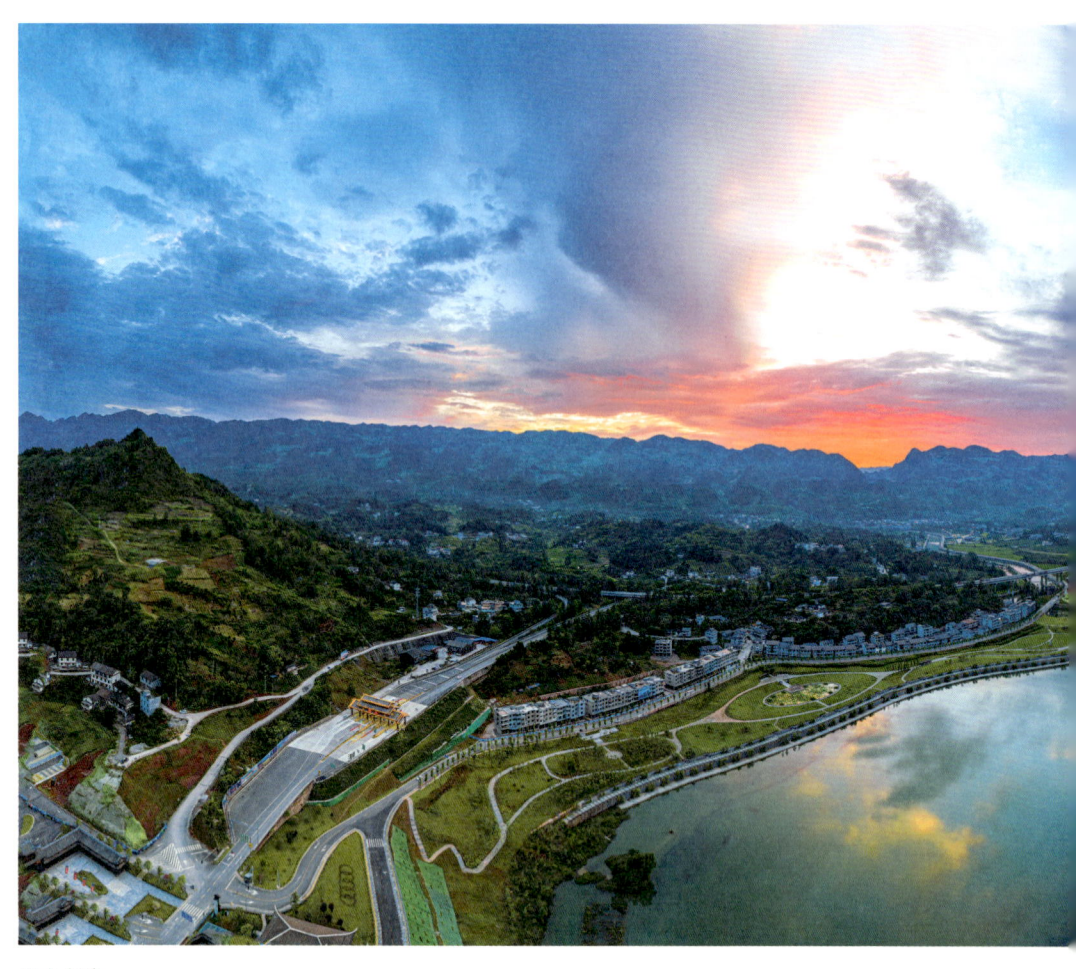

濯水古镇

华程度甚至已居于同时期的黔江县城之上。

　　濯水古镇老街由青石板铺就，长约1000米，宽2米到3.5米不等，街道两旁的商号、民居、会馆、学堂均为木质结构，有的是吊脚楼，有的是四合院，有的是撮箕口，错落有致、别有风韵。具有地方建筑构造特点的吊脚楼与徽派建筑风格的四角小天井、马头墙、小青瓦的搭配和结合，使濯水古镇老街建

濯水古镇

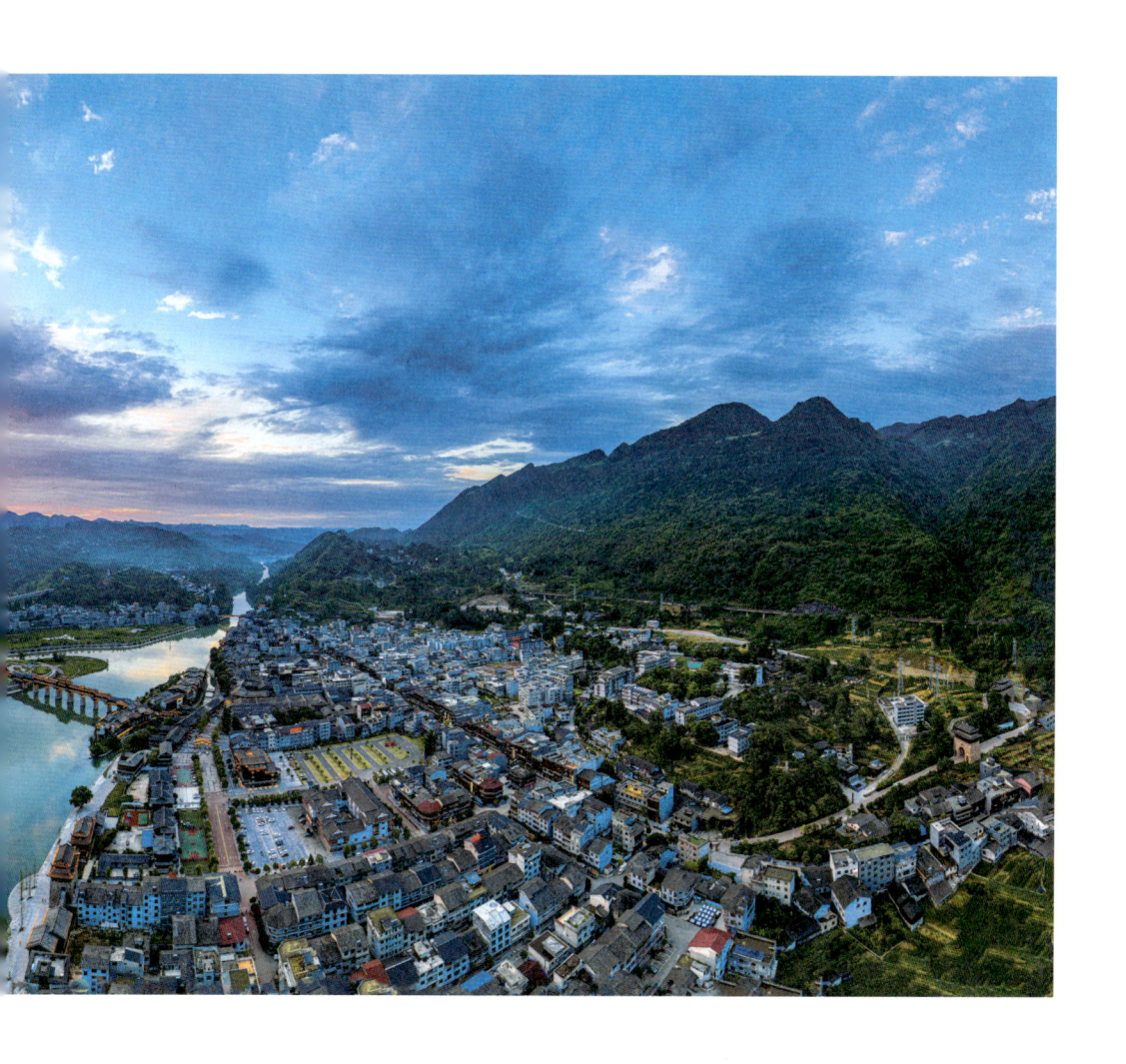

筑群产生了别样的感觉和特色，开辟了新的风格和特点。

古镇老街清代建筑群由樊家大院、龚家抱厅、光顺号、汪家作坊、余家大院、汪本善旧居六座院落组成。这些院落主体为木结构，辅以砖石，为抬梁或穿斗式梁架，歇山式屋顶，小青瓦覆盖。明清时期，樊、汪、龚、余四大家族垄断了濯水的店铺、水运、作坊、商业、手工业及军火等行业。

濯水古镇夜景

　　古镇街道的中段有一块1米多高的石碑，立于清光绪十四年（1888），距今已有130余年的历史，其上阴刻着"天理良心"4个大字。据介绍，此石碑是武陵山地区极为少见的"道德碑"，以警示古镇的商贾，经商、为人、处世之道在于"天理良心"。

　　濯水后河戏是濯水特有的剧种。清同治年间，濯水的戏迷们根据当地欣赏趣味，将湖南南戏、湖北汉剧以及江南昆山腔

濯水古镇

等戏剧融合创新，最终形成了具有地方特色的濯水后河戏。命名为后河戏的主要原因在于当地的阿蓬江属于乌江支流，也就是乌江的后河。从20世纪30年代起，由后河戏大师张仁山、川剧名净邓小雷组成戏班，共十余人，开始表演濯水后河戏，后河戏正式在濯水诞生。经过了150多年的传承与创新，濯水后河戏在濯水镇以及附近的阿蓬江镇、冯家镇、马喇镇、金洞乡等地具有较高的传唱度。

（注：本书的图片除特别注明出处的，其他均由上海图虫网络科技有限公司提供。）

参考文献

上海古籍出版社、上海书店编：《二十五史》（全十二册），上海古籍出版社、上海书店1986年影印清代武英殿版。

白寿彝总主编：《中国通史》，上海人民出版社1989年版。

上海辞书出版社文学鉴赏辞典编纂中心编纂：《中国文学鉴赏辞典：唐诗·宋词·元曲·古文》（新一版），上海辞书出版社2016年版。

刘敦桢：《中国住宅概说——传统民居》，华中科技大学出版社2018年版。

戴伯龙编著：《细说中华民族：民族建筑》，中国三峡出版社2007年版。

王绍周总主编：《中国民族建筑》（全5卷），江苏科学技术出版社1998年版。

[美]那仲良：《图说中国民居》，任羽楠译，生活·读书·新知三联书店2018年版。

毛葛编著：《绘造传统民居》，清华大学出版社2018年版。

李秋香、罗德胤等：《中国古代建筑知识普及与传承系列丛书　中国民居五书·北方民居》，清华大学出版社2010年版。

李秋香、罗德胤等：《中国古代建筑知识普及与传承系列丛书　中国民居五书·浙江民居》，清华大学出版社2010年版。

吴正光、陈颖等：《中国古代建筑知识普及与传承系列丛书　中国民居五书·西南民居》，清华大学出版社2010年版。

李秋香、罗德胤等：《中国古代建筑知识普及与传承系列丛书　中国民居五书·福建民居》，清华大学出版社2010年版。

李秋香、楼庆西等：《中国古代建筑知识普及与传承系列丛书　中国民居五书·赣粤民居》，清华大学出版社2010年版。

戴志坚等：《中国民居建筑丛书》（全19册），中国建筑工业出版社2009年版。

陆弘、王筱春、朱彤：《云南孟连土司研究》，《云南师范大学学报》2005年第1期。

吴斐：《成都新场古镇传统文态空间解析与营造启示》，《四川建筑》2015年第3期。

柯培雄：《武夷山宗祠建筑的特色与保护——以五夫刘氏家祠为例》，《文艺研究》2010年第11期。

中央广播电视总台（央视网）中文国际频道亚洲版：《记住乡愁》《远方的家》。

中央广播电视总台（央视网）农业农村频道：《乡土中国》。

《国家级非物质文化遗产名录（2006—2021）》，http://www.ihchina.cn/search_result/keyword。

住房和城乡建设部国家文物局：《（第一批至第七批）中国历史文化名镇名单》，http://www.mohurd.gov.cn/gongkai/fdzdgknr/tzgg/200706/20070613_156907.html。

百度百科，https://baike.baidu.com/。

后记

本书在内容选编上，全面考量了古镇的社会价值、文化价值、历史价值、保存状况、文物存留状况等诸方面因素。在古镇的选择上，依照国家权威部门发布的中国历史文化名镇名录进行选择，基本保证了其权威性。部分关于古镇的概括性介绍，由文史类、建筑类专家亲自把关审读、修改，乃至直接撰稿。

本书充分考虑到古镇中所具有的"文""史"内涵。"文"的方面，本书邀请专家多方寻找并考证，使与每个古镇相对应的古诗词共同呈现在读者面前，令人耳目一新；"史"的方面，对于古镇的介绍，依照其历史沿革、自然地理、人文遗迹、重要文化或学术承载等内容特点进行，以期达到历史记录、文化传承、学术普及、爱国教育等目的。

经过专家充分斟酌并论证，本书剔除了少数已经没有实物遗存，或者完全丧失了外观特征和代表建筑的古镇，酌情收入了少数有特殊历史价值、政治价值的古镇。但由于篇幅所限，部分古镇只能忍痛割爱，未能收入。

本书在图片甄选上，特别收入了一定数量的空中摄影作品，有助于读者俯瞰古镇全貌，从而更好地理解中国传统建筑对自然环境、地理环境的高度重视和极致应用。

本书在选编过程中得到了国家文物局原副局长张柏、中国文化遗产研究院原总工程师付清远、中国城市科学规划设计研究院院长方明、中国艺术研究院建筑艺术研究所原所长刘托等专家教授的指导审核，在此向他们致以特别的谢意！

2022年7月